U0636808

余于一九三〇年出生于介休縣城內之后土廟底街，孤哀身世，于十六歲背井離鄉，展轉飄蓬遂數十年，卅歲後寄籍太原，現已老耄八十。近年來應邀為家鄉書匾額數方，並攝影來，用諸存念。

張頷原名連捷記于太原宿舍

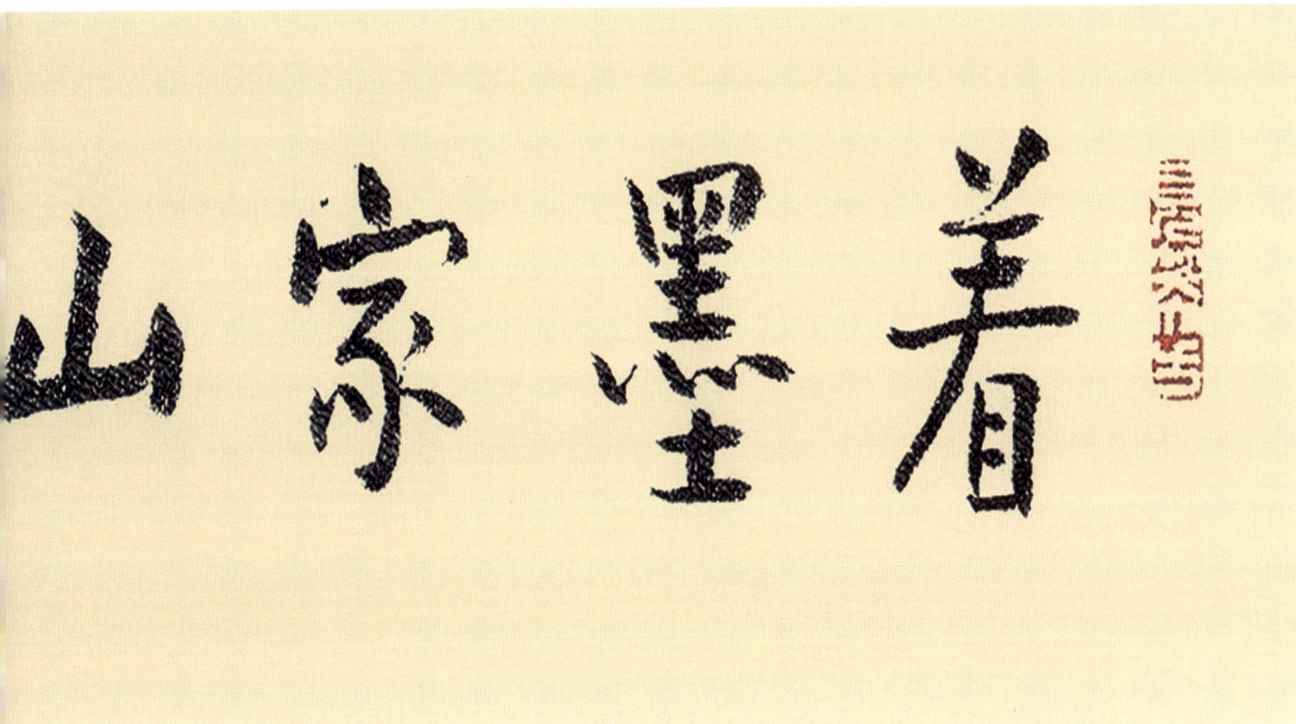
着墨家山

着墨家山

张颔先生与他的家乡介休

山西省考古研究院 编

山西出版传媒集团 山西人民出版社

序言

张颔先生是著名的历史学家、考古学家、古文字学家，是山西考古学的奠基人之一。2020年，为纪念张颔先生百年诞辰，由山西省文物局主导举办了一个展览“大家张颔——侯马盟书发现55周年暨张颔先生诞辰百年特展”，出了一本书《绵瓞集——张颔先生100周年诞辰纪念文集》，还开了一场学术研讨会。之后我们就商定在张颔先生每年的诞辰日，为他举办一个专题展览，以此来深切缅怀和纪念先生为山西考古做出的巨大贡献！2021年11月16日，在先生诞辰101周年之际，我们筹备的“着墨家山——张颔先生与他的家乡介休”展览得以顺利开展，并在当天举行了展览开幕式暨纪念张颔先生诞辰101周年座谈会。为了更广泛地宣传和弘扬张颔先生的治学经历，我们以此次展览和座谈会内容为题，精编成书，以飨读者。

张颔先生1920年生于介休县庙底街，在介休接受了启蒙教育，开始对传统文化产生了深厚兴趣。1937年，张颔先生离开家乡，1938年参加了抗日战争，从此走上了革命道路。新中国成立后，张颔先生历任中国社会科学院山西分院考古研究所所长，这也是我们考古研究院的前身，后来他又担任山西省文物管理委员会副主任，1979年省文管会分家，山西省考古研究所独立挂牌，张颔先生又是我们的首任所长。

回顾张颔先生的一生，家乡介休独具特色的风土人情和厚重的文化底蕴，深深地影响了他的性格和他的人生走向。本书以“厚土蕴育”“桑梓情缘”“文章巨擘”三大部分来反映家乡介休对张老的影响以及张老对家乡的反哺，共同感悟他作为大文化学者坚守初心、心系家园的深厚情怀！

2023 年是中国现代考古学诞生 102 周年，也是山西省级考古机构成立 71 周年，经过张颔先生为代表的几代考古人接续奋斗，山西的现代考古学也由弱到强，从简单的挖掘整理到逐渐成为多学科参与融合的综合学科，在展示中华文明起源、发展脉络、灿烂成就和对世界文明的贡献方面，都扮演了重要的角色并取得了重大的成就。

在新的征程上，我们更要坚定不移地坚持以习近平新时代中国特色社会主义思想为指引，以张颔等老一辈考古学家为榜样，学习和发扬他们所留下的宝贵精神财富，继续在考古研究和社会服务上下大功夫，为讲好中国故事，弘扬中华优秀传统文化贡献自己的力量。

王晓毅

2023 年 10 月

目

录

家乡足迹

JIAXIANG
ZUJI

1920～1936年 | 1～17岁

庙底街郭耀宗家南院（庙底街、后土庙附近，张颔家租赁居住的地方）

1928～1932年 | 9～13岁

西北坊小学堂（火神庙、家附近）

1933~1935年 | 14～16岁

介休县立高等小学校（县城东南角、文庙附近、绵山书院旧址）

1935～1936年 | 16～17岁

行余学社（县城南街、广源永茶叶铺）

1946年 | 26岁

整理介休宝卷

1983年 | 63岁

考证家乡地方志

1986年 | 66岁

抢救保护介休古建筑祆神楼

1988年 | 68岁

题匾介休后土庙

1996年 | 76岁

作跋《介休县志》

2000年前后 | 80岁

考证张壁古堡

2017年11月8日 |

张颔塑像落成介休新城公园

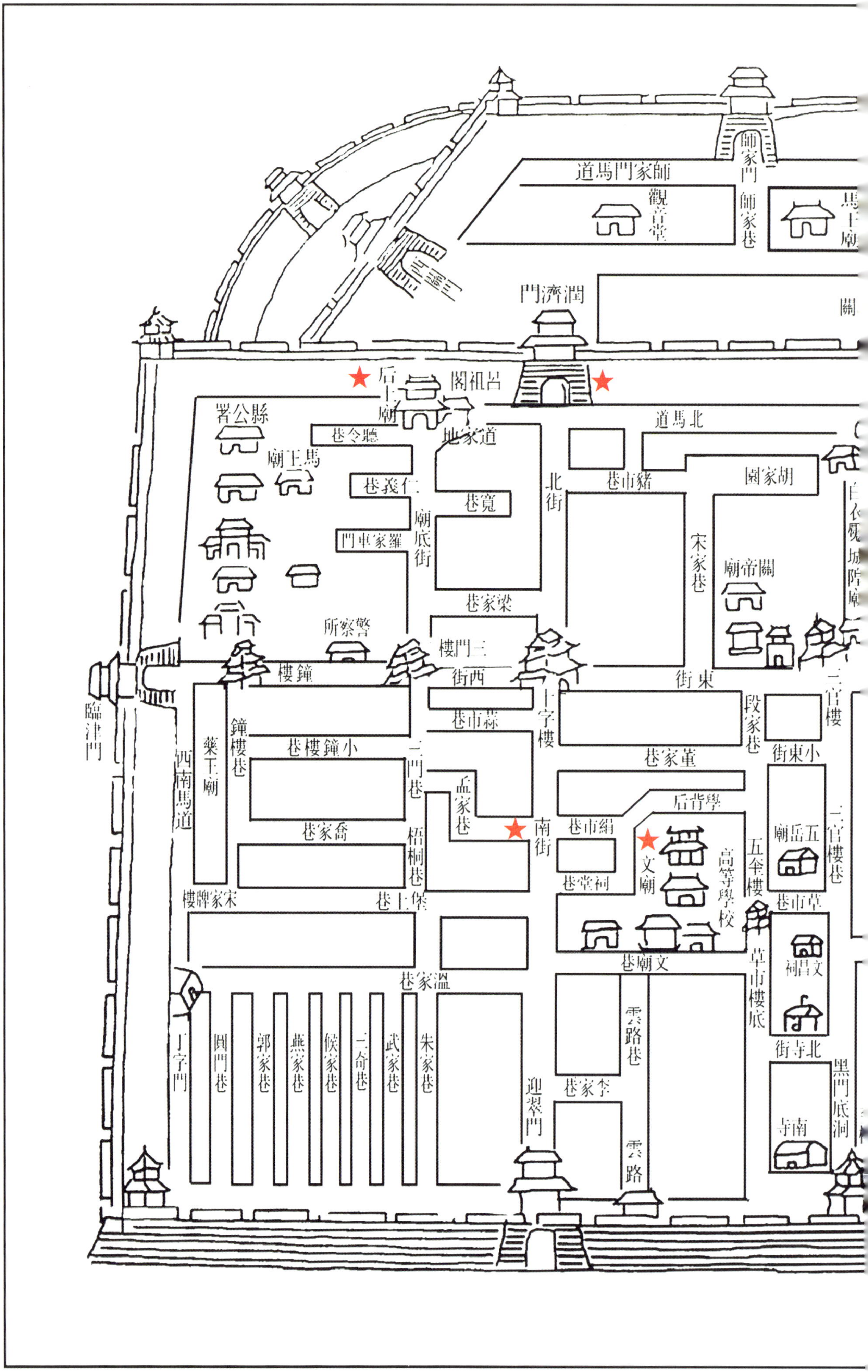
師家門馬道
觀音堂
師家門
師家巷
潤濟門
后土廟
呂祖閣
縣公署
聽令巷
馬王廟
北馬道
猪市巷
胡家園
仁義巷
寬巷
羅家車門
廟底街
北街
宋家巷
關帝廟
梁家巷
警察所
三門樓
鐘樓
西街
東街
十字樓
蒜市巷
鐘樓巷
小鐘樓巷
藥王廟
西南馬道
臨津門
二門巷
孟家巷
段家巷
三官樓
董家巷
小東街
學背后
絹市巷
南街
喬家巷
梧桐巷
五岳廟
文廟
高等學校
三官樓巷
祠堂巷
宋家牌樓
草市巷
文廟巷
文昌祠
溫家巷
草市樓底
雲路巷
丁字門
圓門巷
郭家巷
燕家巷
侯家巷
武家巷
朱家巷
北寺街
迎翠門
李家巷
雲路
黑門底洞
南寺

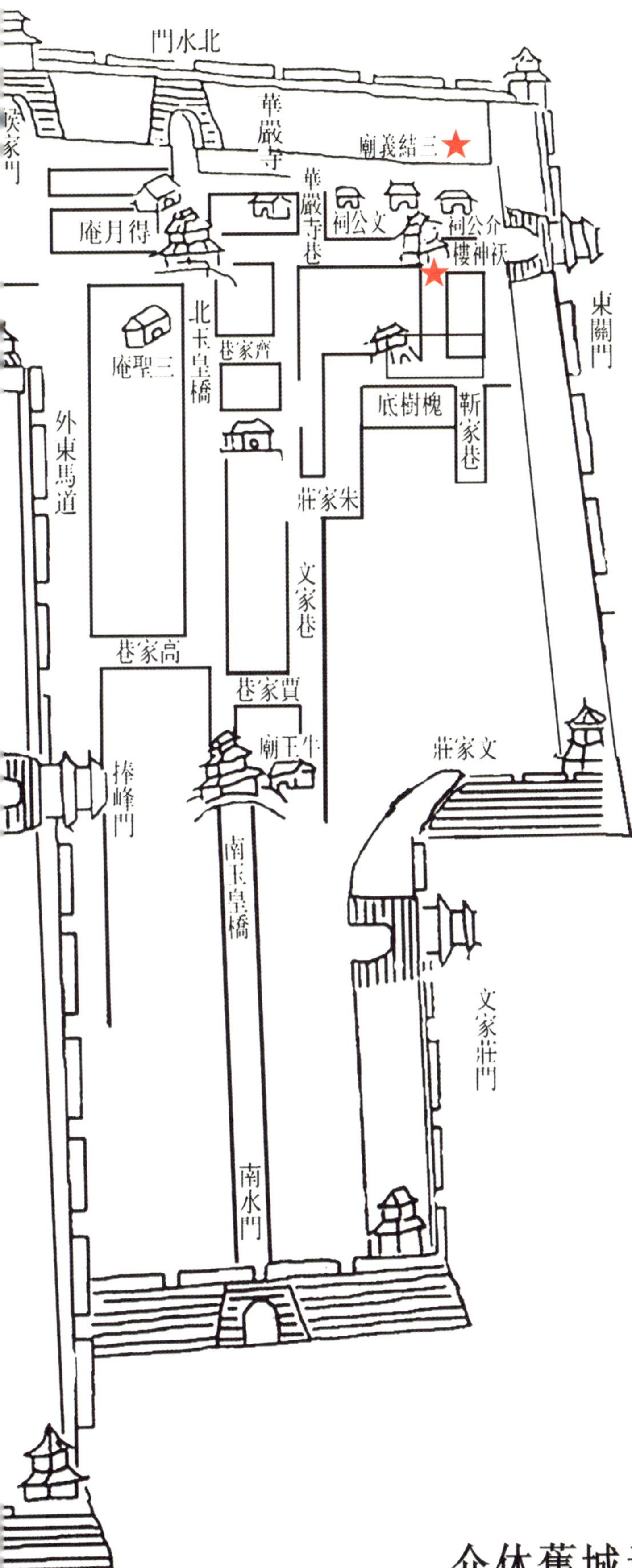

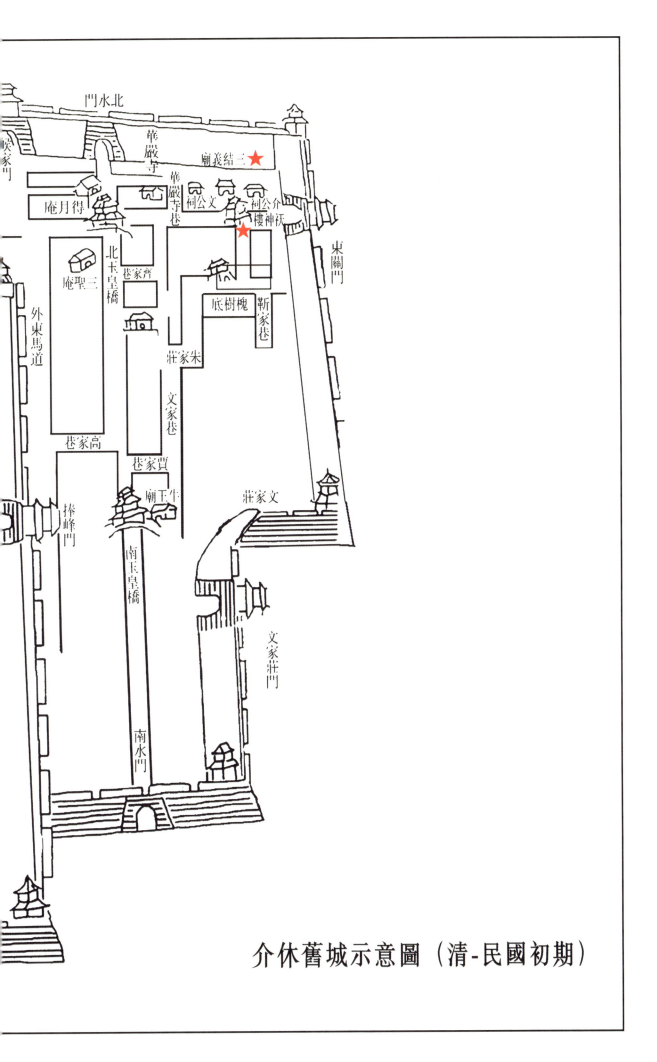

介休舊城示意圖（清-民國初期）

介休古邑名邦，人杰地灵，历史文化氛围浓厚。张颔从出生到十七岁离开家乡，这片热土给过他童年苦难的记忆，但更多受到的是家乡人文、历史文化的熏陶。他自幼出身贫寒，未生丧父，九岁丧母，靠伯父伯母家接济生活，勉强高小毕业，再无望升学。幸得亲友引导，向上向善。后进入“行余学社”学习书法、篆刻，练就童子功。这些都为其后来能成为一代文博大家奠定了基础。

厚土蕴育

HOUTU
YUNYU

介休绵山

介休文庙

介休有厚重的文化积淀，因史出春秋时期割股奉君的介子推、东汉时期博通典籍的郭林宗、北宋时期出将入相五十载的文彦博，而有“三贤故里”之称，两千五百多年的悠久历史孕育了介休人“忠孝、诚信、仁义、奉献”的淳朴民风。

20 世纪 30 年代，介休物产丰饶，文风甚盛，对热爱文艺的少年张颔可谓无声浸染。他就读的高小是在县城东南角，文庙旁边，是过去的绵山书院。绵山书院早已毁坏，那里只存留不多几座旧建筑。七十多年过去了，他还能一字不差地背出其中一座建筑大厅的对联：川岳锺灵，绵山胜水之间，应多杰士；典型在望，有道潞公而后，讵少传人。有道和潞公是介休历史名人。他说：“这幅对联先说山川再说历史，地灵人杰，读了很能长少年人的志气。”

介休后土庙牌楼

介休后土庙

出生苦难

张颔，字连捷。1920 年 11 月 16 日生于山西省介休县城西北区后土庙庙底街一处租赁的四合院内。据他家族的一封家书《张颔家世》中记述：祖居在介休梁吉村东头，官井近处路北一所大院里。曾祖母活了九十七岁，张颔出生时已八十七岁，生有五男二女。祖父张耀堂，字星垣，少即去天津经商，做的是“印子房”生意。祖父是兄妹中唯一念过几年书的人，能读章回小说，能看报纸。后来弟兄分居，祖母率全家移居城里，先后住过北马道文德义家前院、文家庄景丰年加窑院、段家巷李春家古门道，都是租赁。约于民国七八年间，花二百两银子，典下庙底街郭耀宗家的南院。

张颔为遗腹子。他的父亲张铭绅原在天津一家当铺做事，然英年早逝。他在父亲的遗像上写着：“先君铭绅，为祖考张耀堂之次子，清光绪二十二年生于介休县城，殁于民国九年夏，年仅二十四岁。当年冬余生，俗称墓生也。

张颔高小毕业留影

张颔在故居门前留影

1987年张颔在介休后土庙留影（背景为吕祖庙，左面火神庙为他上小学时的学校）

张颔在高小学校前留影

母亲梁云贞，为介休顺城关梁公安耀之女，生余时年仅十八岁。卒于民国十八年，当时年仅二十七岁，而余才九岁。悲乎！”父亲去世后，张颔一家的生活全靠伯父接济。其时伯父仍在天津做生意，家里由伯母当家。也许是负担过重，也许是人性使然，伯母待他们母子甚是刻薄。爷爷倒是疼爱他这个孙子，早早地教他一些诗文知识，但因爷爷年纪高迈，老两口的生活也依仗伯父供给，所以生活上不可能给他什么关照。1929年母亲梁云贞病逝，他便成了孤儿。未生失怙，九岁失恃，他的童年真是孤苦伶仃，受尽苦难。

他就是在这样艰苦的家庭条件下勉强读完高小。

介休张氏家系表

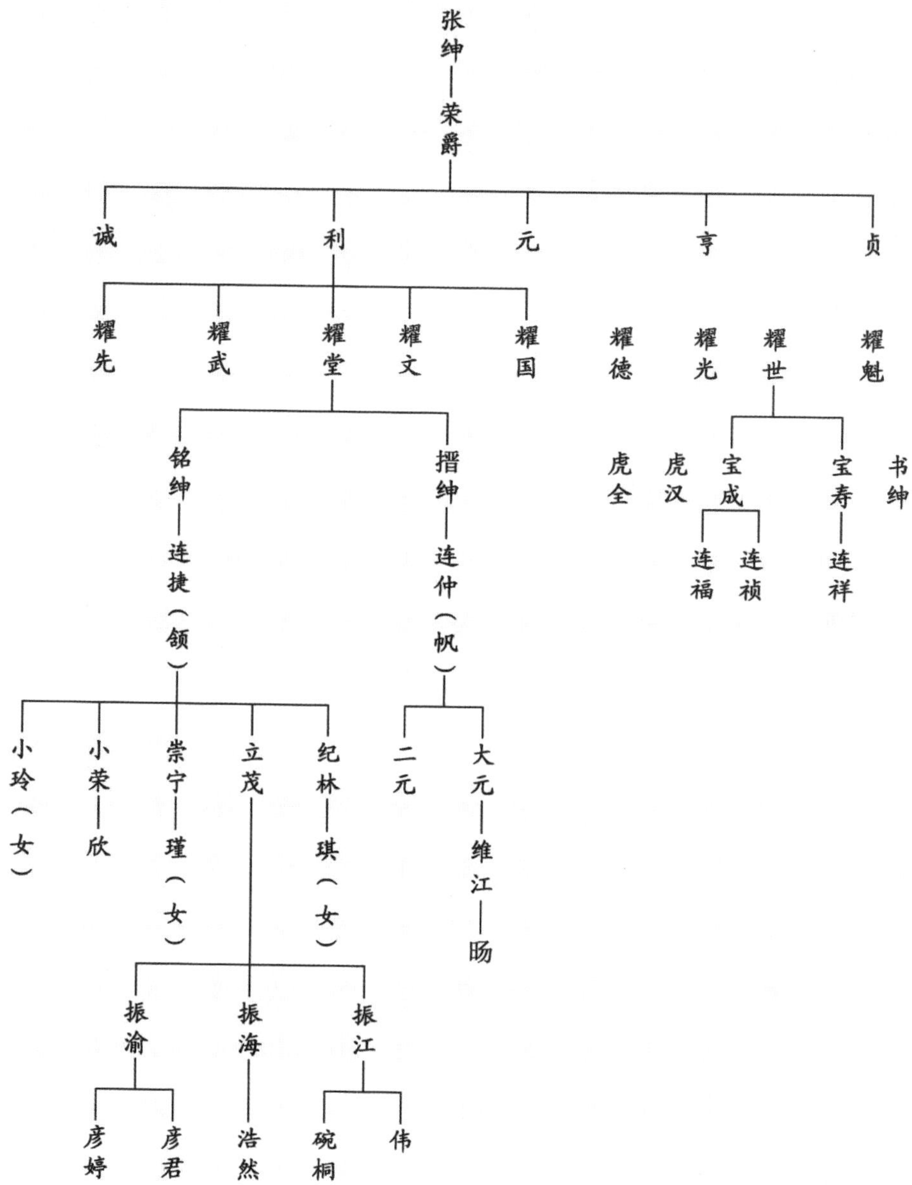
张绅
荣爵
诚
利
元
亨
贞
耀先
耀武
耀堂
耀文
耀国
耀德
耀光
耀世
耀魁
铭绅
连捷（颔）
小玲（女）
小荣
欣
崇宁
瑾（女）
立茂
纪林
琪（女）
振渝
彦婷
彦君
振海
浩然
振江
碗桐
伟
搢绅
连仲（帆）
二元
大元
维江
旸
虎全
虎汉
宝成
连福
连祯
宝寿
连祥
书绅

家世图

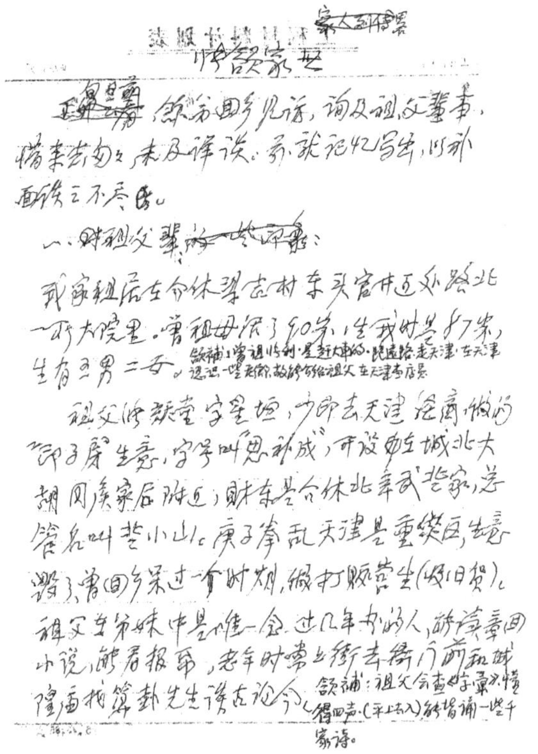

[illegible]家世

颉弟：颉弟回乡见访，询及祖父辈事，惜来去匆匆，未及详谈。兹就记忆写出，以补面谈之不尽意。

一、祖父辈：

我家祖居在介休张古村东头官井道外路北一所大院里。曾祖母活了80岁，生我时是87岁，生有三男二女。（颉补：曾祖以前是赶大车的，跑远路，走天津，在天津认识一些老乡，故能介绍祖父在天津当店员）

祖父张魁堂字星垣，少即去天津经商，做的"印子房"生意，字号叫"恩和成"，开设在城北大胡同侯家后附近，财东是介休北辛武冀家，总管名叫冀小山。庚子拳乱天津是重灾区，生意毁了，曾回乡呆过一个时期，做打贩营生（收旧货）。

祖父兄弟姊妹中是唯一念过几年书的人，能读章回小说，能看报纸，老年时常上街去县门前和城隍庙找算卦先生谈古论今。（颉补：祖父会查字汇，懂得四声（平上去入），能背诵一些千家诗。）

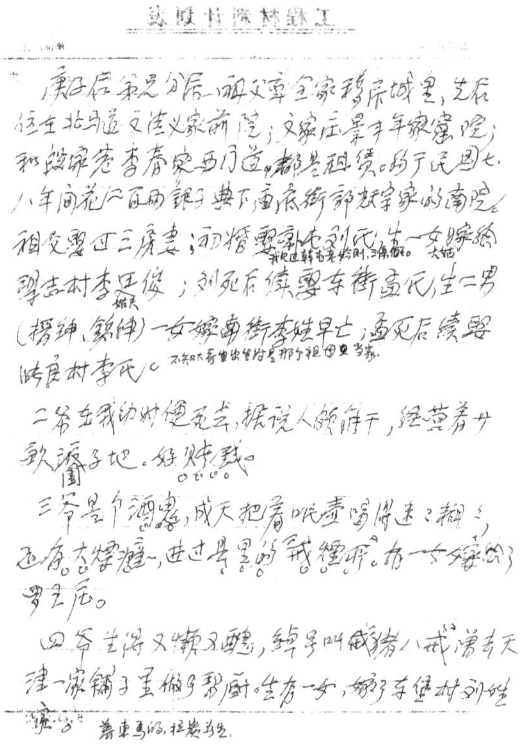

庚子后弟兄分居，祖父率全家移居城里，先后住在北马道文法义家前院；文家巷景丰年家东院；和段家巷李春荣西门道，都是租赁。为了民国七、八年间花二百两银子典下西底街郭献宇家的南院。

祖父娶过三房妻：初婚娶郭家刘氏，生一女嫁给张古村李廷俊；（[illegible] 大姑）刘死后续娶东街孟氏，生二男（增坤、锦坤）一女嫁南街李姓早亡；孟死后续娶张良村李氏。（不知大哥出生时是那个祖母当家。）

二爷在我幼时便死去，据说人颇能干，经营着廿亩菜园子地。好赌钱。

三爷是个酒鬼，成天把着酒壶喝得迷迷糊糊，还有大烟瘾，过着[illegible]的穷日子。有一女嫁给罗王庄。

四爷生得又懒又丑，绰号叫"猪八戒"，曾去天津一家铺子里做了帮厨。生有一女，嫁了东堡村刘姓（赶车马的，拉炭为生）。

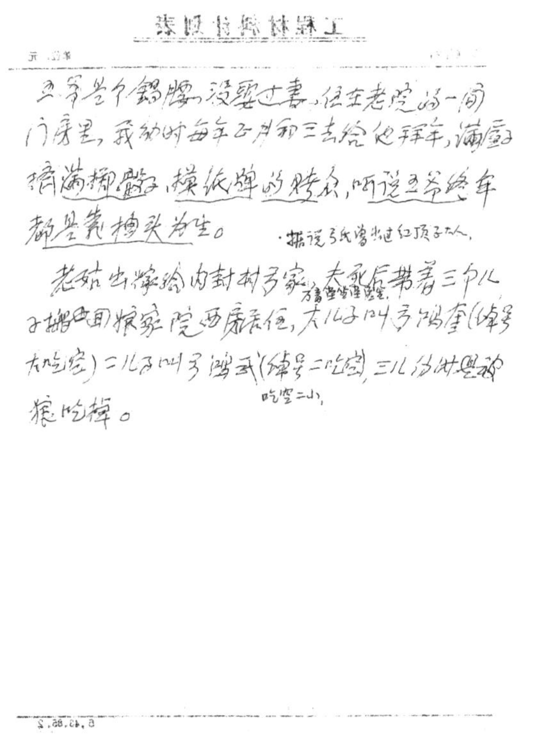

五爷是个锅腰，没娶过妻，住在老院的一间门房里，我幼时每年正月初三去给他拜年，满屋子挂满糊窗子、糊纸牌的纸条，听说五爷终年都是靠糊纸为生。（据说5爷曾当过红顶子大人）

老姑出嫁给内封村乔家，夫死后带着三个儿子搬回娘家院西房居住，大儿子叫乔鸿奎（绰号大吃窑）二儿子叫乔鸿武（绰号二吃窑，吃空二小），三儿幼时是被狼吃掉。

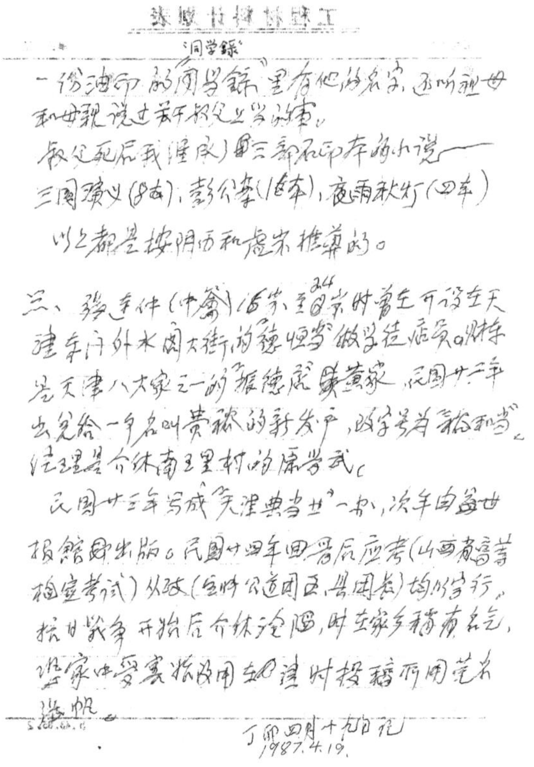

一份油印的"同学录"里有他的名字，还听祖母和母亲说过关于叔父上学的事。

叔父死后我继承了四部石印本的小说——三国演义（8本），彭公案（16本），夜雨秋灯（四本）

以上都是按阴历和虚岁推算的。

三、张吉仲（中斋）16岁至24岁时曾在开设在天津东门外水阁大街的"德恒当"做学徒店员。财东是天津八大家之一的"振德成"黄家。民国廿二年出兑给一个名叫黄稼的新东户，改字号为"裕和当"，经理是介休南王里村的康学武。

民国廿三年写成"天津典当业"一书，次年由益世报馆出版。民国廿四年回晋后应考（山西省高等检定考试）从政（当时公道团区、县团长）均以学行。抗日战争开始后介休沦陷，时在家乡稍有名气，恐家中受害将改用本名，其时投稿所用笔名张帆。

丁卯四月十九日记
1987.4.19.

关于张颔家世的家信

这是张颔的堂兄张帆写给他的家信，信中讲述了张颔的身世背景、宗族关系等，时间是 1987 年农历四月十九日。寄来此信不久，堂兄就去世了。这封信便成了张颔及其后代追寻宗族根源的重要依据。

启蒙立志

张颔虽然幼时生活上孤苦无依，但却不乏早期的启蒙教育。七岁时，即受祖父启蒙，开始识字、拓仿影写毛笔字、初辨四声、查《字汇》、背诵《百家姓》《三字经》《幼学琼林》等。甚至祖父还教了许多有趣的知识，比如冬天一数九，就教他填《九九消寒图》，既培养了他的耐心，也使他对天气变化规律有了认识。再比如到老年，他依然能忆起爷爷教他的十字回诗。最幸运的是，他认了房东两口子做干爹、干妈。干爹叫郭耀宗，字远峰，会作诗填词，有学问，字也写得好，爷爷给他开蒙用的仿影就是干爹写的。平日里，干爹不仅教他学写字，还教会了他《四声歌》口诀，即：

平声平道莫低昂，上声高呼猛烈强。
去声分明哀远道，入声短促急收藏。

早早掌握了四声，为他后来读旧体诗、作旧体诗打下了基础。

干妈叫王希韫，聪明、善良，还有文化，教他背会许多古诗词，如关于清明的：

无花无酒过清明，兴味萧然似野僧。
昨日邻家乞新火，晓窗分与读书灯。
（宋·王禹偁《清明》）

南北山头多墓田，清明祭扫各纷然。
纸灰飞作白蝴蝶，泪血染成红杜鹃。
日落狐狸眠冢上，夜归儿女笑灯前。
人生有酒须当醉，一滴何曾到九泉。
（宋·高翥《清明》）

另外，还教他一些“建除”口诀，相当于后来说的星相、堪舆方面的知识。不仅如此，干妈还常常鼓励他要善良、上进，曾教他一首歌谣，叫《跑报子》，歌词是这样的：

好小子，带上串铃跑报子，
一跑跑到北京城，三年两年熬成人，
自熬得，自挣得，自家娶过媳妇子！

九九消寒图（纵 33 厘米，横 81.5 厘米，2011 年作）

释文：上点天阴下点晴，左风右雨雪中心。点画图中墨黑黑，自然门外草青青。辛卯年十一月廿八日，九十二叟颔记。

钤印：张颔（白）、性本爱丘山（朱）。

这是张颔先生从小从祖父那里学得的趣味习俗。每年冬天一数九，便开始按“上点天阴下点晴，左风右雨雪中心”在预先画好的格里填，直至填完九九八十一天，春天也就到了。这样做的意义一是可以培养孩子的耐心，二是坚持填涂几十年下来，便可以掌握这一地区的天气变化规律，等于建立了一个小小的气象观测站。所以张颔先生日后对天文学的兴趣与研究应该就是儿时培养的基础吧，并且将这一习俗传承给了自己的儿孙。数代人的坚持，让这一传统成为张颔先生家族最重要的文化启蒙仪式。

什么是“跑报子”呢？其实就是介休民间的一种祈雨活动。旧社会天旱久了，就要祈雨，把龙王抬出来游，要抬到河边、水池边等有水的地方。一般祈雨的队伍在后面慢慢走，前面一个年轻的小伙子，一会儿跑远了，一会儿跑回来，跑回来就大喊一声“报！”，报现在是什么时辰，天上有没有云等。这是一个非常辛苦的活，大热天祈雨，身上要穿老羊皮做的皮袄，脖子上要戴上用三个铡刀交叉起来绑成的枷，身上还戴上串铃，跑起来叮当叮当响。干妈就是希望他用“跑报子”的吃苦精神去努力上进，为自己奔个好前程！

张颔后来对文字的情有独钟，并颇有建树，以及在古天文、气象、星相堪舆等方面的兴趣成就，不能不说其实在小的时候就埋下了种子。祖父的开蒙和义父义母的教诲，对张颔立志、治学、做人有着深远的意义。

说到家乡亲友对他的影响，不能不提他的堂兄张帆，是堂兄张帆的关心和引导帮助他在日后走上了革命之路。张帆，原名张连仲，一九一一年生人，是他伯父张搢绅的独子。十六岁随父去天津当铺学生意。在进入典当行后，经过几年的观察，决心兴利除弊，为旧典当业开一条新生路。于是广泛调查，潜心结撰，写了一本书《天津典当业》。成书在民国二十四年出版，当时在家乡引起了不小的轰动。全书二十章，计十万字，现如今已成了商学院学生研究中国典当业的必读书目。那一年张帆也不过二十四岁，这让年仅十五岁的张颔非常佩服也很羡慕，他当时也许不清楚，其实内心应该已是一种榜样的存在吧！出书不久，张帆就回到介休老家，从了政。抗战开始后，随二战区党政机关去了晋西的乡宁县，在第二战区军政干校第十五分校任政治教官。其间张颔去了樊城学做生意，走时带了篆刻刀、水彩碟、毛笔、《芥子园画谱》等，受张帆的影响，还带了一本郭沫若题写书名的《鲁迅自选集》。后来张颔也是在张帆的影响和引荐下，走上了革命道路，从此改变了人生。

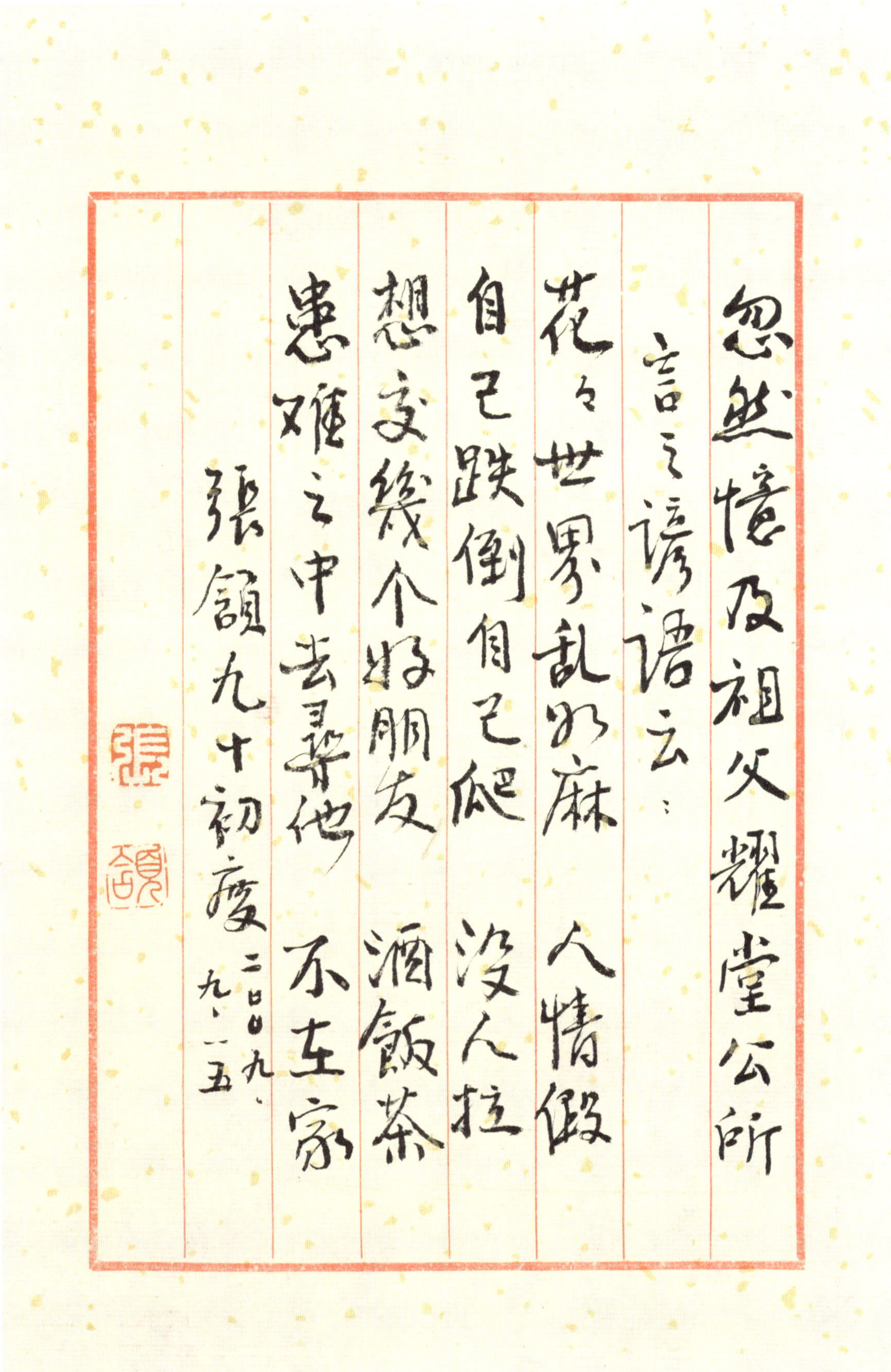

忽然憶及祖父耀堂公所
言之諺語云：
花々世界亂如麻 人情假
自己跌倒自己爬 沒人拉
想交幾個好朋友 酒飯茶
患難之中去尋他 不在家
張頷九十初度 二〇〇九、九、一五

九旬之时忆及祖父所教儿时谚语

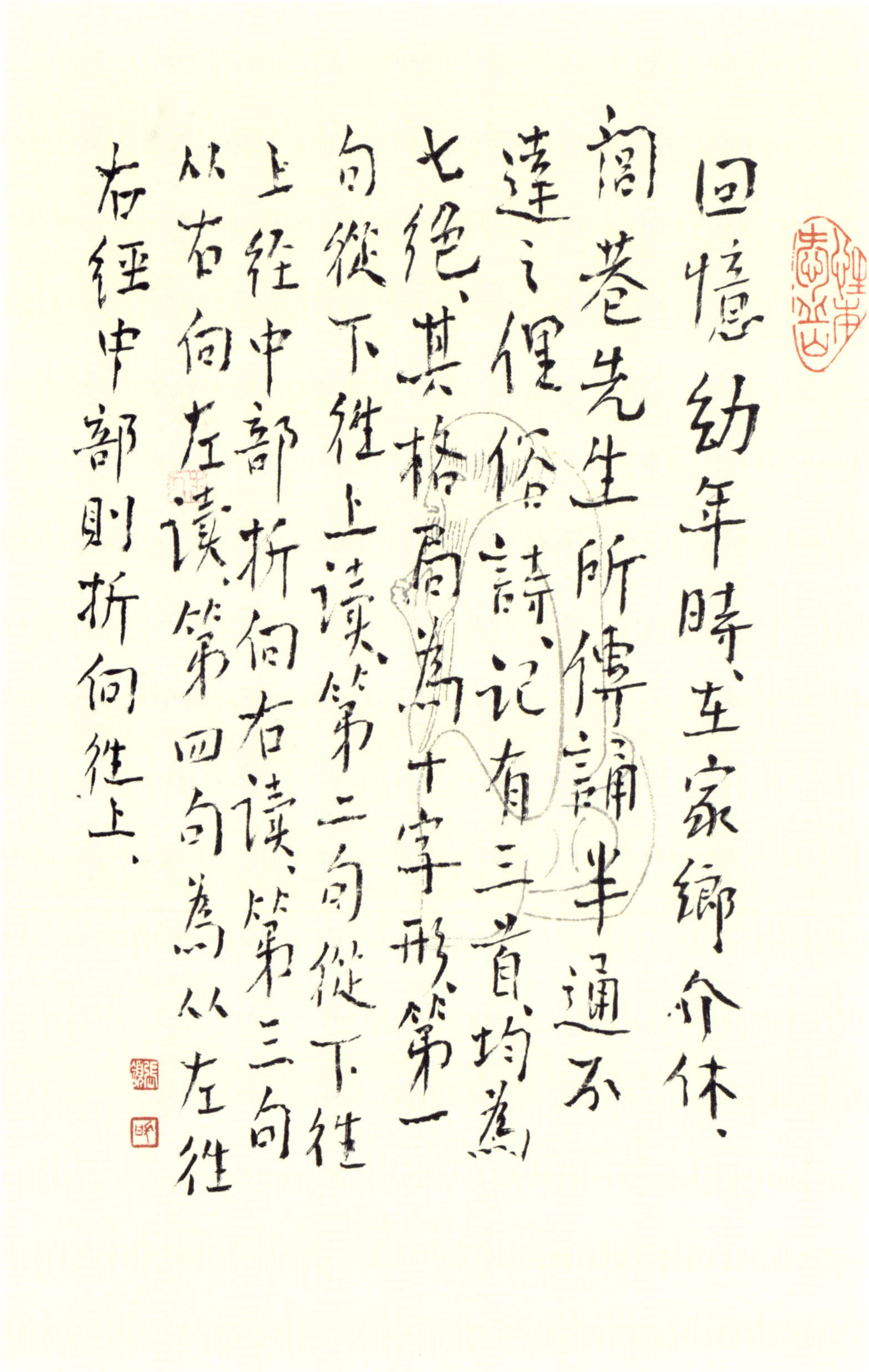

回憶幼年時、在家鄉介休、
閭巷先生所傳誦半通不
達之俚俗詩、記有三首、均為
七絶、其格局為十字形、第一
句從下往上讀、第二句從下往
上经中部折向右读、第三句
从右向左读、第四句為从左往
右經中部則折向往上、

儿时读过的十字回诗

张颔先生在九旬之时仍能忆起儿时读过的十字回诗

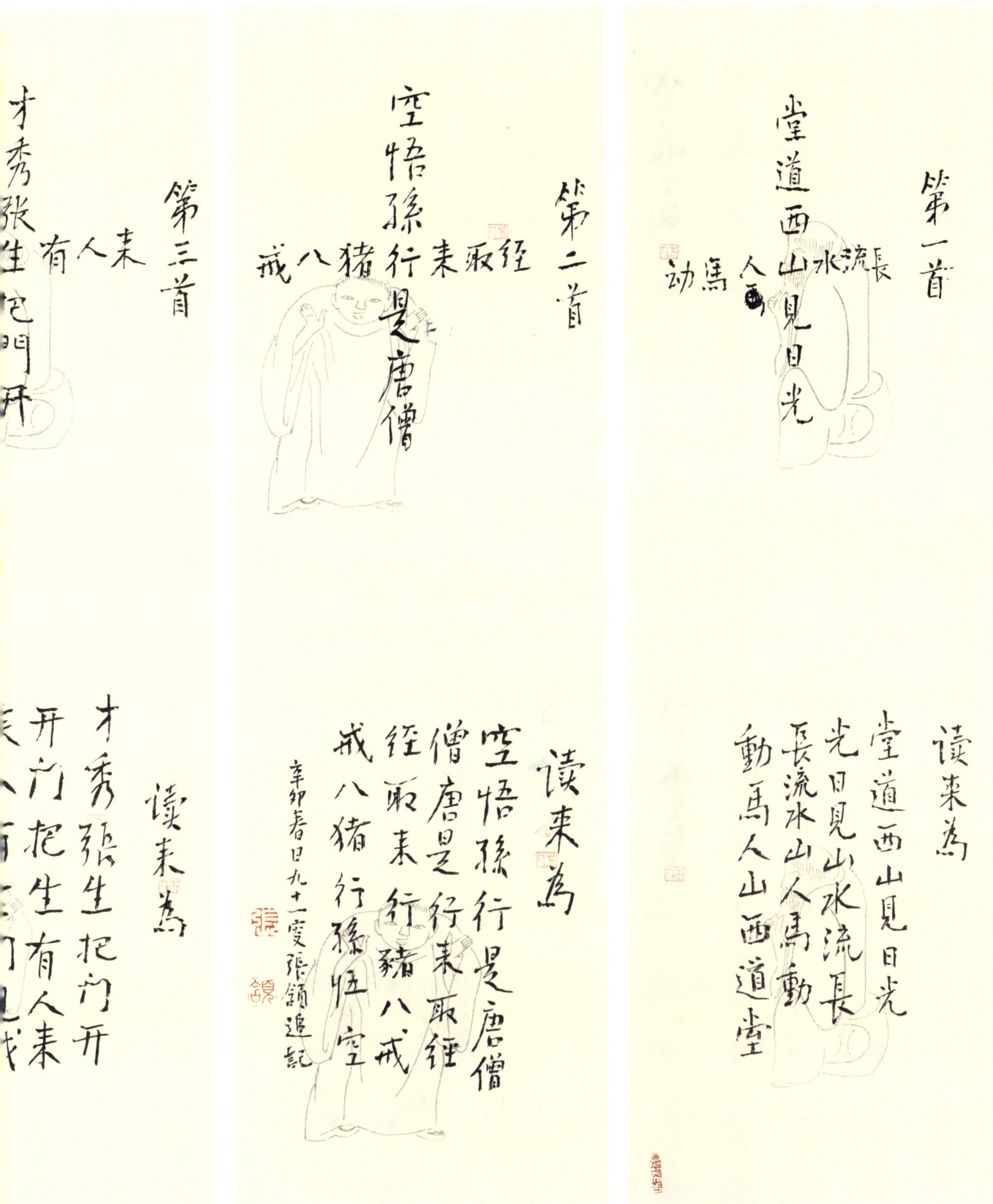

第一首
堂道西山見日光
長流水
人馬动
读来為
堂道西山見日光
光日見山水流長
長流水山人馬動
動馬人山西道堂
第二首
空悟孫行是唐僧
经取来
猪八戒
读来為
空悟孫行是唐僧
僧唐是行来取经
经取来行豬八戒
戒八猪行孫悟空
辛卯春日九十一叟張頷追記
第三首
才秀张生把门开
来人有
读来為
才秀張生把门开
开门把生有人来

张颔（左）和堂兄张帆（右）合影

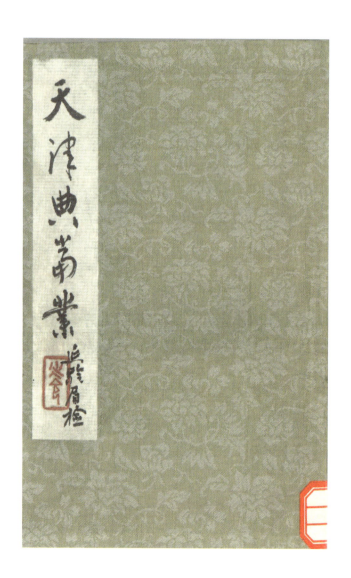

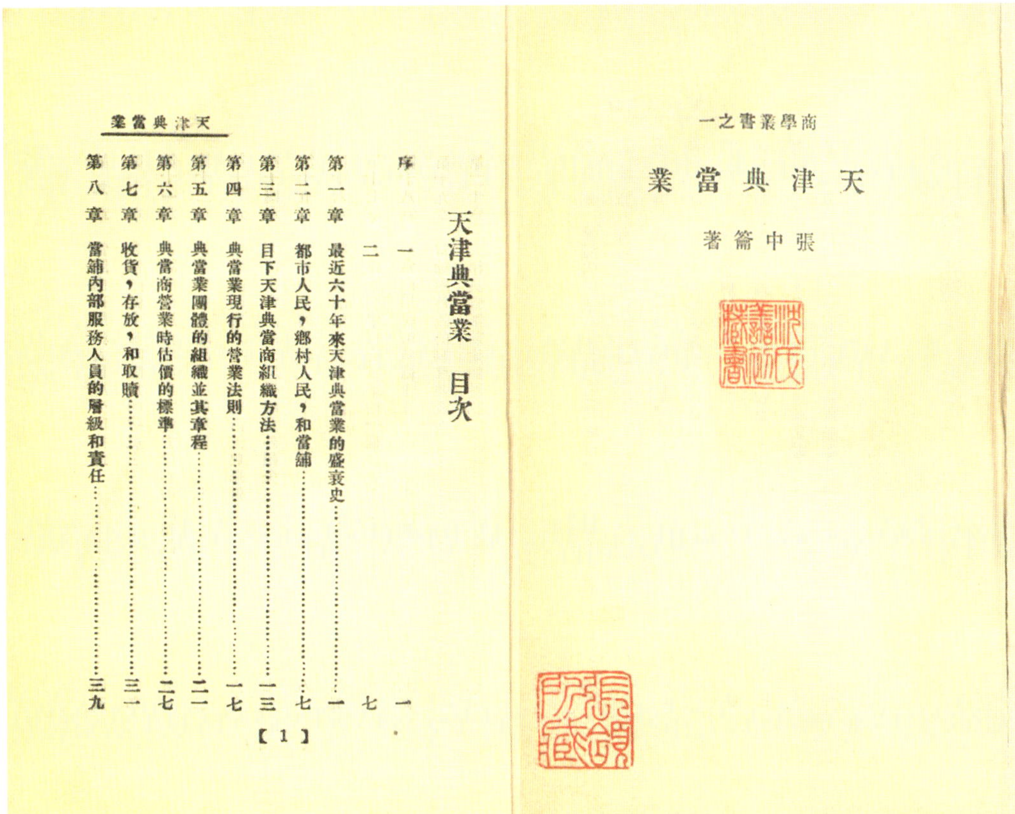

商學叢書之一

天津典當業

張中龠著

天津典當業 目次

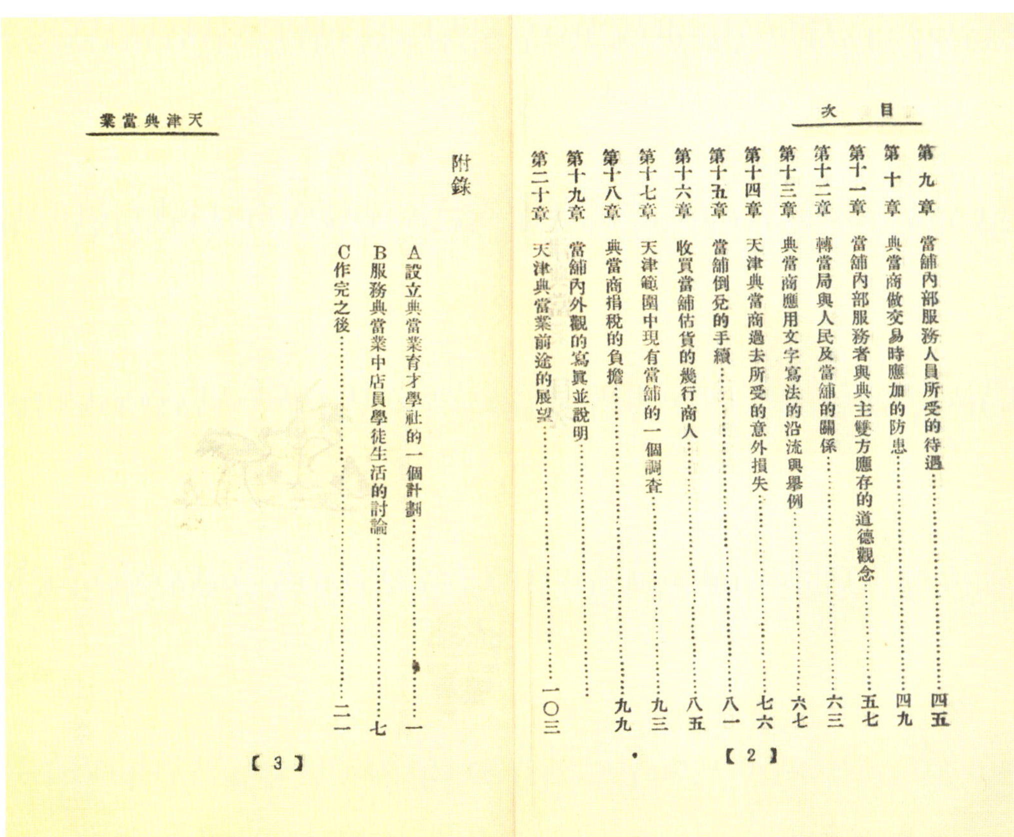

附錄

堂兄张帆著《天津典当业》

行余学社

若论家乡介休对张颔的影响，行余学社一定不能缺席。“行余学社”是当年介休城一个文人社团，属民间组织，是城里一家叫“广源永”的茶叶铺掌柜王鋆（字宗汉），与当地一些兴趣相同的文人共同创办的，取“行有余而致力于学”之意。参加的大都是当时介休城的画家、书法家和篆刻家，没有专职干的，都是业余爱好。1935 年，张颔高小毕业，因家贫不能继续升学，一时又没什么干的，加之他好诗文，便加入了学社。学社就在茶叶铺里，掌柜王先生是个有文化的人，能写诗作画，而且隶字写得很好。学社里放了好些书，摆在那里，谁来了谁看，有《故宫周刊》《十竹斋画谱》，还有明清时代的蝴蝶装画册，《钱谱》《金石索》《篆刻针度》《芥子园画谱》等等，都很名贵。因为别人都有事干，所以真正整日在那里学习的，只有他一个。在那里，他师从介休画家杨竹民，主要学习山水画、篆刻、书法等，学山水画用的是《中国画·山水》，学刻图章用的是《篆刻针度》，并接触《说文解字》等书籍。因此从那时开始，张颔就和古文字打上了交道。直到后来去湖北樊城做学徒，他在行余学社学习了近两年的时间。

而这方面的学习，他应该是从未间断过，这从他保存至今的三支毛笔便可佐证。这三支毛笔是他在行余学社学习时用的，去当小伙计时，带在身边，别人闲时都是瞎扯胡聊，他却是看书、写字、画画。后来参加革命，不论条件如何艰苦，这三支笔也没有丢弃，保存到了现在。正是因为有了这份坚持，才会有他在传统书画、金石篆刻等方面的不俗成就，并在晚年受邀加入了“西泠印社”。

故宫週刊

《故宫周刊》书影

《篆刻针度》书影

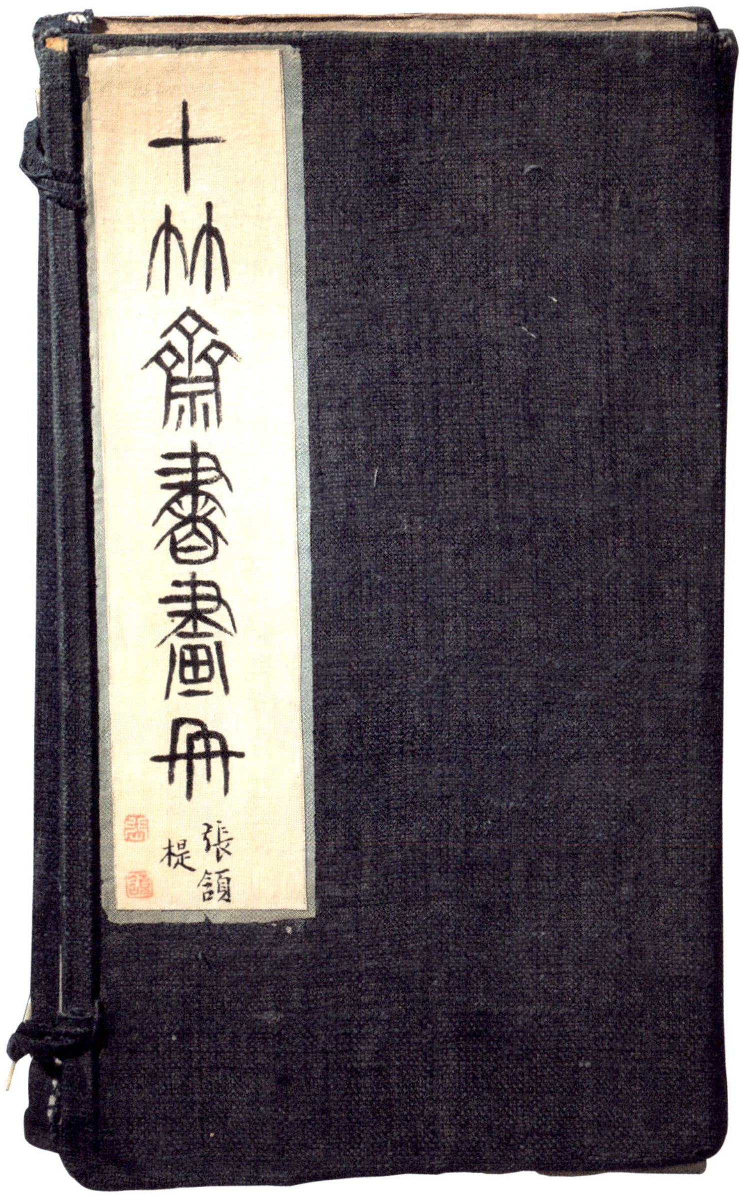

张颔先生晚年收藏的明版《十竹斋书画册》

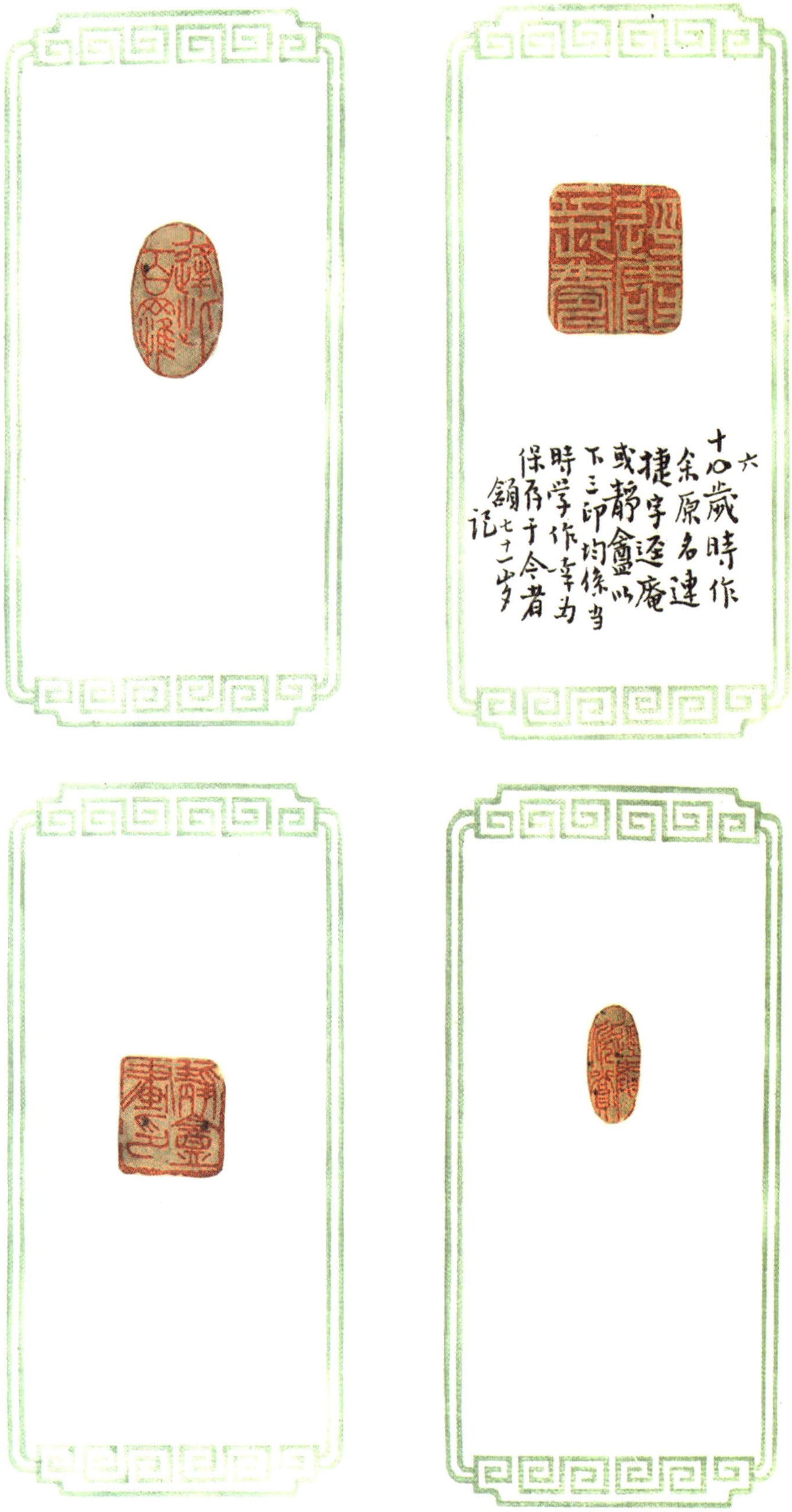

十六岁在行余学社学习时的治印

河东林泉收藏书画子孙永宝

郑江豹收藏印

郑　林

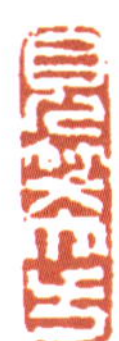

见笑大方

郑林书法

姓张名颔

张欣珍藏

张颔

张

颔

郑

林

张颔印存

小说《债与偿》中的版画插图

张颔青年时期，投身革命，曾发表许多进步的诗文、小说等，其中小说《债与偿》中的版画插图，就是他亲手刻制的。

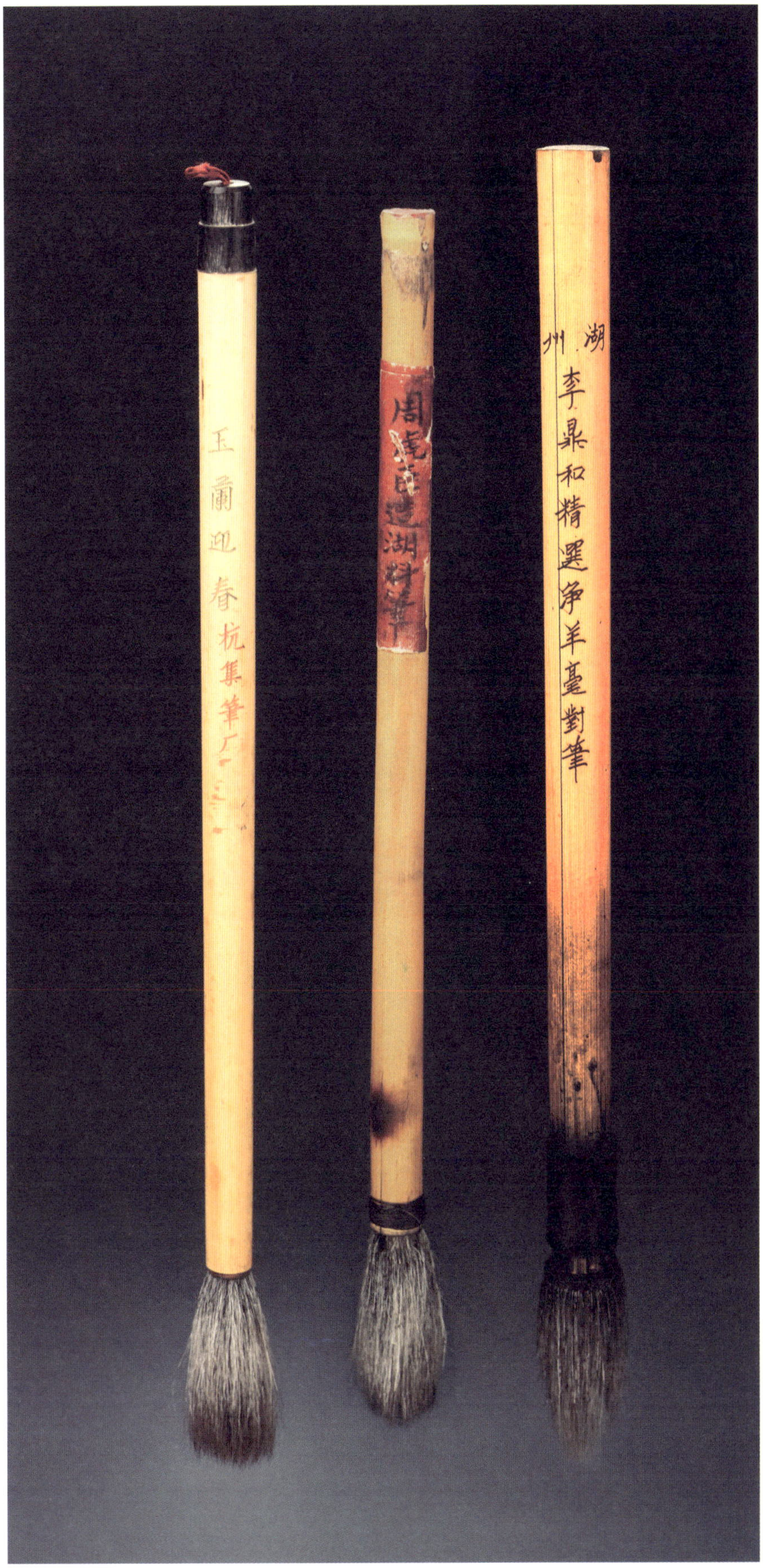

年少时用过的三支毛笔

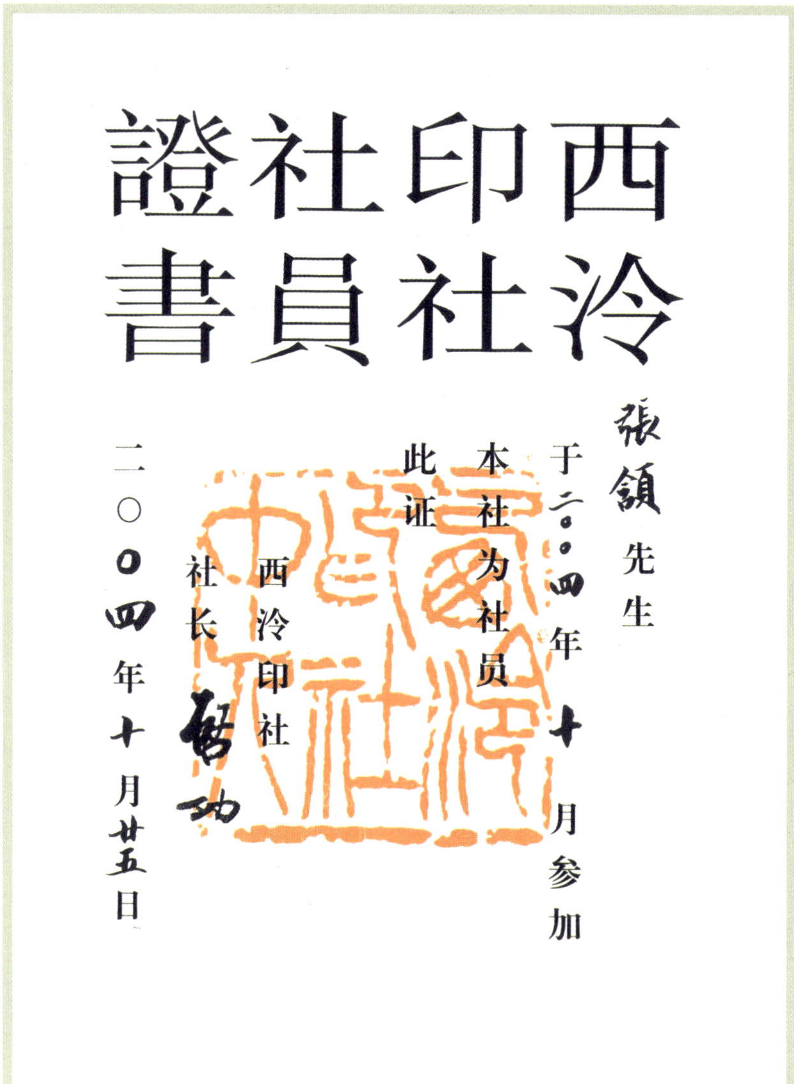
西泠印社社員證書

張頷先生

于二〇〇四年十月参加

本社为社员

此证

西泠印社

社长 启功

二〇〇四年十月廿五日

西泠印社社员证及入社通知

2004 年秋，张颔被西泠印社正式特邀成为“社员”。西泠印社创建于清光绪三十年（1904 年），由浙派篆刻家丁辅之、王福庵、吴隐、叶为铭等召集同人发起创建，吴昌硕为第一任社长。它以“保存金石，研究印学，兼及书画”为宗旨，是海内外历史最久、成就最高、影响最广的金石书法篆刻学术性团体，有“天下第一名社”之誉。张颔先生凭借他过硬的治印与识印功夫被邀入社，也是西泠印社成立百年来受邀的第一位山西会员。

西泠印社

新社员入社通知

张颔先生：

根据西泠印社第七届理事会二次会议的决议，我们荣幸地通知您，您的入社申请已被批准，特致祝贺。

作为一名西泠印社社员，您的有关资料将被制作为翔实、规范、动态的社员档案。它包括以下内容：

1、入社申请（包括推荐函）

2、个人简历（不超过400字）

3、艺术档案及近期一寸彩色证件照一张

4、个人艺术作品1—2份（要求能反映本人的专业特长）

根据您现有的资料，您还缺少一份艺术档案。请您细致、真实地填写艺术档案（见通知后附），并于11月30日前寄回。根据有关规定，您还需缴纳入社费人民币200.00元及五年的会费人民币100.00元(20元/年)。合计人民币300.00元。

我们将在认真审核您的档案资料后颁发社员证书。

来信请寄杭州市延安路484号市府综合楼3号楼5楼西泠印社社务委员会社团事务处。汇款请寄西泠印社社务委员会办公室胡鸿杰收。

联系电话：0571—85812979

联系人：蔡莉华

西泠印社社团秘书处

2004年11月2日

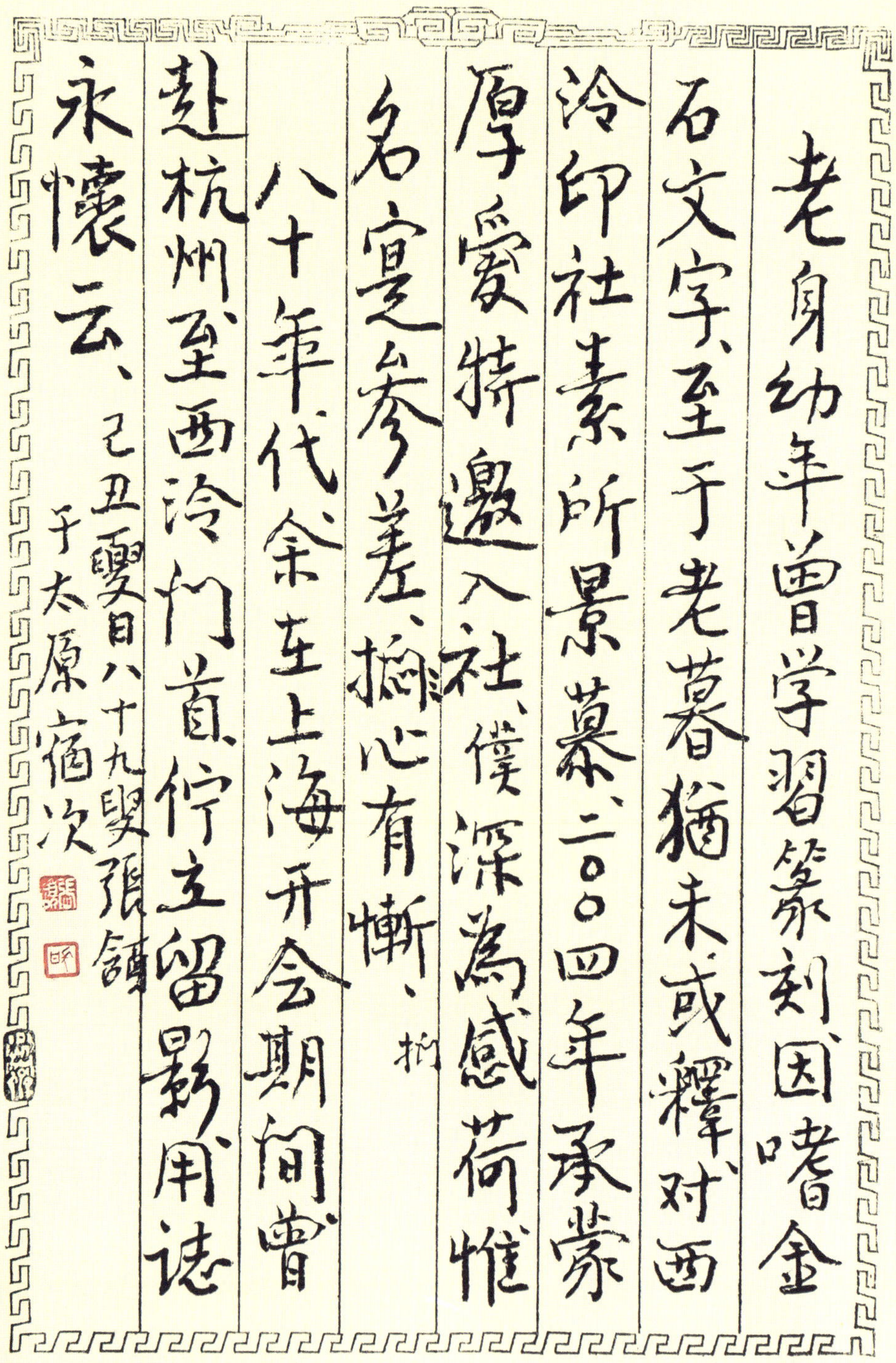
老身幼年曾学習篆刻，因嗜金石文字，至于老暮猶未或釋，对西泠印社素所景慕，二〇〇四年承蒙厚愛特邀入社，僕深為感荷，惟名寔參差，捫心有慚。八十年代，余去上海开会期间，曾赴杭州，至西泠门首，佇立留影，用誌永懷云。
己丑夏日八十九叟張頷于太原宿次

忆西泠印社留影所做题记

西泠印社留影

这无疑是我省印坛的一件大事

西泠印社特邀张颔当“社员”

张颔先生与本文作者的合影

□沈晓英

晚秋的西湖，波光粼粼，晴空如洗。我与几位同行的山西同道下榻在西子湖畔，参加了西泠印社举办的2004年秋季雅集。这次雅集四展四会，规模空前。在杭州的几天时间里，最令我兴奋的是，该社已邀请我国当代著名古文字学家、考古学家张颔先生为特邀社员了。在杭州的山西同道得知这一消息后，无不奔走相告：“我省终于有了第一个西泠印社的社员了!”这无疑是我省印坛的一件大事，也是西泠印社发展史上一件颇具纪念意义的事。

张颔作品释文：虒入晋邦之地 通绎侯马盟书

西泠印社是我国历史最悠久、影响最为深广的研究金石书法篆刻的学术性团体。它创建于1904年，由吴昌硕先生担任首任社长。悠悠百年，它像一面高高飘扬的旗帜，耀人眼目，吸引了众多印学、金石、考古、古文字学家和诗文、书画家加入到这个行列。也正是这种积聚久远的魅力，使其一直处于书法篆刻学术研究的前沿，流韵绵绵，人才辈出，久而愈隆。其巨大的影响力已辐射到日本、韩国及东南亚、北美、欧洲各国，成为中外文化艺术交流的重要平台，享有“天下第一名社”之美誉。然而，在这誉满宇内外的印社里，由于地理、历史的诸多原因，山西社员一直是空白。曾在山西印坛卓有贡献的李元茂先生虽已是西泠印社社员，但那是在他1991年调往海南后加入的，他现在是海南省博物馆名誉馆长。张颔先生的加盟，当然首先是由于他在学术界的巨大影响，但也有赖于李元茂先生的一力举荐。李元茂先生虽客居海南，却以拳拳之心深情关注着山西书法篆刻事业的发展。他举荐张颔先生入社，就是为宣传山西学术、弘扬三晋印风做出的一项重要贡献。

在西子湖畔幽雅的三台山庄宾馆里，我们见到久违了的李元茂先生。他是我学习书法治印的老师，我一向对他十分敬重。和我同往的还有今年从浙江大学人文学院毕业的书法博士史长虹先生。史先生是我省灵石人，是西泠印社常务副社长陈振濂先生的门生。我们针对山西印坛的现状和发展趋势各抒所见，谈得甚是畅快。他们均是从山西走出去的俊彦之士，但他们都对振兴山西印学给予深切关注，寄予厚望，并做了大量的工作，这种精神着实令我感动。当谈到张颔先生入社的事时，李元茂先生露出了淡淡的笑容。他说，张颔先生早已在全国的学术界深孚众望了，他不但人品好，学问好，书法、治印也都有精深的造诣。他当之无愧地应该成为西泠印人。当然，张先生早已置名利二字于身外了，但为了支持西泠印社的宏观战略，为了扶持山西印人后辈的成长，最终他还是欣然应允了西泠印社的邀请。他的入社，既为三晋印人树立了榜样，也为有百年社龄的西泠印社增添了光辉。

张颔先生是著名的古文字学家、考古学家，其研究领域广涉古文字学、考古学、晋国史及钱币等，尤在《侯马盟书》及《汗简》研究上多有发明和创见，并工于诗文、书法、篆刻，在国内外都享有极高的声誉。他严谨深到的学术思想，也为山西书法篆刻纳入规范的学术轨道起了非常重要的作用。香港著名考古学家、敦煌学家饶宗颐先生在为卫俊秀先生的书法做的一篇跋文中曾述及：“余与张颔交久，知三晋多奇士。”傅山是奇士，卫俊秀是奇士，张颔先生是奇士，用饶宗颐先生的话说，他们都是标领一代学术的“英绝领袖”。我坚信，在张颔先生的影响下，山西印学一定会蓬勃发展。

回到宾馆，我久久不能入睡。史长虹先生的那句话：“我们山西为什么不能成立一个印社，来和西泠印社交流呢?”让我感慨良多。我省地处黄河流域，悠久的文化历史造就了一代又一代的文化名人和书法篆刻大师，为我们留下了许多宝贵的文化遗产。尽管现在爱好此道者越来越多，但面对这些丰富的文化财富不少人却茫然无知，对为什么要学习书法篆刻存在模糊认识的人也不在少数。更确切地说，他们缺乏对山西历史文化的深度关注和认真思考，缺乏发展历史传统文化的使命感，至于山西印学研究，更是其中的薄弱一环。探索研究的道路艰难而坎坷，尚需山西印人共同奋斗。我想，我们只有在德高望重的老前辈的指引下才能印人蔚起，为弘扬和发展传统文化做出贡献。

归并的途中，我的内心深处满载着希望和责任。不多的几天西湖之行，似乎在我心中平添了许多对山西印学发展的企盼和渴望。

J 金石书画

山西日报

C2 TWO C1版责编：刘国锋 本版责编：田建平

古文字学家张颔直升“西泠印社”社员

本报讯（记者孟苗） 10月27日从杭州传来消息，昨天“西泠印社”召开了“西泠印社”第七届二次理事会议，会议特邀我省古文字学家张颔先生入社，跨省区破格直升成为“西泠印社”社员。

“西泠印社”是我国研究石篆刻和书画艺术的著名学术团体，创建于1904年，是中外文化交流的重要场所，历任社长由吴昌硕、马衡、张宗祥、沙孟海、赵朴初、启功荣任。如果说浙江人通过考试可以直升社员，产生了“可以载入西泠印社史册”的轰动，那么在本届理事会上特邀我省著名考古学者、古文字学家张颔先生入社，则显示了“西泠印社”博大精深的气质与胸怀，也保证了“西泠印社”有源源不断的新鲜血液。

入西泠印社的报道资料

太原晚报 2005年1月25日 责编 \ 版式 宁沁萍 校对 \ 张君平 联系电话:8

艺苑人物

西泠印社的三晋第一人

刘云成

2004年10月,84岁高龄的张颔先生被西泠印社吸纳为特邀会员,与他同享这一殊荣的还有浙江古籍出版社编审、著名古籍整理研究专家吴战垒,浙江大学校长潘云鹤及日本著名书法家成濑映山。

西泠印社于1904年由丁辅之、王福庵等4位浙派金石书画家在西湖孤山发起创建,是中国成立最早的印学团体,以"保存金石,研究印学,兼顾书画"为宗旨。印社煌煌百年,俊采星驰,先后由吴昌硕、马叔平、张宗祥、沙孟海、赵朴初、启功任社长,前后社员约300人,聚集过李叔同、黄宾虹、马一浮、潘天寿、傅抱石等金石书画艺术大师。

作为步入西泠印社的三晋第一人,张颔先生是以研究古文字和考古学著名于世的,书法、篆刻不过是他的"副业"。1920年,张颔先生出生于山西介休县一个贫寒的家庭。高小毕业后,经人介绍加入了由当地"广源永"茶铺老板丁宗汉组织的,有书画家、篆刻家参加的"行余学社"。受这些艺术家的影响和引导,他读了《说文解字》等书,掌握了篆书及"六书"的初步知识。从那时起,他萌发了对古文字的爱好与兴趣。

1937年,为生计所迫,张颔背井离乡,到湖北樊城一家杂货铺做了店员。抗战爆发后不久,他有幸结识了民革政治实施学院院长、中共地下党员杜任之,并在他的引导下读了大量社会科学书籍,并走上了革命道路。全国解放后,张颔先生调回太原,在省委统战部任职。1958年中国科学院山西分院考古研究所成立后,他又调任该所所长。

从事学术研究,张颔是"半路出家"。青少年时期虽对文史具有浓厚兴趣,但他文化程度仅为高小,学到的知识也只有一鳞半爪。可一旦进入学术界,他便横下心来刻苦自修,不辞辛劳地考察了诸多的古战场、古城池。数十年寒暑不辍,发愤努力,终于由考古、文字学的业余爱好者变成了专家。他的《侯马盟书》、《古币文编》等学术研究成果在学术界引起强烈反响。1995年,中华书局将先生的部分学术文章结集为《张颔学术文集》出版发行,受到了文史界的重视和好评。

张颔先生的大部分精力虽都放在了研究古文字和考古方面,但他对书法艺术的探索与实践却从未止步。一则是因为在研究古文字过程中,须大量摹写甲骨、铜器、石刻、印玺、钱币上的古文字;再则是他习惯于用毛笔起草文稿,书写信札。在各种书体中,张颔先生的书法以篆书成就最高。他虽未刻意学习过何门何派、哪宗哪家,但却能兼收并蓄、融会百家,形成自己的独特风格。从他的《秦诅楚文》、《作庐临篆诀》等临摹作品看,既不失原作风貌,又具有自家神采。由于先生精通古文字的源流正变,故而对篆法结构早已烂熟于胸。他结字疏朗,从容潇散,起笔藏锋,落笔出锋,线条劲健,骨力洞达。数百至上千字的巨制,一气呵成,无一笔倦怠,整篇气势开张,前呼后应。

在张颔先生的篆书作品中,可以看到甲骨的质朴天真、钟鼎的端庄厚重、石鼓的浑穆淳古……书为心画,字如其人。从张颔先生的书作当中,我们对其精神境界、学养修为也可窥得一二吧。

张颔虽十七岁就离开介休，但他一直记挂着家乡文化事业。他曾专门誊抄整理家乡“宝卷”，全力促成介休古迹祆神楼的保护修缮，并对介休县志与地方风物、语言等进行了详尽的考证。他坚持使用纯真的介休方言，数次自题“归根”二字，体现出了他对家乡的浓浓深情。

桑梓情缘

SANGZI
QINGYUAN

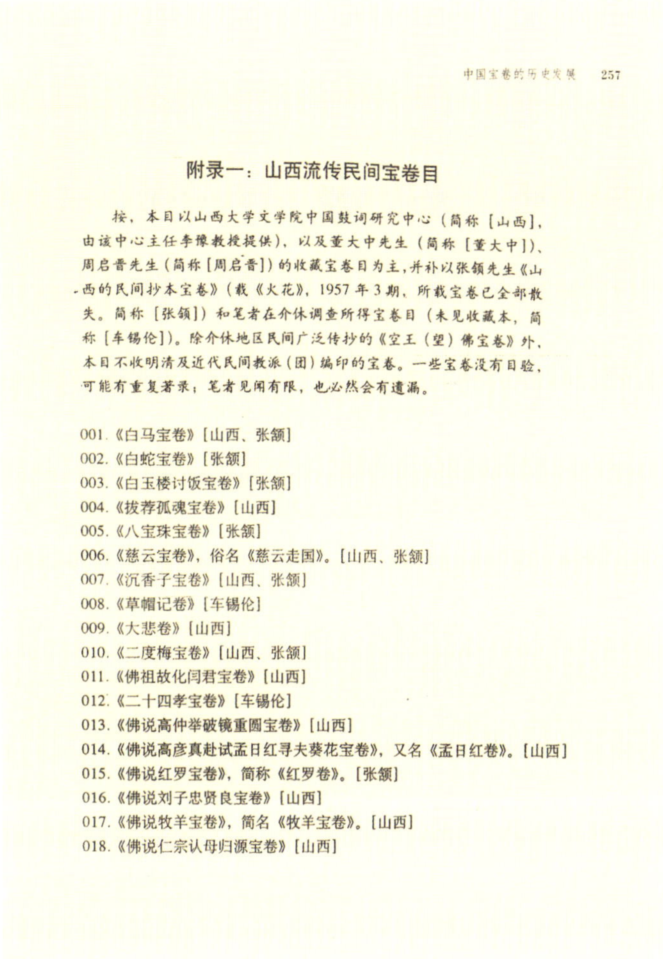

中国宝卷的历史发展　257

附录一：山西流传民间宝卷目

按，本目以山西大学文学院中国鼓词研究中心（简称［山西］，由该中心主任李豫教授提供），以及董大中先生（简称［董大中］）、周启晋先生（简称［周启晋］）的收藏宝卷目为主，并补以张颔先生《山西的民间抄本宝卷》（载《火花》，1957年3期，所载宝卷已全部散失。简称［张颔］）和笔者在介休调查所得宝卷目（未见收藏本，简称［车锡伦］）。除介休地区民间广泛传抄的《空王（望）佛宝卷》外，本目不收明清及近代民间教派（团）编印的宝卷。一些宝卷没有目验，可能有重复著录；笔者见闻有限，也必然会有遗漏。

001.《白马宝卷》［山西、张颔］
002.《白蛇宝卷》［张颔］
003.《白玉楼讨饭宝卷》［张颔］
004.《拔荐孤魂宝卷》［山西］
005.《八宝珠宝卷》［张颔］
006.《慈云宝卷》，俗名《慈云走国》。［山西、张颔］
007.《沉香子宝卷》［山西、张颔］
008.《草帽记卷》［车锡伦］
009.《大悲卷》［山西］
010.《二度梅宝卷》［山西、张颔］
011.《佛祖故化闫君宝卷》［山西］
012.《二十四孝宝卷》［车锡伦］
013.《佛说高仲举破镜重圆宝卷》［山西］
014.《佛说高彦真赴试孟日红寻夫葵花宝卷》，又名《孟日红卷》。［山西］
015.《佛说红罗宝卷》，简称《红罗卷》。［张颔］
016.《佛说刘子忠贤良宝卷》［山西］
017.《佛说牧羊宝卷》，简名《牧羊宝卷》。［山西］
018.《佛说仁宗认母归源宝卷》［山西］

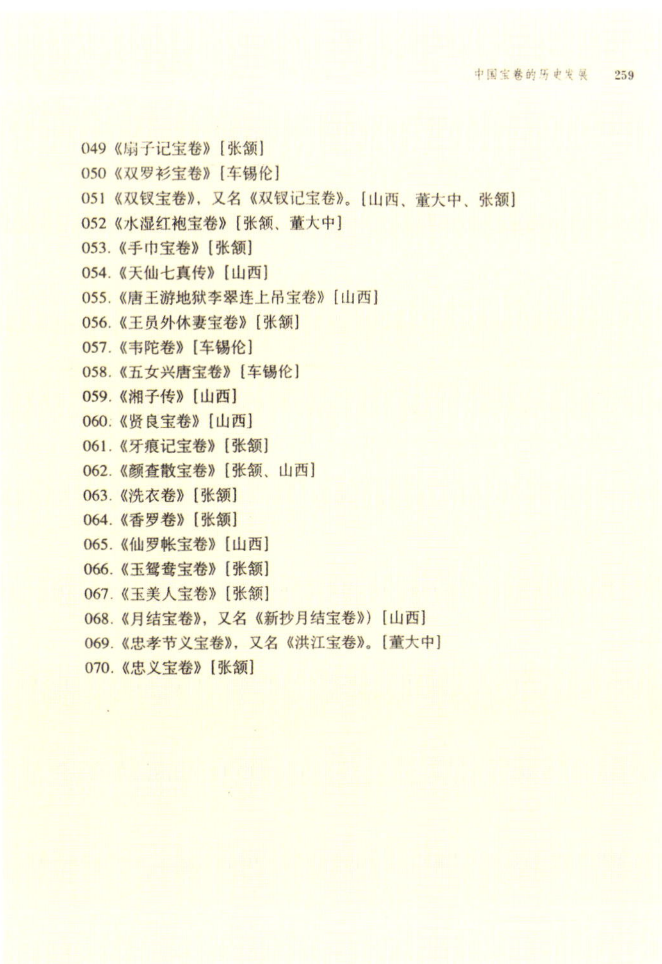

中国宝卷的历史发展　259

049《扇子记宝卷》［张颔］
050《双罗衫宝卷》［车锡伦］
051《双钗宝卷》，又名《双钗记宝卷》。［山西、董大中、张颔］
052《水湿红袍宝卷》［张颔、董大中］
053.《手巾宝卷》［张颔］
054.《天仙七真传》［山西］
055.《唐王游地狱李翠连上吊宝卷》［山西］
056.《王员外休妻宝卷》［张颔］
057.《韦陀卷》［车锡伦］
058.《五女兴唐宝卷》［车锡伦］
059.《湘子传》［山西］
060.《贤良宝卷》［山西］
061.《牙痕记宝卷》［张颔］
062.《颜查散宝卷》［张颔、山西］
063.《洗衣卷》［张颔］
064.《香罗卷》［张颔］
065.《仙罗帐宝卷》［山西］
066.《玉鸳鸯宝卷》［张颔］
067.《玉美人宝卷》［张颔］
068.《月结宝卷》，又名《新抄月结宝卷》）［山西］
069.《忠孝节义宝卷》，又名《洪江宝卷》。［董大中］
070.《忠义宝卷》［张颔］

张颔 1946 年对介休宝卷做的调查目录
被《中国宝卷研究》（车锡伦著）采用

调研宝卷

宝卷，是我国受佛教“变文”影响的一种民间通俗讲唱韵文。郑振铎先生在其著《中国俗文学史》中说：注意到“宝卷”的文人极少，他们都把“宝卷”归到劝善书的一堆去了，其实“宝卷”的内容，不完全是劝善经文和佛教的故事，还有民间故事和讲唱历史部分，其中有不少具有一定的人民性，如《土地宝卷》《梁山伯宝卷》《白蛇宝卷》等，都有很多思想性和艺术性。

介休宝卷距今已有一千余年的历史，它脱胎于唐宋时期的变文，是一种具有介休本土特色的古老文化形式。民间称之为“念卷”，人们都把宝卷手抄传诵，有许多动人的故事。张颔早在1946年就有意识地访寻搜集介休宝卷，并加以研究。抗战前介休县的县城和农村，流传着百十种“宝卷”抄本，都没有一本是刊物或石印本，都是手抄本，也无作者姓名，介休县也没有卖“宝卷”的善书铺，所有的宝卷都是民间抄写的，他在十五六岁时也曾抄过《空王佛宝卷》。其中搜集或阅读过的《慈云宝卷》《扇子记宝卷》《双钗记宝卷》等十五种，抄写年份最早的《慈云宝卷》（乾隆五十三年1788年抄本），《扇子记宝卷》（道光二十九年1849年）抄本，他将收集并登记的“宝卷”目录三十一种，特写成文章发表在1957年第三期《火花》杂志上，呼吁全社会加以重视。

2003年，教育部下达了对山西介休宝卷这一特殊的国家非物质文化遗产进行调查的专项任务项目书，山西大学文学院李豫教授带人在介休用一年时间对介休宝卷仔细调查研究，随后编写出版了《山西介休宝卷说唱文学调查报告》，至此介休宝卷才真正引起了介休当地文化主管部门的高度重视，随后开展了一系列的调研活动，最终于2015年出版了《介休宝卷》（第一辑）。

由此可知，张颔是在全国范围内研究介休宝卷的先行者。

和山西大学的李豫教授研究宝卷

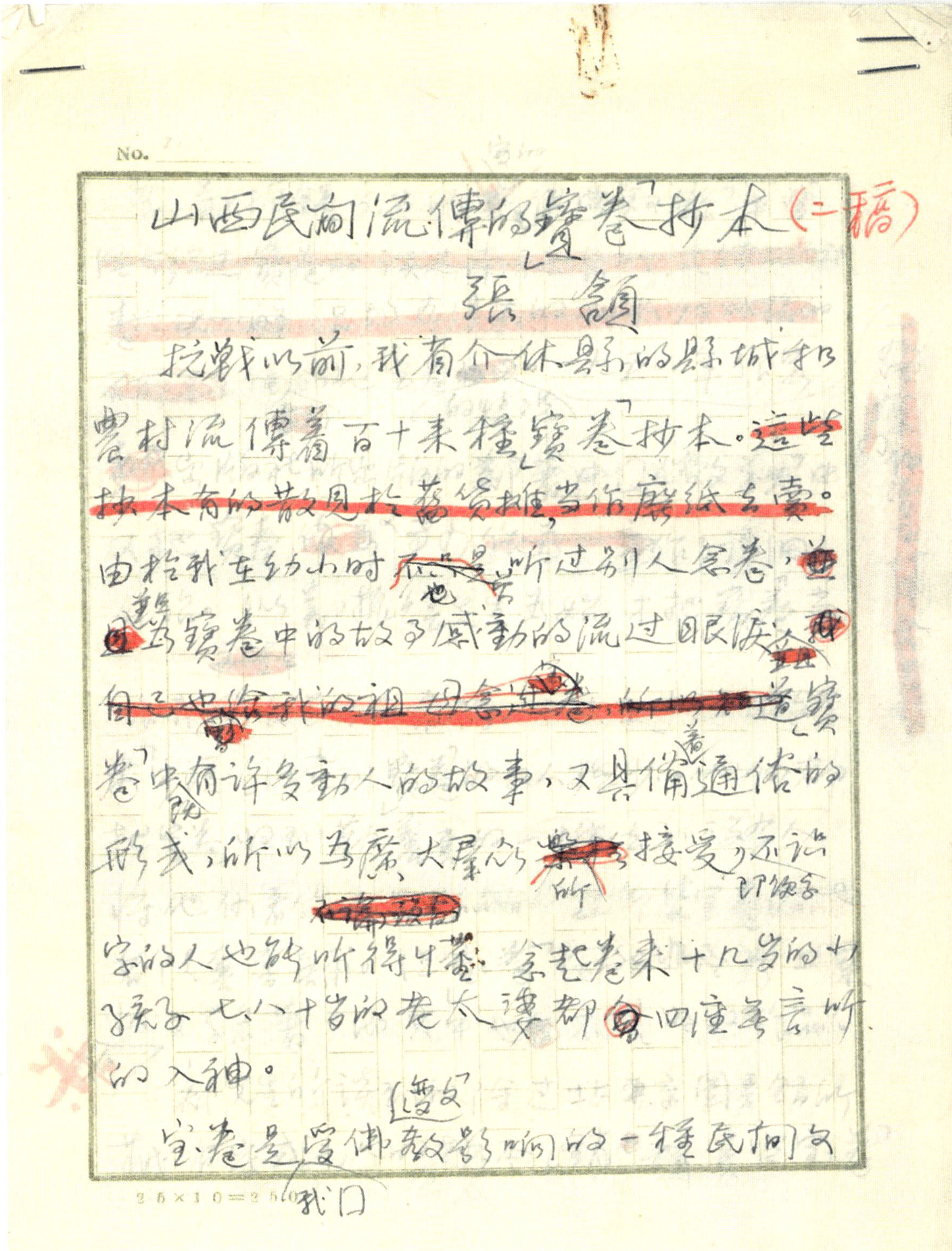

1957 年发表的《山西民间流传的"宝卷"抄本》手稿

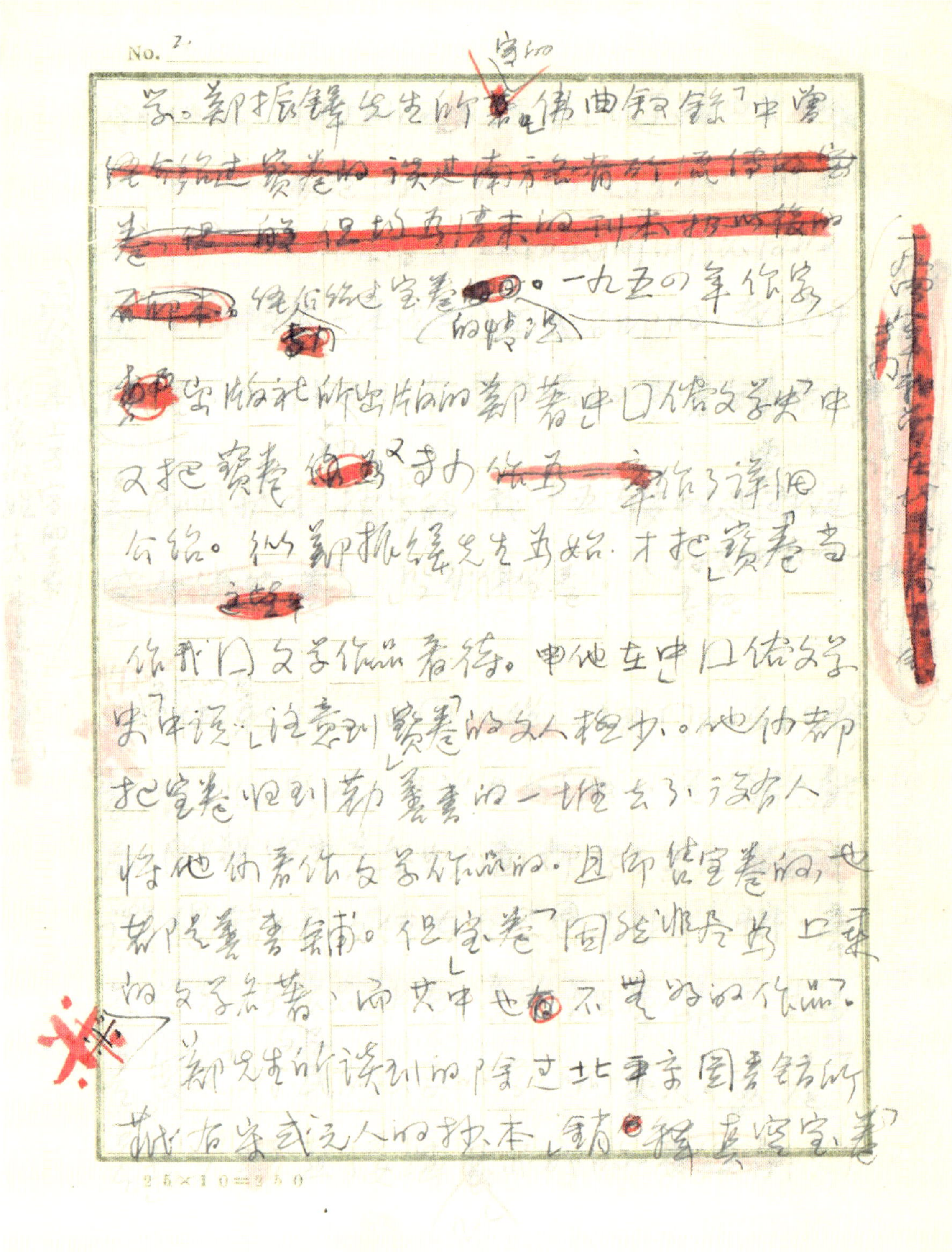

No. 2.

字。郑振铎先生所著《佛曲叙录》中曾

……他介绍过宝卷的情况。一九五〇年作家

出版社所出版的郑著《中国俗文学史》中

又把宝卷作了详细

介绍。从郑振铎先生开始，才把"宝卷"当

作我们文学作品看待。他在《中国俗文学

史》中说："注意到宝卷的文人极少。他们都

把宝卷归到劝善书的一堆去了，没有人

将他们看作文学作品的。且印售宝卷的，也

都是善书铺。但宝卷"固然有些是上乘

的文学名著，而其中也有不少是好的作品。"

郑先生所谈到的除过北平图书馆所

藏有写或说人的抄本，……宝卷

25×10=250

No. 3.

和他们所得到的 ~~〇~~ 刊本，目莲救母出离地狱升天宝卷抄本外，都是清代的刊本及现代的石印本。介休新民间所流传的宝卷却没有一本是刊本或石印的，都是手抄本。介休也没有卖宝卷的善书铺，都是民间辗转抄写的。我十五六岁时也曾抄过 ~~〔空王佛宝卷〕~~〔空王佛宝卷〕。（按当时流传的书抄）

没有一本上了官的书

没有一本刊本，都是手抄本，上面有抄写人的姓名

~~我国~~ 自汉明以后佛教传入中国 ~~以后~~，对我国的文化发生了很大的影响，无论在 ~~文学~~、小说、诗歌、戏剧、雕塑、绘画、音乐等方面都起了变化，~~特别是~~ 赞偈铭谶文体在文学界别树一帜。唐宋学者在作品中都喜欢融会佛经。特别是变文对民间文学的影响更大。宝卷是由变文直接演变而成的。~~被信徒~~ 所

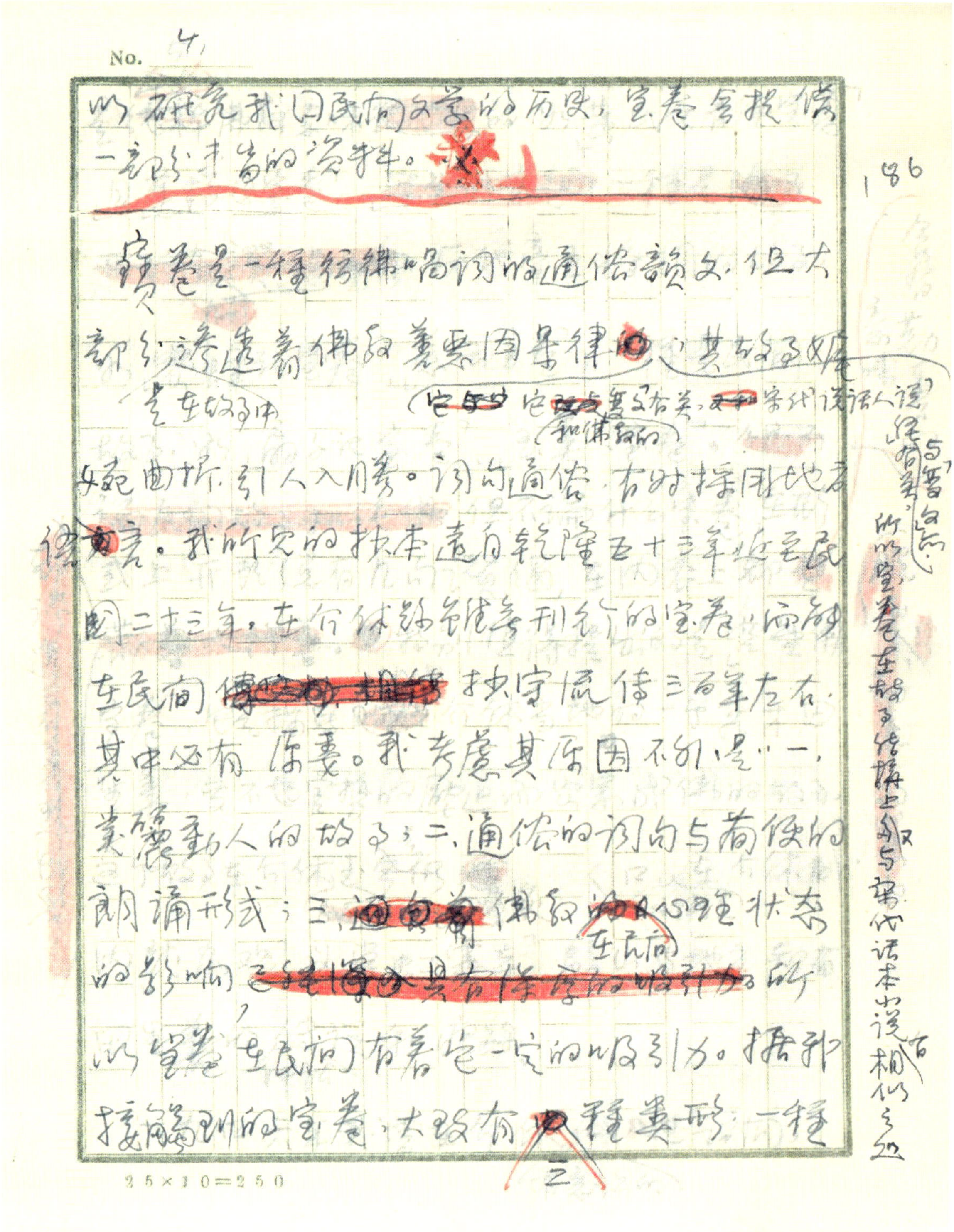

No. 4

以研究我国民间文学的历史，宝卷会提供一些很可贵的资料。

186

宝卷是一种说佛唱词的通俗韵文。但大部分都是适应着佛教善恶因果律的（是在故事体）（它和佛教的善恶有关，和宋代说话人说经有密切关系），其故事婉曲折引人入胜。词句通俗，有时採用地方俗言。我所见的抄本远自乾隆五十三年近至民国二十三年，在介休能看到刊行的宝卷，而在民间抄写流传三百年左右，其中必有原委。我考虑其原因不外是：一，美丽动人的故事；二，通俗的词句与适便的朗诵形式；三，佛教在民间心理状态的影响，所以宝卷在民间有着它一定的吸引力。据我接触到的宝卷，大致有二种类型。一种

所以宝卷在故事结构上又与宋代话本小说有相似之处

25×10=250

No. 5

是纯粹佛的宗味的，如《黄氏女看经宝卷》、《目莲救母宝卷》；一种是除了开头有赞偈以外，历代帝王将相的故事，如《密蜂记宝卷》、《慈云宝卷》；一种是民间故事，如《扇子记宝卷》、《玉美人宝卷》。但不论什么宝卷，在形式上开头总有几句赞偈，在内容上都是劝人行善。特别值得提出的是《空生佛宝卷》，它是描写明代介休当地的一个秀才田生善，受不了官势的压迫而出家成佛的故事。这个故事在介休是含佛、口，在介休城内就家喻户晓，以宝出云寿寺，好多地方都有田生善的传说和痕迹。

一九四六年我曾在介休做过访问，

35×10=250

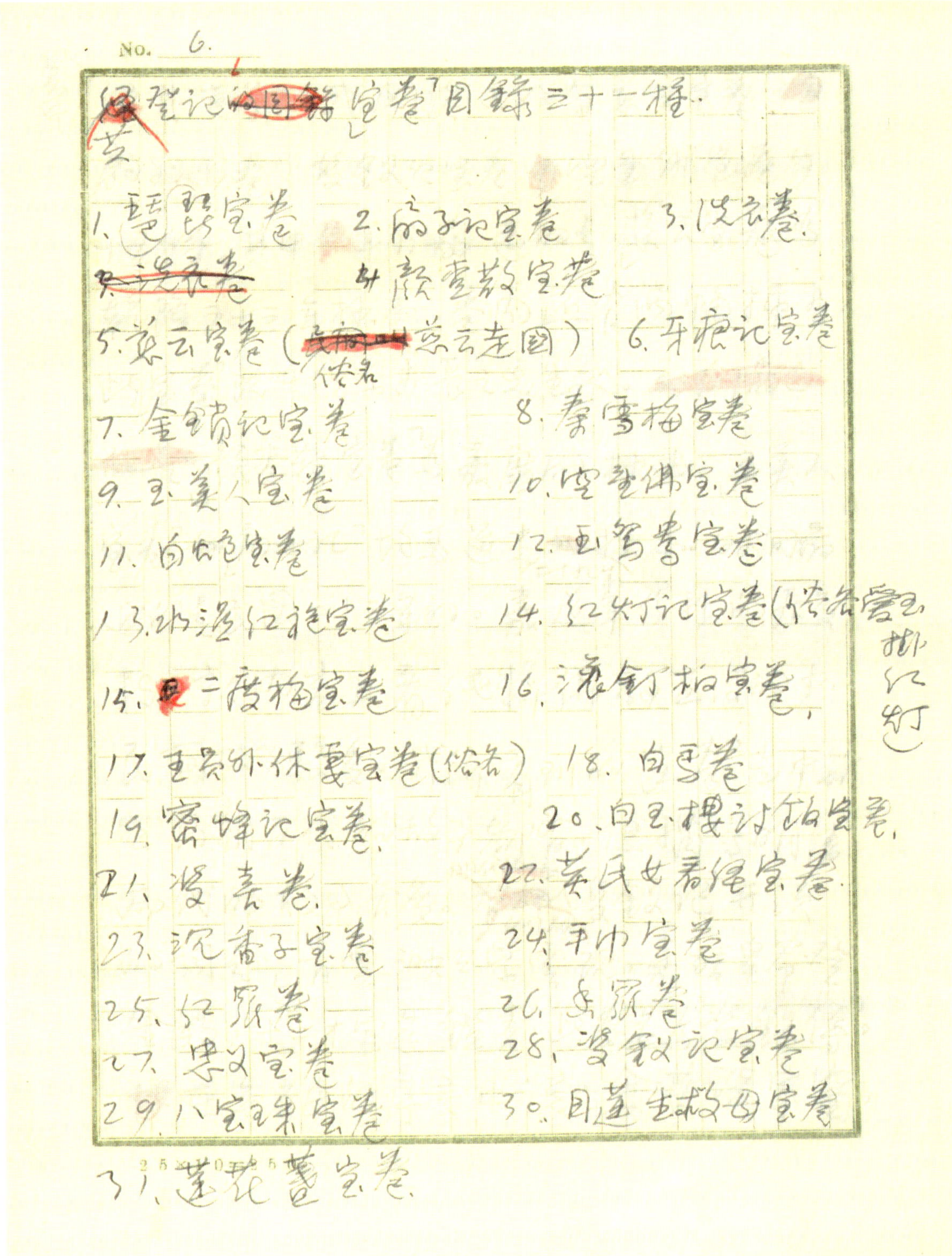

No. 6.

宝卷目録三十一種

1、琵琶宝卷 2、扇子记宝卷 3、浣衣卷
4、颜查散宝卷
5、慈云宝卷（俗名慈云走国） 6、牙痕记宝卷
7、金锁记宝卷 8、秦雪梅宝卷
9、玉美人宝卷 10、空王佛宝卷
11、白兔宝卷 12、玉鸳鸯宝卷
13、水落红袍宝卷 14、红灯记宝卷（俗名鹦哥挑红灯）
15、二度梅宝卷 16、滚钉板宝卷
17、王员外休妻宝卷（俗名） 18、白马卷
19、蜜蜂记宝卷 20、白玉楼讨饭宝卷
21、游春卷 22、黄氏女看经宝卷
23、沉香子宝卷 24、手巾宝卷
25、红罗卷 26、乌罗卷
27、忠义宝卷 28、游钗记宝卷
29、八宝珠宝卷 30、目莲救母宝卷
31、莲花灯宝卷

No. 7

经我蒐集到或阅读过的有慈云宝卷、扇子记宝卷、双钗记宝卷、空王佛宝卷等十五种。其中年份最远的是「慈云宝卷」为乾隆五十三年抄本，卷内还有两幅插画。此宝卷现在北京吴晓铃先生处。「颜查散宝卷」为嘉庆的抄本，「王美人宝卷」、「扇子记」均为道光二十九年抄本。时间最近的是民国二十三年的。嘉、道年份抄的居多数。就内容上看，纯粹佛教宣传的少，民间故事较多。我所看到的宝卷之中能从历朝历代的故事都有，但描写明清两代的故事居多。明代的作品如「双钗记」开头的词是：「青云渺渺紫云现，嘉靖皇帝登金殿，十二才官选镫书，此卷名为双钗传」。在无名氏的序言中说：「余昔读家窗，

25×10=250

No. 8

翻印此书，改为宝卷。」説明"没钱使"原来是明代嘉靖年的作品，後人才把它改写成"宝卷"。清代的作品如"扇子记宝卷"开头説"单説我朝太祖皇爷登龙位，国泰人情，天下太平，黎民安乐。"有的虽然是描写明代的故事，但又好像是清代人的手法，如"莲花灯宝卷"是描写万历年间的民间故事，但描写妇女的服装又好像是清代的形式：

"身穿的，红绸袄，绣边打圈。
油绿绸，裤子宽，边又镶金。
红膝裤，鸳鸯带，实的好看。
……………………。"

"宝卷"中的词句有的很轻松流利，通俗横生。有七个字的句子有七十个字的句子，有词有白。

No.

现将扇子记宝卷中一些比较通顺的词，自节录如下：

一、「小姐心中不快活，無心打扮梳容顏，
細紗包頭烏云罩，外套一件月布衫。(注)
隨腳鞋兒还不舊，不用再把新鞋穿。
雖然不搽胭脂粉，請人送來卻自然。」

(注：合体人物淡兰色為月兰色)

二、「闺房女兒穿梧柳，二八佳人赶路程，
只知绣楼守針线，那知道路苦難行，
金蓮走的實不能，柳腰扭的痛煞人，
粉面臉成大紅棗，淚眼汪汪撲不停。」

臨行时这样穿，……走到许多地方。

25×10=250

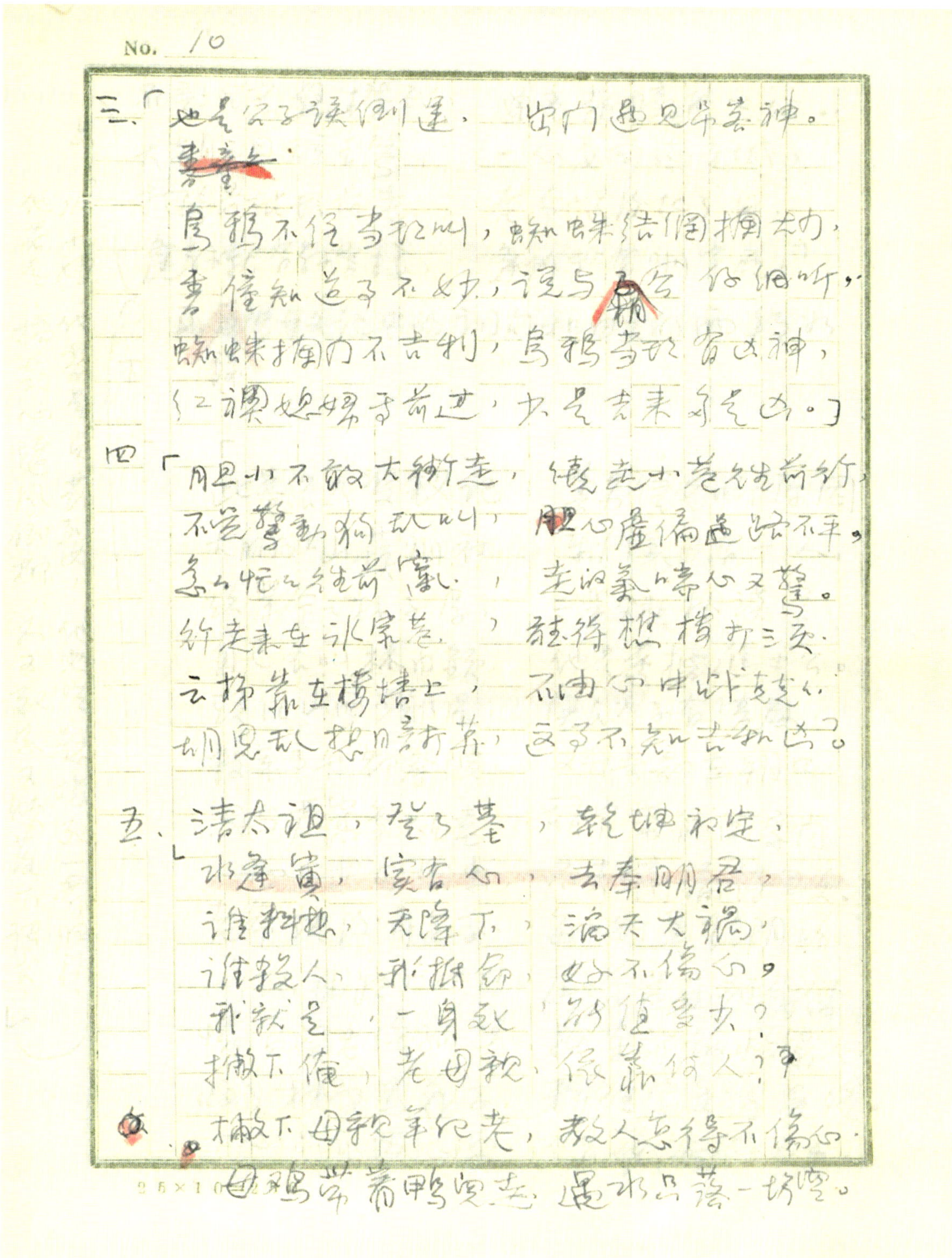
No. 10
三、「也是公子该倒运，出门遇见吊丧神。
~~青蛙~~
乌鸦不住当头叫，蜘蛛结网拦去路，
青蛙知道了不妙，说与公子仔细听：
蜘蛛拦门不吉利，乌鸦当头有凶神，
红裙媳妇当前过，少是吉来多是凶。」
四「胆小不敢大街走，绕走小巷往前行，
不觉惊动狗乱叫，胆小虚慌路不平。
急急忙忙往前窜，走的气喘心又惊。
行走来在张家巷，听得谯楼打三更。
云梯靠在楼墙上，不由心中卜突突。
胡思乱想暗打算，这事不知吉和凶。
五、清太祖，登了基，乾坤初定，
水逢寅，实古心，去奉明君，
谁料想，天降下，满天大祸，
谁杀人，我抵命，好不伤心。
我就是，一身死，能值多大？
撇下俺，老母亲，依靠何人？」
撇下母亲年纪老，教人怎得不伤心。
母鸡带着鸭儿去，遇水只落一场空。

No. 11

不言冷宫错接头，单表黄榜进士公：
大年月之回辞去签，一心要回南京城，
打发前站到前去，老爷随后起了身，
途经就有经官接，途州就有州官迎。」

再录发钗记中的词句和白文的两段如下：

一、「
此卷名为发钗记，善男信女听原因，
大明江山蔡州社，东门离城有一人，
头辈爷爷林子厚，二辈父亲林发宾，
自己名叫林白欣，他是黄榜进士公。
头任山西洪洞县，当官为了有清风，
数年高升都察院，又升吏部在朝中，
因与严嵩多不睦，辞官带职回家中，
~~一心只求田园乐，不去搞清待五更。~~
老爷缺少身尖子，每日行善积阴功，
修桥补路广功德，建塔盖庙施斋僧，
怜贫惜老恤孤寡，捨茶施饭救穷人，
收了林安为义子，料理家务待安宁。
一心只求田园乐，不去搞清待五更。

与沈十娘：他苦苦受苦熬婴，他也曾想起一番归附，他苦苦，杨花心随风倒柳，又不就家又顾落下话文。

No. 12

话说林老爷，官升至吏部，因与同老（严）嵩不和，告辞官回家，置下良田千顷，家财万贯，楼台瓦舍十分整齐，男童使女数十人。这林老爷除此是行善积德，见乡邻穷的时候死了不能安葬的，暗送钱钞，有人娶不起媳妇的也帮助他，有读书不能科考的就送盘费。那个不知谁人不晓，蒋州府东门外林太老爷是个行善之人！”

介休「宣卷」中（抄本）的中有的就是拥有偈句也有「西江月」，当大部分内容中没有像「中国俗文学史」中所谈的宣卷中还有「金字经」、「耍孩儿」、「画眉序」等一类的曲牌。但每部卷的开头总是遍也有「赞」和「偈」一类的词句，如「潜善宣卷」的开始是：

「佛说增善宣卷。

25×10=250

No. 13.

凌喜宝卷，法界来临，诸佛显化度众生，醒会世间人。折磨众生，千生万死出沉沦。南无香云盖菩萨，摩诃萨。

无上甚深微妙微法，百千万劫难遭遇，

我今见闻得受持，愿解(详)如来真实义。

凌喜宝卷才展开，诸佛菩萨降临来，天龙天八部皆欢喜，保佑大众永无灾。」

「红罗宝卷」的开始是：

「 佛说红罗宝卷。

红罗宝卷，法界来临，古佛转世度众生。她是菩萨的法本，佛的法本。身遍三千、大千恒沙世界，颠倒相行，不信正法，认是虚花，失迷根源，普劝僧尼、道俗四众人等醒悟，古之世诸佛昼夜循环，普度众生慈悲故，大慈悲故，归命十方，一切佛法轮常转度众生。人生天地命居阴阳，贫富贵贱各人所修，今世人不肯修行，释迦文佛舍弃皇宫，梁武帝

25×10＝250

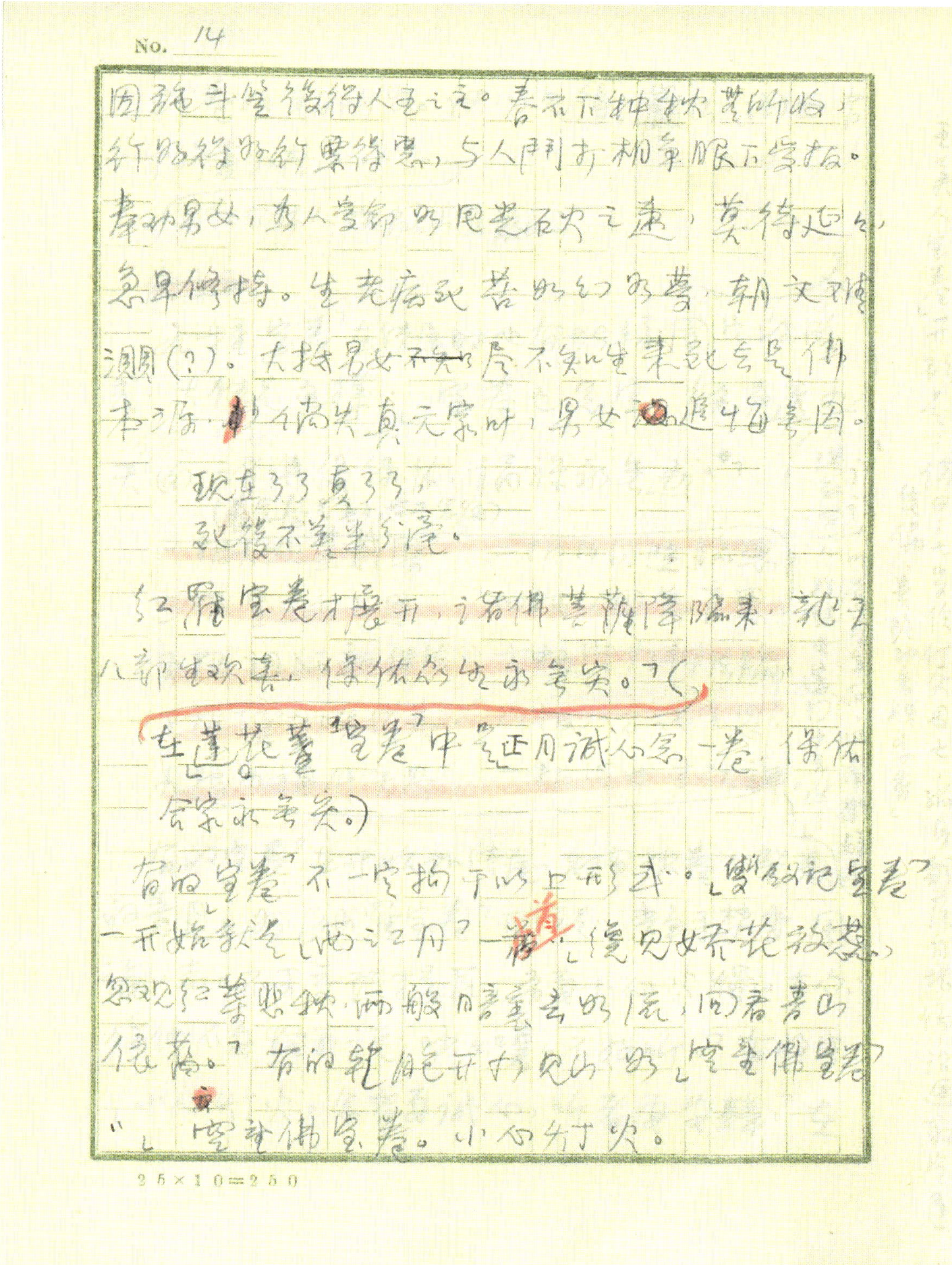

No. 14

因施斗笠後得人生之途。春花下种秋黄收获，
行路徬徨行累休息，与人开步相争眼下宝珍。
奉劝男女，为人学命好比光石火之速，莫待迟了，
急早修持。生老病死皆如幻如梦，朝文难
测(?)。大抵男女~~不知~~尽不知生来就会是佛
本源，却偏失真元宗叶，男女迷追悔无因。

驶在了了真了了，
就後不着半分尘。

红罗宝卷才展开，诸佛菩萨降临来，龙天
八部生欢喜，保佑众生永无灾。”（
在《莲花台宝卷》中有正月诚心念一卷，保佑
合家永无灾。）

有的“宝卷”不一定拘于以上形式。《双钗记宝卷》
一开始就是《西江月》一首：“忽见娇花放蕊，
忽观红叶凋秋，两般暗里去如流，回看青山
依旧。”有的就能开门见山的《空王佛宝卷》
”《空王佛宝卷。小心打坎。

25×10=250

No. 15

此卷明朝所出。何以见得？巖山（注）上有一个修真和尚……」。

（注：介休人称绵山为巖山。）

~~扇子记~~

各种「宝卷」在结尾时也有些格式固定的形式，大概是这样：「宝卷已完，经声透九天（注），诸佛保佑，福禄永无边。」

（参金卷之尾子，本于金经）

一报天地盖载恩，二报日月照临恩，

三报皇王水土恩，四报父母养育恩，

五报祖师教传法，六报四方护法神，

七报坛前各供养，八报八方施主恩，

九报九祖升天界，十报坛中过往神。

「注：注了大明万历年间，以大宁卫辖社湛然有一人，姓钱名道同，十六年出家。」

有的「宝卷」在开始和结尾，都有扶卷人发表的意见。如「仙姑宝卷」开头是：「静手焚香，讽诵一声。不可交头接耳，务要小心火烛。大众，你们不要吵吵嚷嚷，嚷嚷不好听。」有的写：「小心灯火。念者要诚心，听者要安静。」在

「玉美人宝卷」开头是：「诗曰：七岁修行父母亡，孤身飘荡自悲伤，沿途取宝逢传偏，是说的名姓字者」

25×10=250

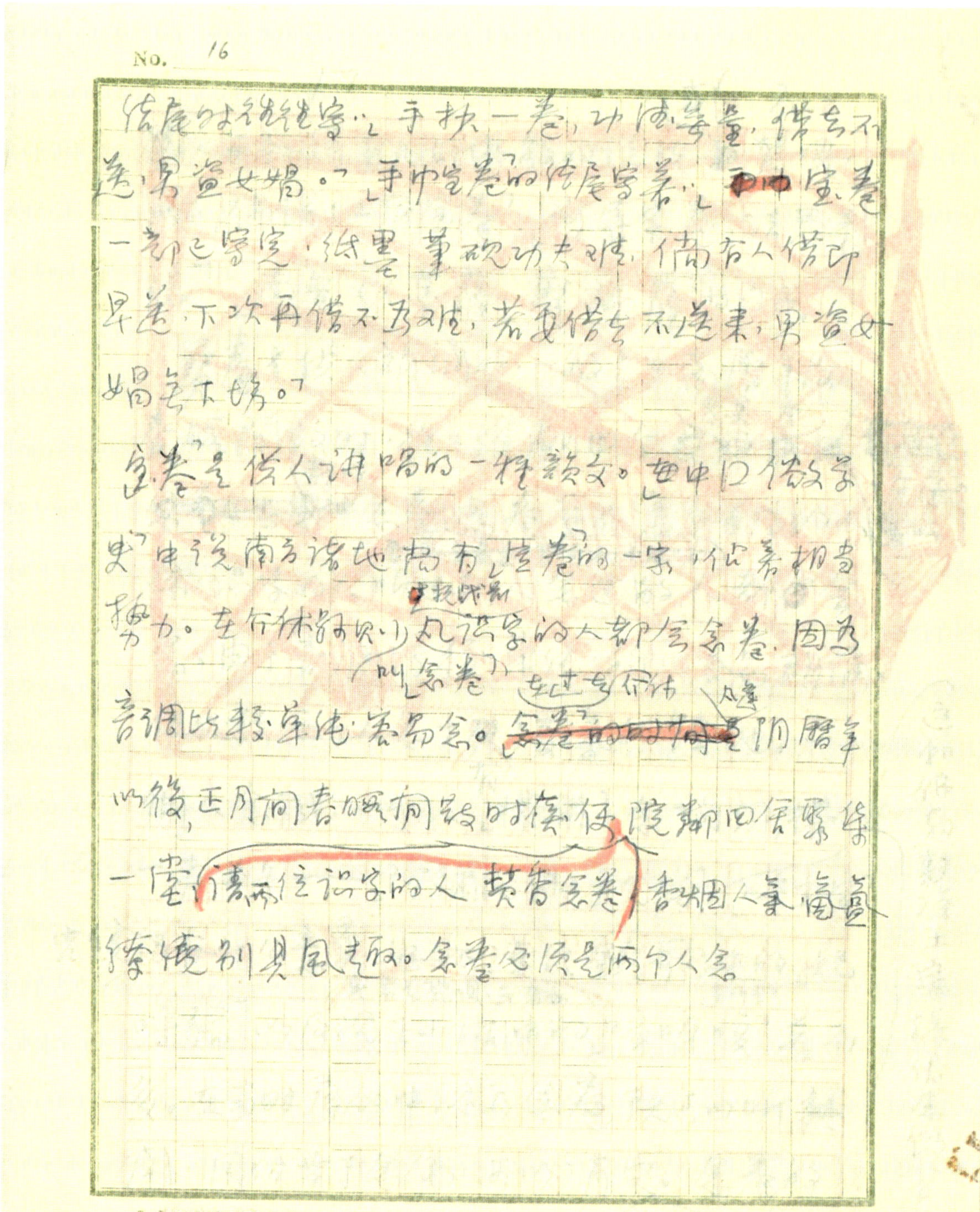
No. 16

偿愿时往往写：「手执一卷，功德无量，借去不送，男盗女娼。」「手中宝卷的偿愿写着：「宝卷一部已写完，纸墨笔砚功夫难，倘有人借即早送，下次再借不为难，若要借去不送来，男盗女娼无下场。」

宝卷是俗人讲唱的一种韵文。在中国俗文学史中说南方诸地都有「宝卷」的一宗，但普相当势力。在介休解放以前，凡识字的人都会念卷，因为叫「念卷」。音调比较单纯，容易念。在过去介休从阴历每年以后，正月间春暖闲散时候，便院邻四舍聚集一堂，请两位识字的人来替念卷，香烟人气氤氲缭绕，别具风趣。念卷必须是两个人念

25×10=250

17　　　　　　　　　　　　　　　　　第 7 页

卷，开头总有几句佛教的话和梵唄，如「佛说红罗宝卷」、「皮毒宝卷」、「法界表眼」、「南无××菩萨·摩诃萨」的句子。

宝卷是供人朗诵的，一般是在万历年以前的时期，往往院里四合（票某一堂）……

宝卷主事（静听）念卷，念卷者不需要有什么的人（香烟缭绕……）念，识字的人听过别人念过的人都会念，由于音调比较单纯，所以容易朗诵。但终须两个人念才有回旋的余地。一个人念词，十个人「接佛」，念一句词，接一声佛号——「阿弥陀佛哞哞哞」，「哞哞哞」（完竟是）没有什么意思，它和汉代铙歌中的「妃呼豨」（或者是梵唄，或者是）以及现在小调中的「咳呀咳」（古叭咒）差不多。在当时群众中把念卷既可以听热闹，同时等于念佛，可以清心。念卷的（免难）

18×15=270

这和佛教净土宗提倡念佛有关係。

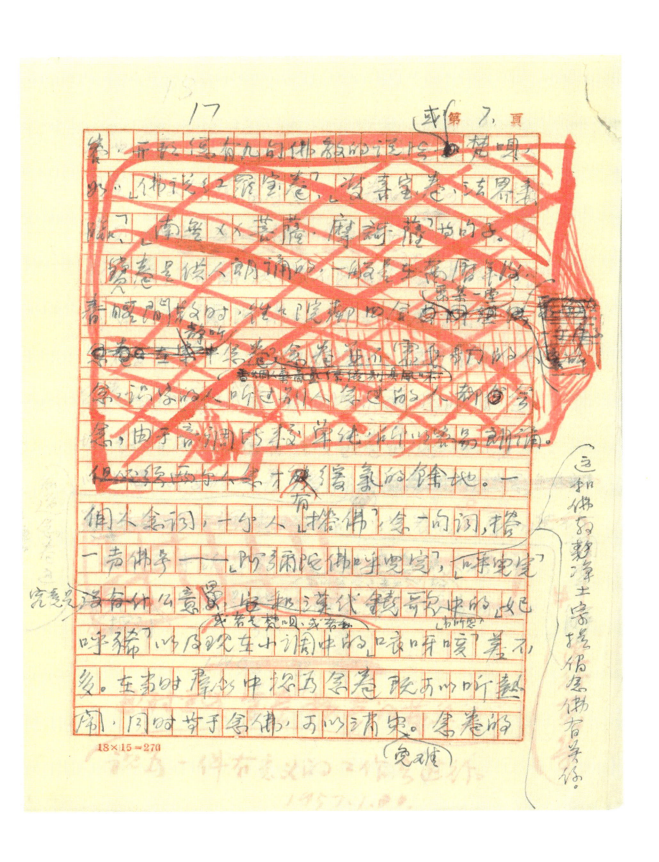

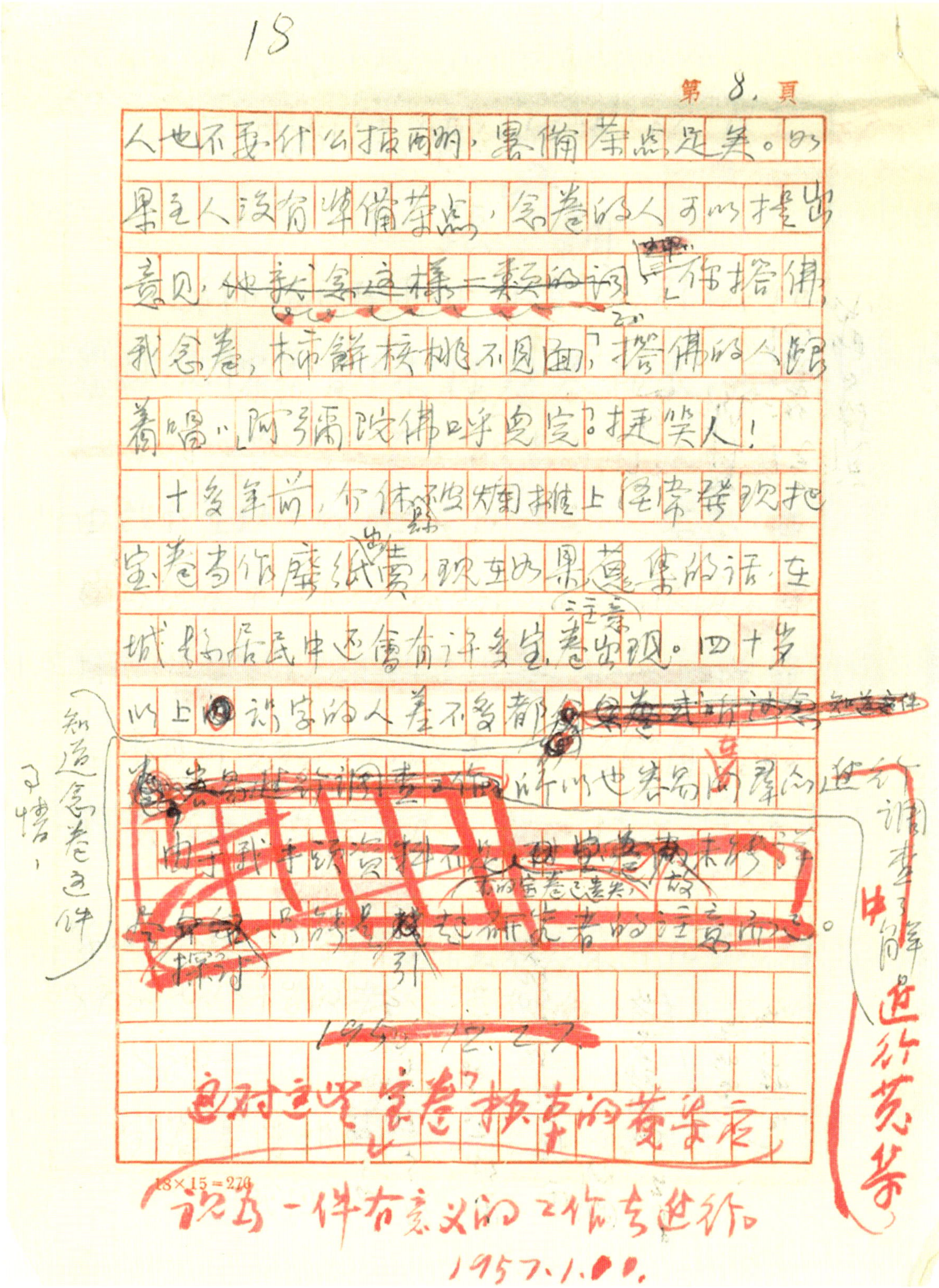

18

第 8 頁

人也不要什么排场，略備茶点足矣。如果主人没有准備茶点，念卷的人可以提出意见，~~他就念这样一類的词~~「你給佛我念卷，柿餅核桃不見面」，給佛的人跟着唱“阿彌陀佛呼奥空”，持笑人！

十多年前，介休的烟攤上經常發現把宝卷当作廢紙賣，现在如果注意的话，在城郊居民中还會有许多宝卷出现。四十岁以上的识字的人差不多都知道念卷这件事情。

13×15=270

说为一件有意义的工作去进行。

1957.1.00

山西民间流传的“宝卷”抄本

抗战以前我省介休县的县城和农村，流传着百十来种“宝卷”抄本。“宝卷”有许多动人的故事，它是一种通俗的韵文，是一种讲唱文学，广大群众乐于接受，即便是不识字的人也能听懂，念起卷来无论十几岁的孩子或七、八十岁的老太婆都会四座无言洗耳静听。我们小时候也曾听过“念卷”，并且为“宝卷”中的故事感动得流过眼泪。

“宝卷”是我国受佛教“变化”影响的一种民间文学，郑振铎先生所写的《佛曲叙录》中曾经介绍过“宝卷”的情况。在一九五四年作家出版社所出的郑著《中国俗文学史》中又把“宝卷”作了详细介绍。从郑振铎先生为始，才把“宝卷”当作我国的一种文学作品看待。他在《中国俗文学史》中说：注意到“宝卷”的文人极少，他们都把“宝卷”归到劝善书的一堆去了，没有人将他们看作文学作品的。且印售“宝卷”的，也都是善书铺。但“宝卷”固然非尽为上乘的文学名著，但其中也有不少好的作品。其中有不少值得永久保存的，自东汉以后，佛教传入中国，对我国的文化发生了很大的影响，无论在小说、诗歌、戏剧、雕塑、绘画、音乐等方面都起了一系列的变化，赞、揭、铭、忏文体在文学上别树一帜。唐宋学者在文学作品中都喜欢融会佛理，特别是“变文”对民间文学的影响更大。“宝卷”是“变文”直接演化而成的，所以研究我国的民间文学，“宝卷”将会提供一部分丰富的资料。而且“宝卷“的内容，不完全是劝善经文和佛教的故事，也正和“变文”一样，除了谈唱佛教故事外，还有民间故事和讲唱历史部分。其中有不少具有一定的人民性，如《土地宝卷》、《梁山伯宝卷》、《白蛇宝卷》等，都有很高的思想性和艺术性。

《中国通俗文学史》中谈到，除过北京图书馆所藏宋人或元人的抄本《销释真空宝卷》和郑振铎先生自己所得到残本《目莲救母出离地狱升天宝卷》的抄本外，其他所见到的多是清代的刊本和现代的石印本。介休县所流传的“宝卷”却没有一本是刊本或石印本，都是手抄本，而且也没有一本上面写着作者的姓名，介休县也没有卖“宝卷”的善书铺，所有的“宝卷”都是民间辗转抄写的，我十五、六岁时也曾抄过《空王佛宝卷》。

“宝卷”是一种类似唱词的通俗韵文，但大部分是在故事中渗透着佛教的善恶因果观点，它既然和佛教的“变文”有关系，宋代说经人的“说经”亦和“变文”有关系，所以“宝卷”在故事结构上又多与宋代话本小说有相似之处，其故事内容娓婉曲折引人入胜。词句通俗易懂，有时采用地方方言。我所见的抄本远自乾隆五十三年近至民国二十三年，在介休虽然没有刊行的“宝卷”，而能在民间抄写流传三百年左右，其中必有原委。我考虑其原因不外是：一、故事的内容美丽动人;二、词句通俗更便于讲唱;三、佛教在民间心理状态的影响。所以“宝卷”在群众中有着它一定的吸引力。我接触到的“宝卷”大致有三种类型，一种是纯粹佛教意味的如《黄氏女看经宝卷》和《目莲救母宝卷》;一种是历代帝王将相的历史故事，如《蜜蜂记宝卷》和《慈云宝卷》;一种是民间故事，如《扇子记宝卷》和《玉美人宝卷》，但不论什么宝卷，在形式上开头总有几句赞、偈，在内容上都含有劝善的意味。特别值得提出的是《空王佛宝卷》，它是描写晋中的一个秀才田生善因受不起官势的压迫而出家修行的故事，这个故事是介休一般老者当中脍炙人口的传说，介休城内“龙泉观“、义棠“虹霁寺”、绵山等地方都有田生善的神话传说和痕迹。

一九四六年我曾在介休有意识的做过访问，并登记“宝卷”目录三十一种：

一、　琵琶宝卷
二、　扇子记宝卷
三、　洗衣卷
四、　颜查散宝卷
五、　慈云宝卷（俗名慈云走国）

《介休宝卷》转载的《山西民间流传的“宝卷”抄本》

六、　牙痕记宝卷
七、　金锁记宝卷
八、　秦雪梅宝卷
九、　玉美人宝卷
十、　空王佛宝卷
十一、白蛇宝卷
十二、玉鸳鸯宝卷
十三、水湿红袍宝卷
十四、红灯记宝卷（俗名爱玉挂红灯）
十五、二度梅宝卷
十六、滚钉板宝卷
十七、白马卷
十八、王员外休妻宝卷
十九、蜜蜂记宝卷
二十、白玉楼讨饭宝卷
二十一、双喜卷
二十二、黄氏女看经宝卷
二十三、手巾宝卷
二十四、沉香子宝卷
二十五、红罗卷
二十六、香罗卷
二十七、忠义宝卷
二十八、双钗记宝卷
二十九、八宝珠宝卷
三十、目莲救母宝卷
三十一、莲花盏宝卷

其中经我搜集到或阅读过的《慈云宝卷》、《扇子记宝卷》、《双钗记宝卷》等十五种。抄写年份最远的是《慈云宝卷》为乾隆五十三年（一七八八年）的抄本，卷内还有两幅插图，《扇子记宝卷》是道光二十九年（一八四九年）抄本。以上两种宝卷均在北京李长之先生处存放。现在手头只有《玉美人宝卷》残本，为道光二十八年（一八四八年）抄本。从十五种宝卷的内容上看纯粹佛教意味的很少，民间故事较多。虽然描写历朝历代的故事都有，但明、清两代的故事居多。如《双钗记宝卷》中开头的词是："青云渺渺紫云现，嘉靖皇爷等金殿，十二才官造鉴书，此卷名为双钗传"。在无名氏的序言中说："余苦读家窗，翻出此书，改为宝卷"。说明《双钗传》原来是明代嘉靖时的作品，经后人改写为宝卷。清代的作品如《扇子记宝卷》开头是："单说我朝太始皇爷登龙位，国号大清，天下太平，黎民安业"。有的如《莲花盏宝卷》虽然是描写明代万历年的故事，但其中人物的服装又好像是清代服饰，可能是清代人的作品，它描写一个女人时："身穿的，红绸袄，绣边打围，油绿绸，裤子儿，边□销金，红膝裤，鸳鸯带，闪的好看………"。

宝卷中的词句，轻松流利，有七个字的句子也有十个字的句子，有唱词也有道白。现将《扇子记宝卷》中比较通畅的词句节录如下：

一、小姐心中不快活，无心打扮整容颜，绢纱包头乌云罩，外套一件月布衫（注：介休称淡蓝色为月蓝色），随脚鞋儿还不旧，不用再把新鞋穿，虽然不搽胭脂粉，清清淡淡却自然"。

二、"闺阁女儿穿杨柳，二八佳人赶路程，只知绣楼学针线，那知道路苦难行，金莲走的磨下泡，柳腰扭的痛煞人，粉面晒成大红枣，满面流汗擦不清"。

三、"也是公子该倒运，出门遇见吊客神，乌鸦不住当头叫，蜘蛛结网拦大门，书童知道事不妙，说与相公仔细听：蜘蛛拦门不吉利，乌鸦当头有凶神，红袄媳妇面前过，少是吉来多是凶"。

四、"胆小不敢大街走，绕走小巷往前行，不觉惊动乱狗叫，心虚偏遇路不平，急急忙忙往前窜，走的气喘又心惊，行走来在冰家巷，听得谯楼打三更，云梯靠在楼墙上，不由心中战兢兢，胡思乱想暗打算，这事不知吉和凶！"。

五、"清太祖，登了基，乾坤初定，水逢寅，实有心，去奉明君，谁料想，天降下，滔天大祸，谁杀人，我抵命，好不伤心！我就是，一身死，能值多少？撇下俺，老母亲，依靠何人？撇下母亲年纪老，教人怎得不伤心！母鸡带着鸭儿走，遇水只落一场空。不言冷宏悬梁死，单表皇榜进士公：大朝之日辞王驾，一心要回南京城。打发前站头前走，老爷随后起了身，逢县就有县官接，逢州就有州官迎"。

在《双钗记宝卷》中也有许多流利的词句和白文，兹将其开头的一段摘录如下：

"此卷名为双钗记，善男信女听原因，大明天下苏州府，东门里面有一人，头辈爷爷林子厚，二辈父亲林汉崇，自己名叫林白显，他是皇榜进士公，头任山西洪洞县，爱民如子有清风，数年高升都察院，又升兵部在朝中，因与严嵩多不睦，辞官带职回家门，老爷缺后身无子，每日行善积阴功，修桥补路广积德，建塔盖庙施斋僧，怜贫爱老济孤寡，舍茶施饭救穷人，收了林安为义子，料理家务待送终，一心只求田园乐，不去滴漏待五更"。

话说林老爷，官升至兵部，因与阁老严嵩不睦，辞官回家，置下良田千顷，家财累万，楼台瓦舍十分整齐，男童使女数十人，这林老爷终日只是行善积德，见鳏寡孤独，死了不能殡葬的，暗送银钱，有人娶不起媳妇的也帮助他，有读书不能科考的亲送盘费，那个不知谁人不晓，苏州东门外林大老爷是个行善之人！"。

介休县宝卷抄本中有的虽然开头偶尔也有"西江月"一首，但大部分内容中不像《中国俗文学史》中所谈的宝卷中还有"金字经"、"要孩儿"、"画眉序"等一类的曲牌，但每部宝卷的开头，总是有赞、偈一类的词句，如《双喜宝卷》的开头是：

"佛说双喜宝卷，双喜宝卷法界来临，诸佛显化度众生，醒会世间人，折磨众生，千生万死出沉沦。南无祥云盖菩萨，摩哥萨，无上甚微秒微法，百千万劫难遭遇，我今见闻得受持，愿祥（详）如来真实义。双喜宝卷才展开，诸佛菩萨降临来，天龙八部生欢喜，保佑大众永无灾”。

《红罗宝卷》的开头是：

“佛说红罗宝卷，红罗宝卷，法界来临，古佛转世度众生，地是菩萨的法本、佛的法本。身边三千，大千恒沙世界，颠倒相行，不信正法，认景虚花，失迷根源，普欢（度？）僧、尼、道、俗四众人等醒悟。有三世诸佛查夜循环，普度众生兹愍故，大兹愍故，归命十方，一切佛法轮常转度众生。人生命属阴阳、贫富、贵贱各人所修。今世人不闻经云：释迦文佛初舍皇宫，梁武帝因施斗笠后得人王之主，春不下种，秋无所收，行好得好行恶得恶，与人打斗相争眼下受报，奉劝男女，为人寿命如电光火石之速，莫待延延，及早修持，生老病死苦如幻如梦，朝文难（？？）。大抵男女尽不知生来死去是佛本源，倘失真元家业，男女追悔无因。

现在了了真了了，死后不差不分毫、

红罗宝卷才展开、诸佛菩萨降临来，天龙八部生欢喜，保佑众生永无灾”。在《莲花盏宝卷》中最末两句是：“正月诚心念一卷，保佑合家永无灾”。

有的宝卷并不拘于以上的形式，《双钗记宝卷》一开头是《西江月》一首：“才见娇花放蕊，忽观红叶悲秋，两般暗里去如流，回看青山依旧”。《玉美人宝卷》的开头是：诗曰：七岁伶仃父母亡，孤身飘落自堪伤，沿途取宝逢佳偶，异路功名姓字香。话说大明景泰年间，河南卫辉府淇县有一人，姓钱名国宝，少年进士……….”。有的宝卷很干脆，开门见山便说故事，如《空望佛宝卷》开头即是：“空望佛宝卷，小心灯火，此卷明朝所出，何以见得?岩山（注：介休称绵山为岩山）上有一修真和尚…….”）。

许多宝卷在结尾时也有比较固定的形式，大体是这样几句：“宝卷已念完，经声透九天（注：念卷等于念经，在民间视作一种善事。）诸佛俱保佑，福禄永无边”。

还有一种现象是许多宝卷的开头和结尾都有抄卷人发表的意见。如《仙罗宝卷》开头是：净手焚香，风诵一声。不可交头接耳，务要小心火烛。大众：你们不要怪我说吵吵嚷嚷不好听”。有的开头写：小心火烛，念者要诚心、听者要安静”。在结尾的时候往往写:手抄一卷，功德无量，借去不还，男盗女娼”。《手巾宝卷》的结尾写着：“宝卷一部已写完，纸墨笔砚功夫难，倘有人借及早送，下次再借不为难，若要借去不送来，男盗女娼无下场”。

宝卷是专供人们讲唱的，在《中国俗文学史》中说南方诸地尚有唱“宝卷”的一说，占着相当势力，在介休县则不称为“宝卷”，而称之为“念卷”，也没有专门念卷的人，凡识字的人（抗战前）都会念卷，因为音调极其单纯。以往凡逢旧年正月，春暇无事，便请两位识字的人焚香念卷，院邻四舍聚集一堂，香烟氤氲别具风趣。念卷必须是两个人念才有缓气的余地，一个人念词，一个人搭佛，念一句词，搭一声佛号-----阿弥陀佛呼儿完，这和佛教净土宗提倡专门念佛很有关系。“呼儿完究竟是什么意思？很难说明。或者是“焚呗”，或者是和汉代铙歌中的“妃呼俙”以及现代小调中的“依呀咳”差不多。念卷是一种义务，在当时看作一种善行，并不要什么报酬，略备茶点足矣。如果主人吝啬没有准备茶点，念卷的人可以提出意见，他就会念这样一类的词：“你搭佛，我念卷，柿饼核桃不见面!”。搭佛的人跟着唱：“阿弥陀佛呼儿完”!挺笑人！

介休县凡三、四十岁以上的人都知道“念卷”这件事情，所以现在还容易向群众进行了解和搜集，再过若干年后恐怕就搜集不到这方面的材料了。

原载《火花》一九五七年三期作者：张颔

考证家乡

张颔一生治学严谨，对所谋均层层考证，追根溯源。他利用自己学术的专长，对家乡介休地名、方言之由来、历史人文、文献典籍等进行了多方考证，这在他留存的一些诸如《饺子——扁食谈》手稿、考介休方言的卡片中均可见证。他尤其关注地方志的编撰，并积极参与其中。曾撰写了《界休与介休地名考》《对顾炎武关于介子推考证的补说——兼谈新修地方志中的一个原则》《从〈光绪介休志〉未刊本的得失谈有关地方志编纂的几个问题》等文章，对修订地方志提供了重要的参考。从家乡地方志工作人员的来信中也可了解到他一直关心着地方志的修订工作，虽然没有收集到他的复信，但从他一直以来的关注程度以及家乡人对他的崇敬信服来看，足可证明他的尽心尽力！

他在对家乡历史文化资源的开发利用上，尽可能用自己专业的考证予以支持。诚如对张壁古堡的调研、考证。张壁古堡位于介休市龙凤镇张壁村，始建于十六国时期，建筑面积 12000 平方米，是一座神秘的城堡式古村落。古堡历史悠久，集军事、农耕、商作、民族、宗教、民居、民俗、建筑艺术等历史文化内涵为一体，是国内幸存的具有独特山村景观和多层次多文化特点的古军防壁垒遗迹。所以他有考证“刘武周和介休的关系”“刘武周事迹及其行踪”“张壁可汗王碑”等，同时对“介休市龙凤镇张壁村申报全国历史文化名村材料”作了仔细详尽的批注。

聘 请 书

张颔同志：

根据山西省人民政府关于编纂新县志的指示精神，我县县志编纂委员会已经成立并开始工作。编纂新县志，工作浩繁，难度很大，只有群策群力、集思广益才能胜利完成任务。为此，经研究决定，聘请您为介休县县志编纂委员会顾问。望经常联系，密切配合，大力协助工作。

介休县人民政府

一九八二年九月

聘请书

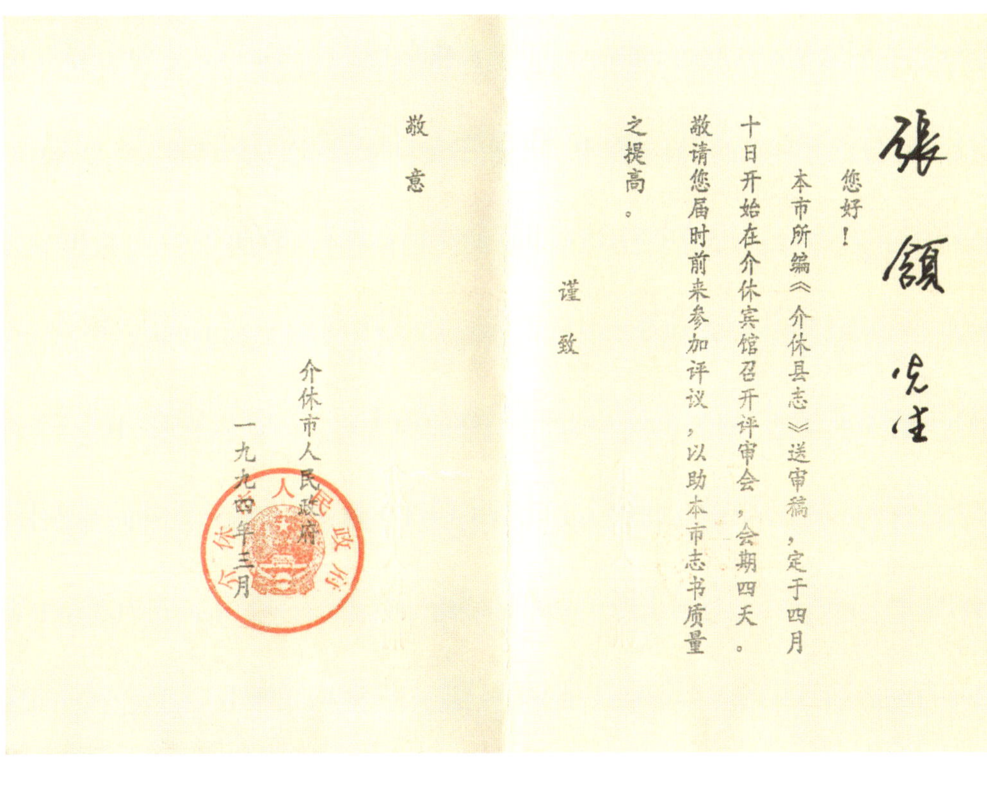

張頷先生

您好！

本市所编《介休县志》送审稿，定于四月十日开始在介休宾馆召开评审会，会期四天。敬请您届时前来参加评议，以助本市志书质量之提高。

谨致

敬意

介休市人民政府

一九九四年三月

邀请函

介休县志通訊

（党史、县志资料征集座谈会专辑之一）

第 六 期

介休县县志编纂委员会办公室　　　　一九八三年四月二十日

目　　录

从《光绪介休志》末刊本的得失
谈有关地方志编纂的几个问题

张　頠

（一）

《光绪介休志》末刊本（手抄本，缺人物志及志余），是现在山西省文物局资料室的收藏品，为光绪年间介休李敦愚先生编纂。山西省图书馆所编《山西省地方志联合目录》中著录的介休县志共五种，其中光绪志末刊本（手抄本）只有台湾收藏。但从省文物局资料室所藏的这部末刊本来看，当时的誊抄本不只一部，一部送"京城"请高级官员传阅，一部送省审阅后发回，还有一部是送汾州府知府林心北审阅的。

现在看来，这种手抄本已经不只有台湾省和山西省文物局两部。介休冀孔瑞先生在五十年代初把他搜集到的一部分古书送到省文管会鉴定，省文管会选购了一部分，其中就包括这部末刊本。１９５３年，在王世英同志的倡导下，山西省成立了地方志编纂委员会筹委会，我是筹委之一。当时冀孔瑞先生已由介休新华书店调到县文史馆 工 作。冀先生为了编县志，又把这部末刊本借回去抄了一部，现在冀先生的抄本应该在县文史馆。也就是说，据目前所知道的，这种末刊本的手抄本至少有三部。前些时候，介休博物馆师延令同志又把省文物局的藏本拍照翻印了三份，一份以介休县志编纂委员会和介休博物馆名义赠我作为研究资料，对此我表示感谢。

（二）

《光绪介休志》送汾州府审阅后被知府林心北所"驳还"而没有付印，为什么被驳还呢？原因是多方面的。

从《光绪介休志》作者李敦愚给一位叫"揖之"的信中看（见冀孔瑞先生抄件），他对自己所编的志稿非常自信，而且曾直接送到京城请一些头面人物过目，这些大人物据李敦愚的信中所说有阎中堂（即阎敬铭、东阁大学士），祁子禾（即祁世长、祁寯藻之子、工部尚书），张子青（即张之万、东阁大学士），刚子良（即刚毅、军机大臣、吏部尚书），翁叔平（即翁同和、协办大学士）等。按李敦愚信中说，这些人看过后将由刚毅带到省戚把定稿发交县刊印，并且说阎敬铭还要在后面加跋语，结果没有着落。另一稿本是送上汾州府知府林心北的，林心北约在光绪十一年之后致书当时介休县知县吴匡，并将稿本驳还。驳还的信中说，此县志稿知为李敦愚一手所成，而李是某某人的高足弟子，大著自然应无可议，但是"考核前志，细绎宪谕，有不能无言者"。就是说，和前志对照，以宪谕（即山西巡抚曾国荃对编地方志的指示及规定的体例）审度，是存在问题的。林心北指出几点：

·1·

《介休县志通讯》第六期

《从〈光绪介休志〉末刊本的得失——谈有关地方志编纂的几个问题》，第五部分是"关于介子推和介休的关系问题"。一个地地道道的介休人，对介子推和介休做出并无一点关系的论证，又一次体现了他实事求是、虚怀若谷的治学精神。

一、不合规定体例。林心北抓住一条事例，是说按“宪谕”极应该表彰忠孝节烈，志稿中对节妇烈女只列人名不写事迹，并且作为“志余”处理，这是对节烈无怜悯之心，对其子女也不能鼓励安慰。林心北又说，曾抚宪因为全省连年旱灾之后，正应“宣布皇仁”以安定百姓；数十年来又没有修过县志，这一时期“忠孝节烈不知凡几，未经表扬”，所以在省会设立志局，制定体例，分饬府县遵办。介休旧志“体裁极当”，不应另外“创立体裁，自为义例”等等。这在当时来说是离经叛道的。我们今天对过去的忠孝节烈是有批判地吸收。但对我们现在的革命烈士，如果全不叙述事迹经过和事实，一律用一个登记表排列名单，同样是不行的。

二、不应突出编者个人，不应以编者个人的喜恶而发抒议论。地方志是官书，不是私人著述，不应在文中使用“余云”之类词句。

林心北说，志书应“集传信之公言”，不应任意“翻前人之窠臼，抒皮里之阳秋”。“阳秋”即“春秋”，原来是晋朝避晋简帝郑后小名阿春之讳。晋孙盛撰《晋阳秋》即是《晋春秋》之义。“抒皮里之阳秋”就是随个人私意而褒贬、臧否事物的意思。

三、不应发抒和事实相远的议论，骋才臆说。

在这一点上，林心北暗示要“袪骋才之臆见”，不能“徒侈博雅”（即舞弄笔墨矜夸渊博），这个批评也是很尖锐的。

四、不应突出自己，抹杀别人。

林心北指出，原来纂辑人有举人任守彝，而最后定稿中“何以不书？……在己无炫长之见，在人有掠美之讥”。

总而言之，这部县志稿“与宪定章程，未见允协”，所以最后没有刊行。

（三）

《光绪介休志》作为地方志，严格要求是存在一些缺点的，但它并不是一部坏的著述。从李敦愚先生编的这部县志稿中可以看出，李先生是一位有学有识，很渊博的人，他虽然是个举人，但见解却不同一般官僚俗儒，他很有独到之处。这部县志有以下几点成就。

甲、在封建社会历代王朝都强调提倡妇女守节，到了清代咸丰、光绪时还特别提倡修贞节牌坊，而李敦愚对这类人物一律只登记姓名，不写事实，实在是一件违反当时潮流的举动，说明李先生已有维新思想。我们可以看看在一九二四年编成一九三〇年付印的民国《介休县志》，除了大篇幅的“烈女录”用花名表示外，并专门辟有“贞妇”、“烈妇”等传略的篇章，就可以知道在清光绪年间李敦愚已有这种革新思想是难能可贵的。

乙、不列“星野”。这是李敦愚非常高明的见解，这说明他思想上有一定的反对唯心的因素。中国自从有地方志以来，一般地都把“星野”作为重要章节列在首位。而他却能突破前人的“窠臼”，是很有胆识的。关于“星野”问题，我在后面要专门谈一下。

丙、对介休的沟洫水利事业和赈灾措施发表了很好的意见。李敦愚所主张在水利中使用虹吸管的意见，半个多世纪无人理会，只有到了解放后才在介休水利建设上使用。这足见他的见识之高远。李敦愚曾在工部衙门分工搞水利、屯田工作，他在这些方面有专长，他的意见在今天仍有参考价值。

·2·

丁、对介子推和介休的关系问题，李敦愚先生表现了很客观的态度。他在古迹部分刊载了有关介子推的所有名胜古迹，但在前面加了“相传”二字，很有分寸。同时又把顾炎武等的精辟论断作为汇注予以著录。这种“多闻阙疑”的精神是很值得学习的。因为，如果把陈陈相因的传说作为信史肯定，就既无视前人各种精到的论说，抹杀历史学研究成果，也显得编者坐不读书，孤陋寡闻；但若因为怀疑而一刀删去也不妥当，因为它毕竟作为传说记载已有千百年的历史了。关于这个问题我也要放在后面专门谈谈。

除了上面谈的这些，李敦愚先生在《光绪介休志》中对规正地方的陋俗等方面也有很值得重视的意见。他反对停丧迟葬、丧事奢华虚文以及冥婚等习俗，在当时是颇有革新精神的。总之，《光绪介休志》有很多独到之处，不失为一部重要志书。

但是，李先生在这部志书中，的确也存在着一些缺点。我们是不能苛求于古人的，因为编者所处的时代不同，有一定的局限性。但目前各地正在编修县志，正确认识前人在这方面的某些缺点，作为教训，使我们引以为戒，对修志工作是大有好处的。李先生的某些缺点，我以为应特别加以注意的，有这些方面：第一，正像林心北所指出的，要从事实出发，要记载事实，不要根据自己的意见漫发议论，也就是不要“骋才臆说”、“徒侈博雅”。而这些都是旧时文人比较容易犯的毛病，我们要用历史学家的笔法，实事求是，秉笔直书，而不要用个人议论代替历史，抒发个人情感；应求真实朴质，不要华而不实。第二，不要突出编者个人，不要以个人的好恶来褒贬人物和取舍事实或乱立体例。第三，不论是对事实的叙述，还是对历史资料的解释，都要中肯妥贴，说话要有根据，要注意“出处”。不知道的不要强解，要“多闻阙疑，慎言其余”，不要武断。不要人云亦云，不加分析以讹传讹。李敦愚先生为我们提供了重要的经验和教训，我们应该从正反两方面继承李先生的这份宝贵遗产。

（四）

《光绪介休志》删除“星野”的做法是正确的。现在谈一下“星野”的问题。我国不少地方志中，第一个重要篇节就是“星野”，也叫“分野”、“星分”。“星野”不是中国古代真正的天文学组成部分。中国古代的天文学是科学的，而“星野”却是其中的糟粕，它是和天文学有密切关系的“占星学”、“占星”术，是通过天象以占人事，是一种和卜筮一样的迷信活动。

我国古代“占星学”是根据古天文的“三垣”、“赤道十二次”、“二十八宿”作为座标，再把地理区域州、郡等地望人为地分属于某一个星宿。如东周晚期和西汉把角、亢、氐三宿划给兖州属于郑国，房、心二宿为豫州属宋国，尾、箕二宿为幽州属燕国，牛、女二宿为扬州属吴越，营室和东壁二宿为并州，昴、毕二宿为冀州属赵等等。一方面又以太阳系的五个大行星金、木、水、火、土（古天文中称太白、岁星、辰星、荧惑、填星）分别代表吉祥、灾殃或兵象、杀气等等。行星是动的，有顺、逆、迟、缓、留、伏的现象。用代表地望和人事（如皇帝、后妃、三公等）的星宿为经，作为恒星背景，用代表吉凶损益的五大行星为纬，作为活动游标，以行星和星宿的关系而占人事。拿山西来说，昴、毕是赵国的“星分”，现在地方志中的太原、雁北等地区都属昴、毕。河北省邯郸古属赵，所以它的“星分”也是昴。参宿是晋国的“星分”，晋南春秋属晋，战国属魏，“星分”都是“参”。介休也是参。在公元前２６０年，我国历史上曾发生过一次大的战役，即“长平之战”。白起坑赵卒四十万于山西的上党地区。那一年曾发生过太白（金星）侵入昴宿的天象。因为昴宿是赵国的分野，金星代表兵象，所以占星学者就认为是一种应验，因之后人有诗：“太白星流狂食昴，邯郸军饿廉颇老。”说明赵国倒霉是天意。其实这都是事后补记的，就是验者才记，不验者当然不记载了。

“星野”和地望的关系也没个一定的标准，经常变化。比如，太原和介休在春秋中、晚期属于晋国。晋国的“星分”是参，凡晋国的城邑都应属参。但到战国时太原属赵，“星野”便成了昴、毕。这不是天上的“星野”可以随便由人变动吗？《滕王阁序》王勃说南昌的“星分”是翼、轸。按《汉书·天文志》记载南昌地望应该属扬州是吴、越，它的“星分”应是牛、女，而翼、轸属于荆州，则是楚国的“星野”。可见“星野”是一种可以任意搬移很不科学的东西。李敦愚先生能认识到这一点并敢于去其糟粕删掉这一篇节，说明他是有很高见识的。

但李先生在论反对“星野”、“星气”的同时，却举出“岁差”的积数这个问题，而且谈到虞喜、何承天、僧一行定“六十六年差一度”的数据。这些资料与“星野”等问题关系是远不相及的，并且所取数据又很不确切。这大概就是林心北所指出的“骋才臆说”的原因之一。

“岁差”是春分和秋分点每年向西移动的现象。这种现象是我国晋朝天文学家虞喜发现的，根据当时的观测，提出冬至点每五十多年后退一度的数据。到了刘宋时，何承天以为每百年差一度；北齐祖冲之以为四十五年；隋朝刘焯以为是七十五年；唐朝僧一行以为八十二年；宋朝杨忠辅以为六十七年。现在用新法实测为七十一年，每年约为五十一弧秒，约二万五千八百余年转一周。我们以前过旧历年时，家户门楣常贴着“斗柄回寅”四个字，就是说每逢夏历新春正月，北斗星柄便指向“寅”方位（东偏北）。但这是战国和西汉时的天象。而现在过春节的时候，“斗柄”便不指“寅”的方位了，而是指向“子”、“丑”之间（北稍偏东），差了三十度左右。这正是由于“岁差”的原因。还有过去传说的七月七日“牛郎织女天河配”，是说夏历七月初七日黄昏时，正是牛郎和织女二星作为“中星”通过“子午圈”。而现在这种天象却后退到八月了。这也是由于“岁差”的原因。但这些“岁差”的现象同“星野”及“星气”是毫无关系的。

李敦愚先生还在县志中编写了介休“五谷表”，上列节气，下列占候，中间列五谷名称，使节气与种植时间及收成丰歉相联系。这是有很大参考价值的。但伴随而来的缺点是迷信部分，如种植忌“壬辰”、“乙未”二日，并说这是“天地不收日”。另外，他在节候中原封照抄《礼记·月令》的资料，而《礼记·月令》又是照抄《吕氏春秋》的，它记载的是战国时的天象。比如说，“立春，日在营室，昏参中，旦尾中。”就是说立春的季节，太阳的位置在“室宿”，而黄昏时候的“中星”是“参宿”，早晨的“中星”是“尾宿”。这些天象和现在的节令早已不相符合了。这同样是由于“岁差”的原因。李先生为什么在前面论说中举出了“岁差”而在后面采用月令中的资料却又忘记了“岁差”的变化呢？说明李先生实际上是昧于天象的。看来林心北“徒侈博雅”之讥是不算过分的。

我们现在编写县志如何处理“星野”这个问题呢？首先我们应该肯定“星野”是专门为“占星学”服务的，是一种迷信的东西。我们对旧志书中关于“星野”问题既要记

·4·

载过去的说法，又要作出科学的论述和批判；即使删去也要说明删去的理由，以免后人茫然费解。同时，旧志中有关天象的记载如慧星、流星、“陨星如雨”等都要摘录记载，因为这些都是天体活动的实录，是科学的记载，不要作为糟粕剔除。

（五）

关于介子推和介休的关系问题，李敦愚先生对此传说采取了存疑的态度，他吸收了很多学者的重要研究成果，采纳了顾炎武考证介子推所隐之绵上不可能在晋中介休的论断，这种作法是历代介休县志所没有的。而顾炎武是一代大师，治学严谨，每下一结论泰山难移。顾在这个问题上下了很大的功夫，根据的理由非常充分。他以为绵上不应当在今天的介休以及晋文公时霍山以北皆为狄地的说法是很精辟的见解。我认为还有一些资料也很有科学价值，现在提出来作为补充。

甲、晋献公消灭了晋国周围的魏国、耿国、霍国（今霍县一带）、杨国（今洪洞、临汾地区）之后，把北面的版图扩大到霍山以南地区。之后他于公元前651年参加齐桓公召集的“葵丘之会”的时候，在半路上遇见了周天子的使臣宰孔（也称宰周公）。宰孔对晋献公有一段评语：“景霍（指霍山）以为城，河汾涑浍以为渠，……汪是土也，……释其闭修而轻于行道，失其心矣，”（见《国语·晋语》）。说明当时的霍山正作为晋国的城墙，宰孔的意思是说，扩充了这么大的地方不去好好治理随便到外面去跑，这是很不正常的。这段话很具体地表明了公元前651年晋国的版图北面的界线还超不过霍山。晋国版图扩张到霍山以北是晋襄公以后的事情。

乙、晋文公元年（公元前636年），介子推隐绵上，晋文公以绵上田旌表，当时并没有介休这个地名。自此以后，有关历史文献上无论是春秋时期的晋国还是战国时期的三晋，都没有介休这个地名。自从公元前636年介子推的事发生，经过了一百二十二年（即左传昭公二十八年、公元前514年）、晋国曾分祁氏之田为七县，这些县是祁（祁县）、涂水（涂沟一带）、马首（寿阳）、盂（盂县）、梗阳（清源一带）、平陵（文水）、邬（介休），也没有介休这个地名，当时介休属于邬县。“界休”作为县名的出现，始见于《汉书地理志》。但我们考虑到汉建国设郡县，所用地名基本上是因袭秦国的旧名，少部分为新建，如果我们把界休得名的上限时间估计得宽一些的话，可以算到秦始皇二十六年统一建立郡县的时候，中间也经过春秋战国四百一十五年，这样漫长的时间从来没有“界休”地名的记载，四百多年后忽然出现了“界休”这个地名，并且和介子推的故事联系在一起，很明显是后人附会的产物。

丙、现在再举战国货币资料作为佐证。战国时代三晋的经济非常发达，所以战国货币存有地名的“平首方足布”绝大部分是三晋（即韩赵魏三国）的，现在有关文献中著录“平首方足布”有六十四种，属于三晋的四十八种，地名属于现在山西省内者二十八种，其中还保持战国货币地名者十种（襄垣、长子、祁、离石、霍、安邑、屯留、盂、榆次）。战国货币中的地名，其地望在晋中的有晋阳、祁、兹氏（汾阳一带）、阳邑（太谷附近）、中都（平遥一带）、榆次（榆次一带）、中阳（孝义一带）、平州（介休灵石一带）、邬（介休境内）。可见战国晚期晋中县邑名称中仍无“界休”其名。从上述许多资料表明，介子推和界休这个地名看来是没有联系的两回事。我们新修县志应该对这个问题采取客观的态度，一方面存其传说的历史，一方面在占有充分根据的前提下提出疑点，既不能盲从，又不能武断，给专门研究历史的人提供有价值的参考资料。同时这种做法本身也是提倡朴实的学风。

这里我再专门谈一下地方志中普遍存在的爱把历史上有名气的人物和事硬拉到自己地区的现象。其中很多是既不顾历史渊源，又昧于古代地望，生拉硬扯，甚至牵强附会伪造古迹。比如，孝义县原有魏文侯墓，这个墓葬远在唐朝《元和志》就开始有这种记载，而且开元年间还有碑石刻记，但经我们发掘之后证明却是汉墓。曲沃县城内有晋国太子申生之墓，经我们发掘也是汉墓。我国北方的长城，不管是秦长城或汉长城，甚至是明长城，居然不少地方都有所谓“孟姜女”的“遗迹”。介子推是东周时候颇有传奇性的人物，不只我们介休有传说的“遗迹”，沁源有介子推的墓葬，灵石也有介子推的墓葬；原万泉县有介山，也有“介子推隐处”，并有绵山（据万泉县志载弧山一名绵山）；曲沃县有“介休墓”，并且说“介休”是介子推的儿子。太谷有“妬女祠”，其中所祀之神说是介之推的妹妹。原平有个“石虎神庙”，庙中有地狱的小塑像，但碑文中说石虎神是介之推，介之推的塑像象黑面阎君，而且还有“之推娘娘”。又如“千亩原”这个历史地名，不只介休县有，左权县和安泽县也有。更可笑的是原荣河县南三十里天兴村有诸葛亮的墓葬，原安邑县有陶朱公（范蠡）的墓葬。以上这些荒唐无稽的“古迹”，大致都是一些好事的地方俗吏和闾里夫子或盲信传说或附庸风雅造成的结果。

考古学者和历史学者一般不愿多引用地方志的资料，原因就是因为地方志中有很多不甚可靠的资料。我们是历史唯物主义、辩证唯物主义者，现在新编地方志就必须慎重对待旧志中所存在的一些荒诞、伪造和违反客观事实的记载，不要再犯这类穿凿附会的错误，为今后的地方志争得一个好名声。

（六）

关于介休“玄神庙”问题。李敬恩先生附会为火祆教之庙，这显然是错误的。他从碑文和旧志中看到说袄神庙于明代改为三结义庙这句话中的“袄”字而附会为“祆”字。这是因为字书中没有“袄”字。《说文》新附字中却有一个“祆”，注：胡神也（火千切）。而“袄”字正与是夭旁芺，段注：“袄”字是祆的省偏，在古经典上一般用作妖孽的“妖”，可作为祆的通假字。袄字的本意是“地反物（情）为袄”。李先生无视于这些“袄”字的联系，而以为俗称“玄神楼”的玄（古为胡涓切）字和胡神“祆”（古为火千切）两音近似，从而把它们附会为一事，并说土人呼“袄神庙”，袄字“可怜切”。这实在是一种误会，切音也不准确。我们知道，唐朝初年，祆教传入新疆境内于阗、高昌、疏勒各族，以后又传入内地，唐初设“萨宝府”（“萨宝”是回鹘语，商队领袖并统管祆教教务），长安、洛阳、凉州都建立了“火祆寺”（祆教也称拜火教），汉人不奉信，“胡人自奉”。唐武宗灭法时，佛教、祆教、摩尼教一律禁毁，祆僧归俗。到了宋朝只有残余。我们从元朝八思巴篆文碑中看到，当时中国的宗教只有四种，一为佛教，教徒称“和尚”、“长老”；二为道教，教徒称“先生”或“真生”；三为伊斯兰教，教徒称“答失蛮”；四为景教，教徒称“也里可温”或“也里乔”。元朝的宗教只有这些，当时已经没有“摩尼教”、“祆教”的痕迹了。李敬恩先生以为明代才把袄神庙（火祆寺）改为三结义庙，这是不可能的。明代所毁者应是不载于祀典的“淫祠”，即祆（妖）神。这个神是和后人根据小说“平妖传”记载文潞公幼时与妖狐的故事有关。硬说祆神庙为文潞公所建，也是说不通的。文彦博为宋代名相，是不可能违于祀典，乱建祆庙的。至于为什么叫“玄神庙”，一个可能是据“平妖传”小说由九天玄女演绎而来的；还有一个可能是和“玄圣”及道教有关。道教也称玄教，神仙所居叫玄都，老君称“玄圣”（庄子，玄神素王之道也）。《唐书·仪礼志》：“开元二十年诏两京置玄元皇帝庙”（供老君），唐天宝元年诏把玄元皇帝老君列为“上圣”。那么为什么祀典无“玄神”之名呢？这很有可能是因后人附会其字音得名。这种附会的情况各地很多，比如有的地方建有“狐突庙”（狐突为春秋时晋国的大夫）而民间传为“糊涂神庙”，还有的地方建有“田子方庙”（田子方为春秋时魏文侯的老师），而后人讹作“田蚜蚄庙”（蚜蚄为专伤害庄稼的一种害虫）。介休乾隆志载碑文中说：“祆神庙相传文潞公与妖狐之事，公感其义建之。”像乾隆时碑文中这样的记述，是很不严肃的，不应该把小说当作根据。我们现在编修新县志，应该进行辨正，不要再以讹传讹。

李敦愚先生《光绪介休志》有很多难得的独特之处，它满可以作为介休嘉庆志之后民国志之前的一部重要方志。因之，我建议将来可以刊印。

县志是一种小“百科全书”，它的内容可以说包罗万象，而我的知识领域又比较狭窄，所以只能就我所能知道的并且是与《光绪介休志》有关的一些问题谈点意见。有些看法很不成熟，请大家指教。

（此文是根据一九八三年三月九日张颔同志在介休县县志编纂委员会特约撰稿人、专志编写人座谈会上的讲话记录整理的——纪耳）

（张　颔同志现任山西省考古研究所所长）

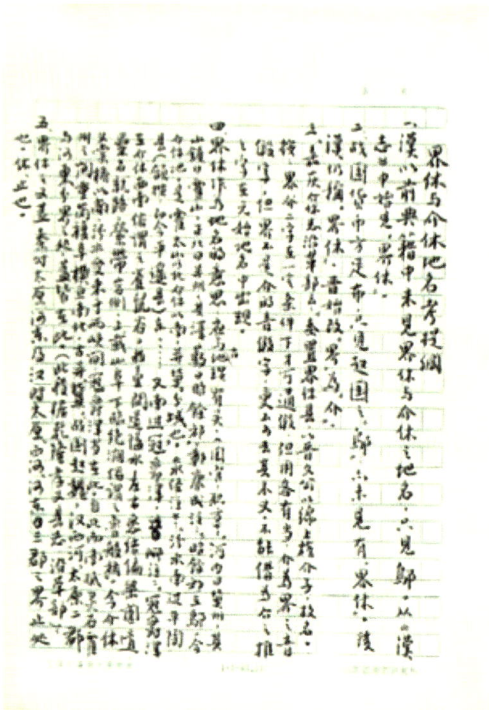

《界休与介休地名考提纲》手稿

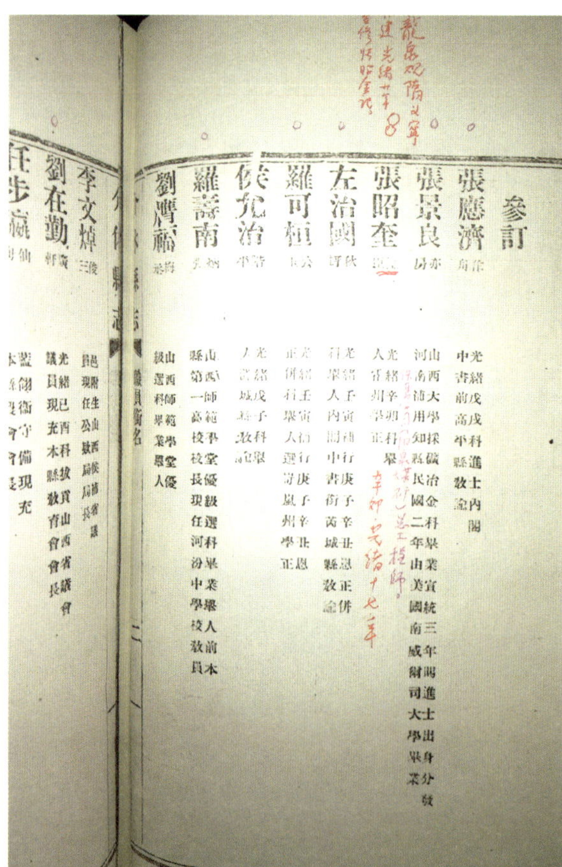

对《介休县志》（民国影印版）做的标注

·822· 跋

跋

5 月初，有故乡介休市志办公室侯清柏、侯加林送来了《介休市志》审定稿上、下二册，说是晋中地区评审领导组已批准出版，付印在即，嘱我写个跋文。作为介休的一个子民、邑人，听到新编《介休市志》即将面世，自然高兴接受这个任务，尽管自己年事已高，手指迟钝，怯于膺命，可还是勉力从事了，借以表示祝贺之情。

我是在介休城里度过童年的。少小离家时，“七七事变”还未发生。当时，介休已通了火车，城内的时髦东西很多，点灯始用煤油、点火用洋取灯儿，交通工具有了自行车，服装时兴中山装和中山鞋、袜。有个专卖麻叶的外路人，每逢四、八大集，便用一个长盘，肩上扛个麻札，叫卖时不叫麻叶，也不叫油条，而叫“香油果则”，样子像火炉里炉条架。我没吃过，听我奶奶说：那东西是“闪塌嘴”，意思是哄人货，吃不饱。

我 9 岁开始读书，上的西北坊初级小学，学校在后土庙里，教室在吕祖阁隔壁的火神殿里，全校只有一个先生，一个教室容纳着四个年级的学生（约 40 人左右）。有一个学期，转移到火神殿上面的春秋楼里上课，教室中关公在神坛上坐着，学生在下面一排排坐着，先生站着上课，旁边还站着关平、周仓，煞是热闹！小学毕业后，考入介休第一高小。一高是当时介休有声望的学校，有六七个老师（不叫先生了），学校穿堂的门柱上挂着一副很有文辞水平和催人奋进的楹联，上联为：“川岳钟灵，绵山胜水之间应多杰士，”下联为：“典型在望，有道潞公而后讵少传人？”。高小一年级的老师是一位清末的副贡生，他上课很少讲课文，主要办法是用铅笔在学生课本上划记号，凡给划上记号的要求学生背熟，甚至算术课也得背。到如今，我还能背会一些课文的内容。

高小毕业离开故乡后，抗战八年回不去。抗战胜利和建国后，每隔几年总想回去走走，以慰怀旧之情。最近几年也回去过两次，一次

跋 ·823·

是 1992 年应邀参加介休撤县设市庆典活动，一次是 1994 年参加《介休县志》稿评审会。

介休 1980 年开始组建县志编写机构。1992 年介休县改为介休市，县志机构改为市志机构。到 1995 年底，《介休市志》编修终告成功，显然，这部志书是众多修志者积 15 年的心血而凝结的成果。15 年里，介休参与修志者先后换过几茬人，我跟他们中的大多数有过接触和交往，受他们之邀，我先后提供过一些资料和发表过一些意见，他们中一些人的精研态度和吃苦精神是够让人感动的。

这些天，我穷数日之力，对新编《介休市志》过一番目，感受颇多，最大的印象是新鲜感，我手头有四种旧版介休县志，其内容和体例基本是当时朝廷制定的一套模式，民国 13 年编修县志时皇朝已不存在，但编写的内容未改前辙，只是采用了图、谱、略、考、录等名目才多少使人有新意感。这次编修《介休市志》是民国 13 年以后的又一次修志，时隔 80 多年，时移势异，国内政治体制，经济形态，科学水平乃至人们的生活习惯都发生了根本上的变化，眼前蒸蒸日上，一片繁荣景象，真可谓叫龙虎风云，“圣人作而万物睹也”。细品读《介休市志》，实属一部用新材料、新观点、新方法写成的社会主义新志书；其次，《介休市志》明显比旧志书篇幅浩大，内容丰富。介休历史上八次修志，明代的三部志书早已失传，王士祯《池北偶谈》中提到的万历二十八年“史记事尝知汾州介休，作志七卷，义例精核”，显然篇幅不大。清代编修的四部县志中，篇幅最长的嘉庆志，字数仅有 23 万左右。民国志字数还不足 10 万。《介休市志》字数达 130 万言，可喜的是内容虽浩繁，但其结构以学科分类，以纲带目，层次分明，使人有横排并联呼应，纵述系统有序之感觉；再次，《介休市志》突出了社会经济。旧县志主要记地方官的政绩，有关工、农、商类的活动几乎是空白。新编市志对介休传统的工、农业，尤其是明、清时期显赫一时的皇商、票号的业绩作了补缺，对各个时期的工、农、商、交通、财政等行业的历史和现状作了详实的记载，对改革开放以来日新月异且在介休经济领域已占据了特殊地位的乡镇企业尤其作了突出的记述，使《介休市志》更有了特色感；再其次是《介休市志》立足当代，以实用为归。过去修志旨在

·824· 跋

“彰盛世，表人才”，编修新志则主要为两个文明建设服务，突出其资政、教育和实用功能。由于总纂时指导思想明确，因此在内容中注意了祛浮崇实，立足当前，立足服务。记得 1994 年对县志稿评审时，参加评审的同志对县志稿只记述到 1985 年感觉离今过远，一致建议续到 1992 年底。而市志编修的同志这次一下把下限延到 1994 年底。把近几年介休从县到市这一重大历史变革中的系列演变过程及介休近几年不断推进城市化进程的真实写照载入史册，展示给后人，这无疑又是志书经世致用最得体的一页，使《介休市志》更具有资料性，可读性。

这里有一点需要提及，《介休市志》的总纂在编修中出于对历史资料的慎重态度，记述沿用了介休旧称的“三贤故里”及介休因介之推而得名等传统提法。有关介之推和介休名称的来历，1983 年我曾在《晋阳学刊》发表《对顾炎武关于介之推考证的补说——兼谈新修地方志中的一个原则》一文（后被日本学者编入《东方研究学术论著检索目录》），我当时发表此文旨在为历史研究提供一些参考资料，绝无对家乡编修志书强人所难之意。我深知，对已经记载了千百年且又根深蒂固的历史和传说，要人们在短时间里形成另一种共识，谈何容易。

介休山河秀丽，历史悠久，介休人重厚敦朴，历代当政者与群众间关系一般较为融洽。介休历史上出过不少良吏，他们办水利、救灾民、兴教育，有的甚至拿出俸禄钱为群众办好事。明万历年间介休县知县史记事离职百余年后，介休张恭友等在乾隆十一年还集资为他建塔，怀念他“功在斯民，德足范后”。我相信，《介休市志》除在物质文明建设中产生社会效应外，一定还能发挥其资治正风之功能。

张 颔

1996 年 6 月于太原

1996 年为《介休县志》作跋

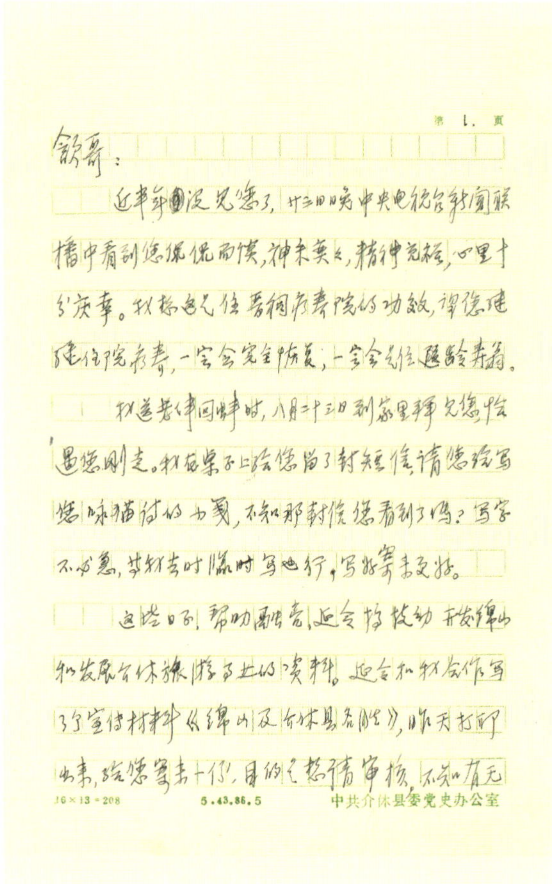

第 1 页

颔哥：

近半年没见您了，廿三日晚中央电视台新闻联播中看到您侃侃而谈，神采奕奕，精神充沛，心里十分庆幸。我想这是住医院疗养院的功效，望您继续住院疗养，一定会完全恢复，一定会[illegible]遐龄寿考。

我送黄律回北京时，八月二十三日到家里拜见您，恰遇您刚走。我在桌子上给您留了封短信，请您给写几个描写的书签，不知那封信您看到了吗？写字不必急，等我去时临时写也行，写好寄来更好。

这些日子，帮助副书记、延令搞发动开发绵山和发展介休旅游方面的资料。延令和我合作写了个宣传材料《绵山及介休县名胜》，昨天打印出来，给您寄去一份，目的是想请审核，不知有无

16×13=208　5.43.86.5　中共介休县委党史办公室

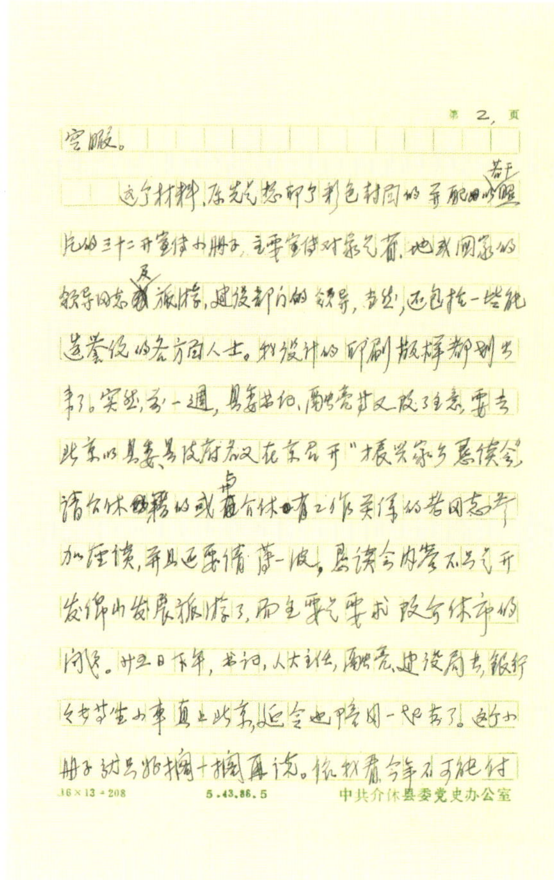

第 2 页

空暇。

这个材料，原先是想印个彩色封面的若干照片的三十二开宣传小册子，主要宣传对象是首都国家的领导同志及旅游、建设部门的领导、专家，还包括一些能造舆论的各方面人士。我设计的印刷版样都划出来了。突然，前一周，县委书记、副书记又改了主意，要去北京以县委县政府名义在京召开"振兴家乡恳谈会"，请介休籍的或在介休有工作关系的老同志参加座谈，并且还要请吃一顿。恳谈会内容不只是开发绵山发展旅游了，而主要是要求改介休市的问题。廿五日下午，书记、人大主任、副书记、建设局长、银行行长等坐小车直上北京，延令也陪同一起去了。这个小册子就只好搁一搁再说。依我看今年不可能付

16×13=208　5.43.86.5　中共介休县委党史办公室

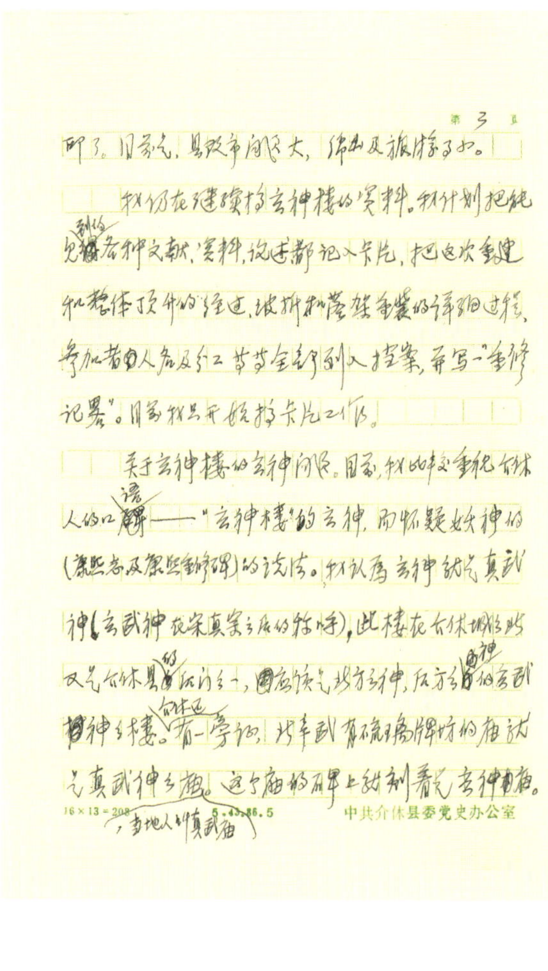

第 3 页

印了。目前是，县改市问题大，绵山及旅游事小。

我仍在继续搞玄神楼的资料。我计划把能见到的各种文献、资料、论述都记入卡片，把这次重建和整体顶升的经过，拆和落架重装的详细过程，参加者的人名及分工等等全部列入档案，并写一"重修记略"。目前我只开始搞卡片工作。

关于玄神楼的玄神问题。目前，我比较重视介休人的口语——"玄神楼"的玄神，而怀疑妖神的（康熙志及康熙重修碑）的说法。我认为玄神就是真武神（玄武神在宋真宗之后的称呼），此楼在介休城的北门，又是介休县的玄门之一，因而供的是北方之神，后方之神的玄武神之楼。介休还有一谚语：北半城有琉璃牌坊的庙就是真武神之庙，当地人叫真武庙，这个庙的石碑上就刻着是玄神庙。

16×13=208　5.43.86.5　中共介休县委党史办公室

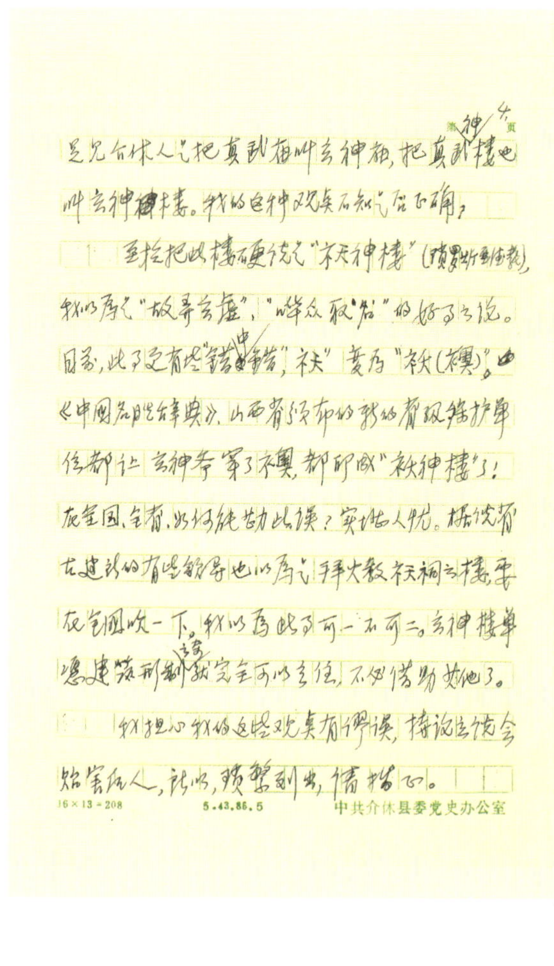

第 4 页

足见介休人是把真武庙叫玄神庙，把真武神楼也叫玄神楼。我的这种观点不知是否正确？

至于把此楼硬说是"祆神楼"（按照某些书刊报载），我以为是"故弄玄虚"、"哗众取宠"的好事之说。目前，此事已有些"错中错"，"祆"变为"祅（禊）"。如《中国名胜辞典》、山西省公布的我省的省级保护单位都让玄神楼穿了衣冠，都印成"祆神楼"了！在全国、全省，谁能改动此误？实堪人忧。据说有古建部的有些领导也以为是拜火教祆祠之楼，要在全国吹一下。我以为此事可一不可二。玄神楼单凭建筑形制就完全可以立住，不必借助其他了。

我担心我的这些观点有谬误，特请您给会诊审阅，认为确有错误，请指正。

16×13=208　5.43.86.5　中共介休县委党史办公室

介休地方志的同志写给张颔的信

第 5 页

在《绵山及介休县名胜》这本小册子的玄神楼章节中，我采取一种比较含混的说法，目的是为了引起爱旅游掌故者、爱考究者的兴趣，不把话说死，让花钱旅游的人多争一回论。我使用了一种"广告术"。

如果真的肯定玄神楼为玄武神即真武神之楼，问题还不算全部解决，第一，楼北的三结义庙是否与此楼有关，如有关，康熙碑及县志的改妖神为三结义神之说为何不写。第二，玄神楼上原有"文昌帝君""魁斗星"之塑像。玄神又如何和"文昌"连系？这两个问题目前我还不能解释清楚。

今年冬天我不能就此事请教，明年天暖热，我将拿来我整理的资料请您过目。

问候嫂嫂及毛毛好！

祝

清泰！

弟 志凯

11.26.

16×13=208　　5.43.86.5　　中共介休县委党史办公室

介休县县志编纂委员会稿纸

钦哥：

回到介休就病了两天，现已痊愈，勿念。

我在县志办公室查旧县志，上载"隓"的地望在介休，是出自杜预撰《春秋释例》一书。我们已查辞海（缩印本）1611页"春秋释例"条，云"杜预撰，原书已佚，今本从《永乐大典》中辑出，收入《古经解汇函》。"

介休无《古经解汇函》一书，无法查考。请让毛毛设法找寻，最好再更进一步考查

16×13=208　　第　页

介休县县志编纂委员会稿纸

到"隓"就是在山西霍县。厉王在外十几年，一直在这个地方吗？周厉王可能跑到霍县吗？我没有这方面的知识，我很想知道一点常识性的知识，望能指教。

我没有给杨伯峻、谭其骧先生写信，等查出《春秋释例》（即古经解汇函）后再写信去。

我写的这些问题，不一定要占据您的宝贵的时间和精力，工作忙就不必费神耗气，应把主要精力放在著述上。这些问题明年再解决也行，明年我去太原时再查。

让毛毛自己动手查一下，也可以

16×13=208　　第　页

介休县县志编纂委员会稿纸

加强他和故乡的联系。

问候嫂嫂及全家好。

祝

安泰！

志凯

10.22.

我在唐兰著《中国文字学》一书中，看到唐先生在几处不友善地讥讽"岑庚"，还有一处用了"岑庚之辈"的词语。此书系解放初期1949年出版的。难道两位先生有很深的矛盾吗？学术之争何至如此！

我是隓意想隓说的，不必占您的精力解释此了。

16×13=208　　第　页

介休县县志编纂委员会

颔哥：

知您去北京，故没有在六、七号来并。现在介休新组建领导班子，郝亮被提为副县长，从前几天宣布后，他整日忙于会议，每天只能来县志办坐一会儿，最近我们不可能很快就来太原。

《诗选注》稿已送交晋中地区地方志办公室，可能一周后才能送印刷厂（榆次印刷厂）封面和扉插页（二页）计划用胶版印刷。全部清样打出后（二校或三校之后）都给您送去，请再审定。

郝亮多次说想在书名扉页上印您审定（订），我想怕您不愿让印"审订"二字（因我感到注解部分恐有不妥之处或有当注而未注之处，质量不高，恐污辱您），我

介休县县志编纂委员会

想印您"校订"比较含糊一些好。总之，是想印"张颔审定（或订）""张颔校订"，请您考虑用那个措词较妥。我们都不太懂这两个词的分量，所以请您酌定。以上想法，我未和他人说过，只是我自己的意见。郝亮只想让印"审定"一词。

这一期《通讯》今天才装订好送来，现先寄上五份，请审阅。《序言》请您再斟酌，如有修改之处请将修改后之《通讯》寄来，以便正式排书稿时改正。

县志办可能要派新领导来，目前还由我们几个喽啰支撑着。

深秋多雨，乍寒乍暖，望随机增减衣服，慎勿感冒，珍重珍重。

乔志纯

10.19.

山西省介休县志编委会办公室

钦哥：

前日给您奉寄了《绵山及介休县名胜》初稿并附上一信。昨天我在博物馆某处进一步核查资料时，发现我给您写的信中有两处有需进一步核对的不实之词。我怕这两句不实之词，使您在思考探究中浪费精力，所以赶快写信来加以说明，并求原谅。

一、我的信中说北辛武琉璃牌坊后的庙是真武庙，这个结论是对的，从琉璃牌坊的前后四付对联及横额题词中也完全可以确定是颂扬真武帝君、玄武大帝的真武庙牌坊。但我信中说这个庙就叫“玄神庙”，这结论目前不能完全肯定。这个庙，另有一块石碑，碑上写的是“玄帝庙”不是“玄神庙”。我原先是从……处听说“北辛武的真武庙就叫玄神庙”，而没有进一步核实。我计划亲自去北辛武走访一些老者，了解一下以碑或以该看当地叫此庙为何庙。这有几种可能，一个是叫玄帝庙，一个是叫真武爷庙，当然也有可能叫玄神庙，但这必须亲自核实，必须实事求是。因为玄帝和玄神毕竟是两种称呼。免得经一块牵扯，是所以为是。

二、我的信中说玄神楼上塑的像是文昌帝君，这也是听他人说的，我最近了解到，这种说法也很不可靠。现在这尊塑像和旁边的马塑像都还有残留的一大部分。究竟是什么神？什么马？（马和神分立，马上面没有人）。这个问题恐怕还需要请教道教协会或查阅《道藏》等典籍。因之，我赶忙急来信，请您原谅。

余事再叙，祝

安康！

书写于县图书馆　　弟宗凯　11.30

1、晋城天井关旧有文庙，元至正十二年有“天井关文庙大成殿碑”，县牛麟撰文，徐克敬书，李荣孙篆，老人甘立石。均见光绪山西通志金石记。

2、襄陵县南东缭村有至正廿一年孔子燕居庙碑。

3、沁州康石聚有三嵕山灵王庙碑，元至正二年周子助书，陈仁撰。

4、屯留县藉泽里有灵圣庙碑，翟祺撰文，里人宋思敬建。

5、高平县东十里米山有灵圣庙，有元泰定元年之碑。灵圣庙碑，元蒲部……建，……人……书。

42.85.10

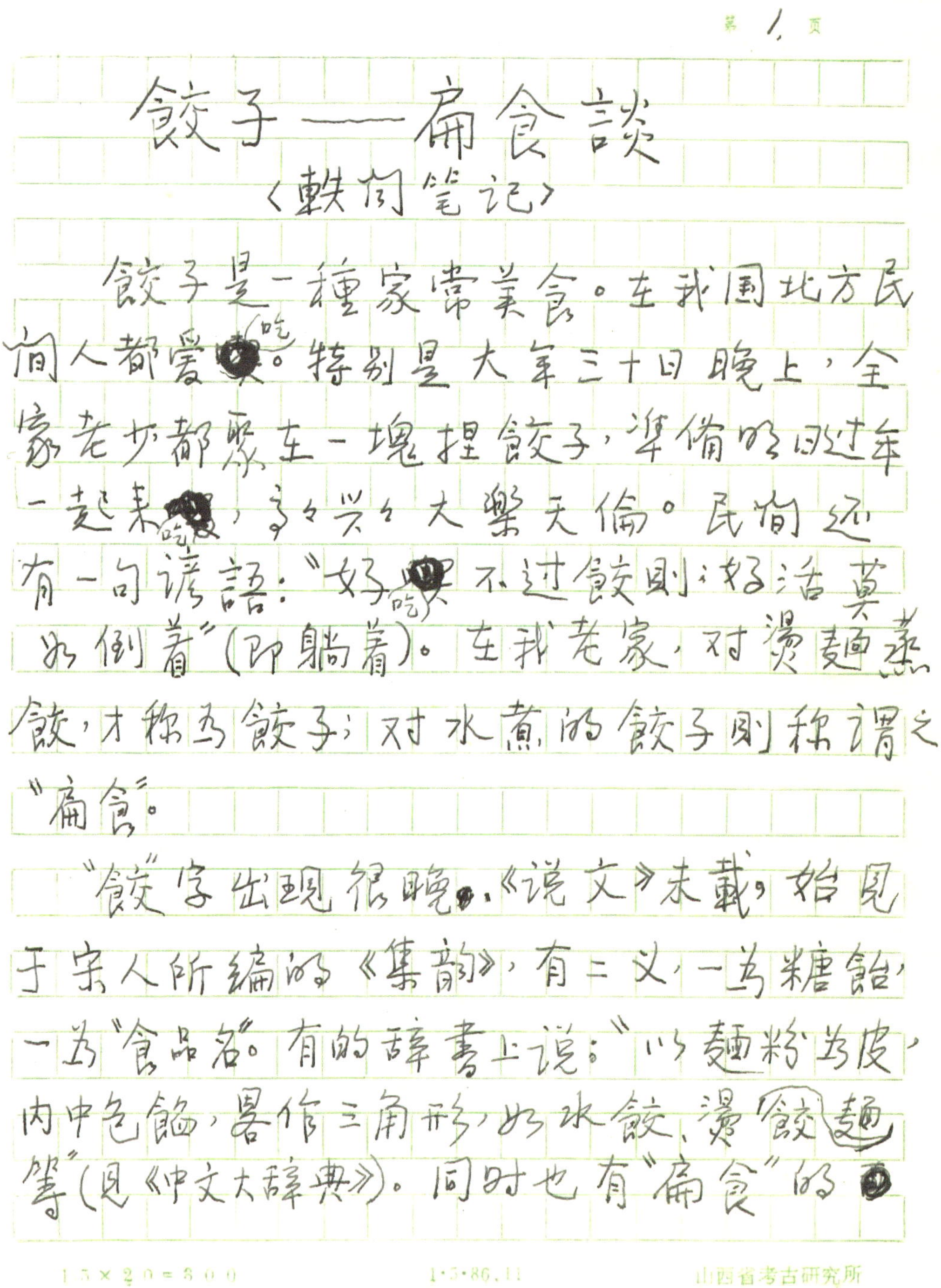
第 1 页

餃子——扁食談

〈軼聞笔记〉

餃子是一種家常美食。在我国北方民間人都愛吃。特别是大年三十日晚上，全家老少都聚在一塊捏餃子，準備明日过年一起来吃，高高興興大樂天倫。民間还有一句諺語："好吃不过餃子，好活莫如倒着"（即躺着）。在我老家，对燙麵蒸餃，才称为餃子；对水煮的餃子則称謂之"扁食"。

"餃"字出現很晚，《說文》未載，始見于宋人所編的《集韻》，有二义，一为糖飴，一为"食品名"。有的辭書上說："以麵粉為皮，內中包餡，略作三角形，如水餃、燙麵餃等"（見《中文大辭典》）。同时也有"扁食"的

15×20=300　1·5·86.11　山西省考古研究所

《饺子——扁食谈》手稿

辞条为"水饺、锅贴之属"。是北方俗语。并举明代《崇祯宫词》注："坤宁宫近侍刘某，善治扁食，进御者必其手造。"说明在当时皇帝御膳中"扁食"也算得上一种美食了。

《中国文化学报》（1992年1期）张双庆文载：明嘉靖间钱塘洪楩所编《清平山堂话本所见的闽粤方言词汇》文中云有《快嘴李翠莲记》中说："烧卖、匾食有何难，三汤两割我也会。"看来"扁食"不只是北方、山西的方言与食品，很可能流行很广。

"扁食"这个食品和名称起源很早。公元前西汉时刘向所著的《说苑·反质》中说："鲁有俭啬者，瓦鬲煮食。"刘文典注："《御览》八百四十九引作『煮㼐中之食』。"

又《孔子家语·致思》所载与《说苑》同。并谓㼐是土钏之器，食之而美，以进孔子。孔子受之，欢然而悦。弟子曰："瓦㼐，陋器也；煮食，薄膳也，而先生何喜如此乎？"孔子曰："吾闻好谏者思其君，美食者念其亲，吾非以馔为厚也，以其食美而思我亲也。"刘文典氏按："《御览》八百四十九引作"非以煮㼐瓦之薄也，食之美，故念吾亲也"。"由以上辞义推之，孔子年幼时，"扁食"也应该是其家中之美餐。偶逢美食而思其亲，乃古今人之常情也。

"㼐"是瓦器名，"从瓦扁声"，是陶器，所以也称"土钏"。它不是金属大釜，而是一种陶质浅腹用作煮食用的小锅，所以文中称为"陋

器"。匾、㼐都从"扁"字而得声，而扁匾则是㼐字的省形。

"扁食"之名虽不见经传，但在秦汉时像《吕氏春秋》、《淮南子》、《说苑》《新序》这类书中，採摭轶事旧闻，非常丰富，故"古籍散失，赖此以存者颇多"（《四库提要》语）。

我认为"扁食"（饺子）可以说是我国两千年来民间的传统风味美食，型体虽小，但意味深远，它已够得上与孔子及儒家文化相濡染的人文故实。"仁者不遗其亲"、"食美思其亲"皆儒学精华亲亲之道。

最后我再介绍一个民间传说的故事。据说李闯王造反打天下，打到北京，坐了皇

上，因为他家穷，每年过年时只能吃一顿扁食，所以坐了皇帝便天天吃扁食。因为他命中能坐四十年天下，结果只坐了四十天便完蛋了。这虽然是民间说书人虚构的故事，但也反映了"扁食"在老百姓心目中的分量。

近来我在小报上看到，有些外国朋友也爱吃中国的饺子，外国还有专门开设的中国饺子馆。据此我们亟应该把饺子——扁食作为国家面食文化的典型标志提高到相应的重要位置上来。

2004.8月 立秋

颌德

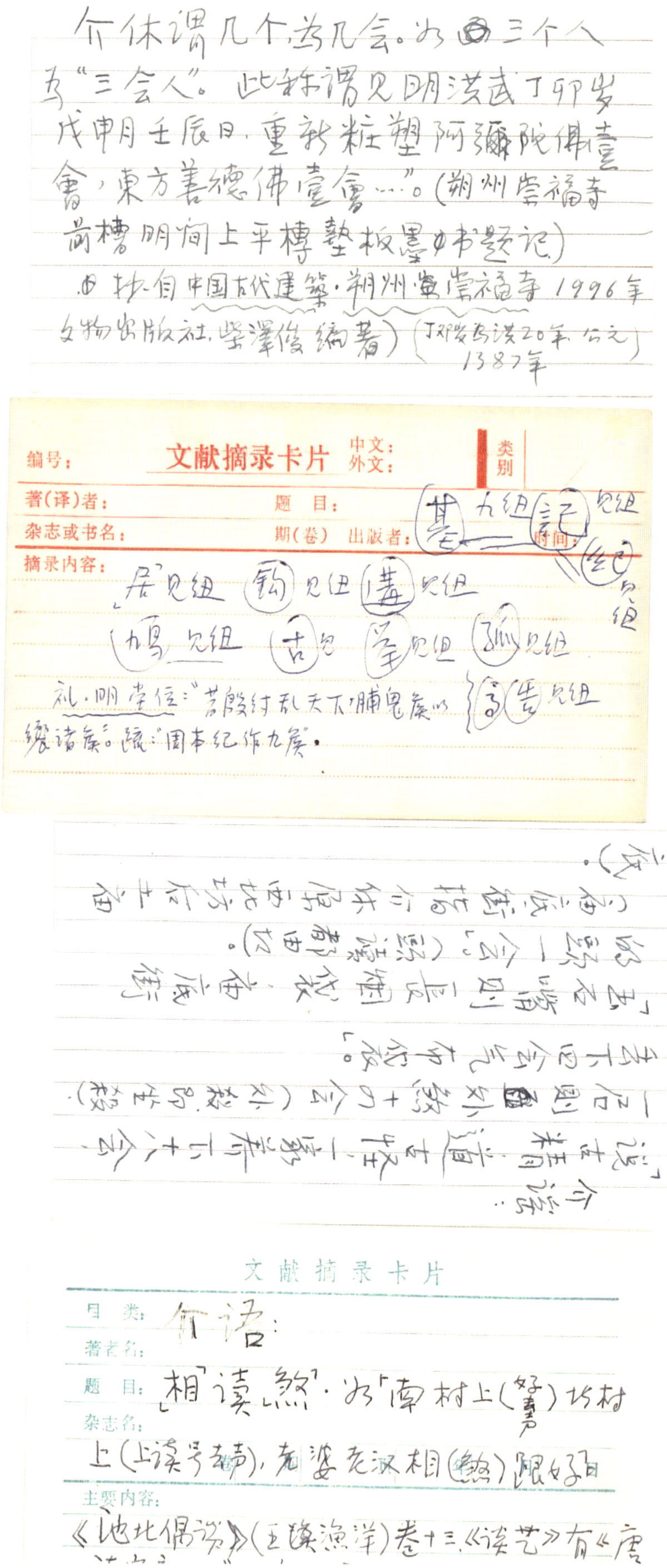

介休地方方言研究卡片

白日鬼

刘跂《暇日记》："宋时指贼人曰白日鬼"，彼中人见诞谩者亦曰白日鬼。《称时录》："《七修类稿》称：'今人以空手得钱谓之白入己'，反以鬼字为讹。"介休人称"日鬼"、"胡日鬼"，殆七修类稿中"入己"。（己今为其矣切，说文居拟切，广韵文元道切）。

七修类稿 明郎瑛撰　　旭、机、日鬼使　九使

胡说白道、白花花地　胡说白说

相，思必切。相读"恕"（入声）得其义声。

又云：宋陶穀诗："尖簷帽子卑凡厮。"厮入声。相打，一称厮打，介语"卷打"也，得其声矣。

侨置乃非其本置，南北朝盛行。定阳郡本置不在介休，而在今吉县一带，晋南版图入于北周，所以北齐把郡名移到介休，介休的定阳郡即"侨置郡"。所以北齐后来占据晋中一带以后，又"还治"于吉县。一个北齐鲜卑政权的侨置郡名并不高雅，也无什么光荣历史可称道，如果真有可称，吉县应该是名正言顺的定阳郡。这样一个临时移借的地名硬要抬出来认祖，虽然不像徐松龛所说"介休人视为可笑"，但也不是什么值得炫耀的历史，也不是什么高雅的名词。

徐继畬的错误在该书缺乏参考，可能是该的坊刻本唐书，刘武周传，即未参考而必之者。

领记 1992年

领按：介休县称荞麺和水以碗蒸熟而食者，因係盌口模所脱，故称"碗脱则"，外地则称"灌肠"。

浑×，鼫×，跳×，条饋×，条達

外来语

"灌肠"一词见词书，本义为用羊肠灌以米粉或麦粉、细肉，加调料，煮熟之食物也。

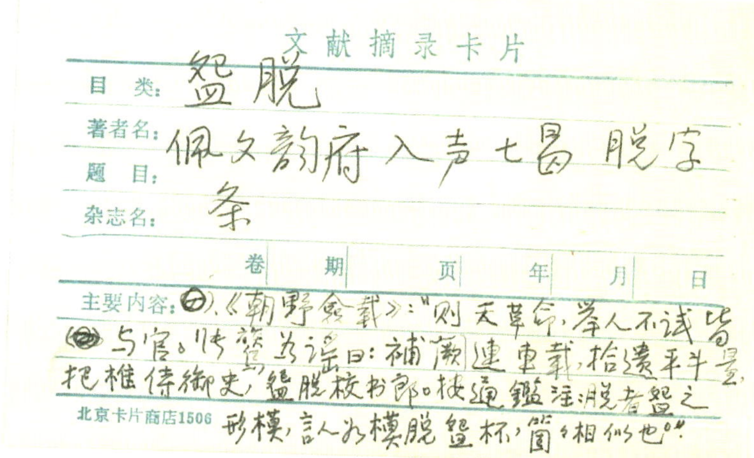
文献摘录卡片

目　类：盌脱

著者名：佩文韵府入声七曷脱字

题　目：

杂志名：条

卷　期　页　年　月　日

主要内容：㈠、《朝野佥载》："则天革命，举人不试皆与官。时人为谣曰：补阙连车载，拾遗平斗量，把椎侍御史，盌脱校书郎。按通鉴注：脱者，盌之形模，言人之模脱盌杯，个个相似也。"

北京卡片商店1506

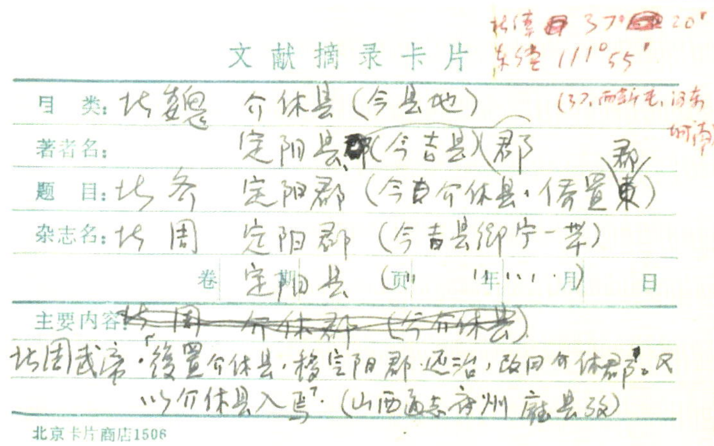
北纬37°20′

东经111°55′

文献摘录卡片

目　类：北魏　介休县（今县地）

（37，而新毛，旧东树南）

著者名：　定阳县（今吉县）郡

题　目：北齐　定阳郡（今县介休县，侨置郡）

杂志名：北周　定阳郡（今吉县乡宁一带）

卷　定阳县（页　年　月）　日

主要内容：~~北周　介休郡（今介休县）~~

北周武帝："后置介休县，移定阳郡还治，改曰介休郡。又以介休县入焉"。（山西通志 汾州 府县沿）

北京卡片商店1506

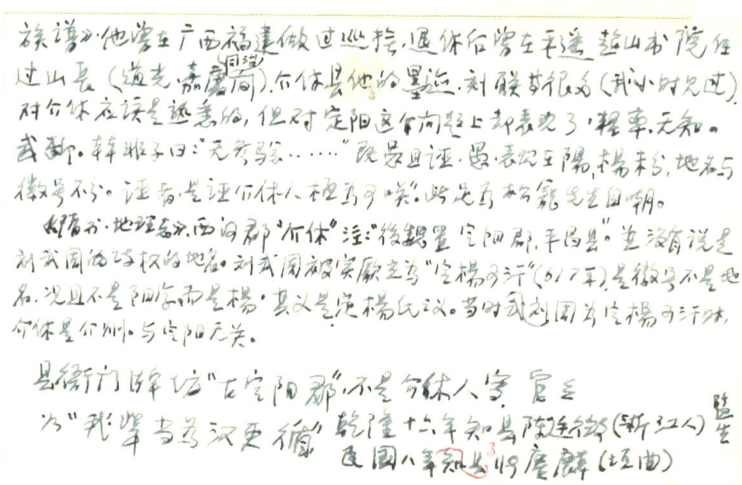
族谱》，他曾在广西福建做过巡抚，退休后曾在平遥超山书院任过山长（道光、嘉庆、同治间）。介休县他的墨迹、对联都很多（我小时见过）。对介休应该是熟悉的，但对定阳这个问题上却表现了"稚幸、无知"。武都，韩非子曰："无参验……"既是旦证，要表明定阳、杨未分，地名与徽号不分。证者是证介休人"稚为可笑"。此是为梅慕先生自嘲。

《隋书·地理志》西河郡"介休"注："后魏置定阳郡，平昌县。"并没有说是刘武周的政权的地名。刘武周被突厥立为"定杨可汗"（617年），是徽号不是地名，况且不是阳字而是杨，其义是定杨氏。当时刘武周为定杨可汗时，介休是介州，与定阳无关。

县衙门牌坊"古定阳郡"不是介休人写，官至为"我辈当为洞更循"　乾隆十六年知县陈廷籍（浙江人）题字

民国八年知县[illegible]庞麟（垣曲）

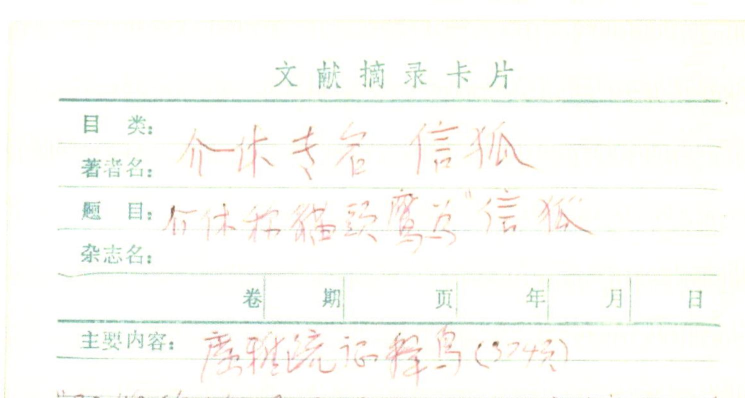
文献摘录卡片

目　类：

著者名：介休古名　信狐

题　目：介休称猫头鹰为"信狐"

杂志名：

卷　期　页　年　月　日

主要内容：唐雅琥记释鸟（3743）

"[illegible]"

钦按：介休县称荞麦面和水以碗蒸熟而食者，因係盌口模所脱，故称"碗脱则"，外地则称"灌肠"。

浑×. 瓯× 跳× 条[illegible]× 条[illegible]

"灌肠"一词见词书，本义为用羊肠灌以米粉或荞粉、细肉，加调料，炙熟之食物也。

外来语

侨置乃非其本置，南北朝盛行。定阳郡本置不在介休，而在今吉县一带。晋南版图入于北周，所以北齐把郡名移到介休，介休的定阳郡即"侨置郡"。所以北齐后来占据晋中一带以后，又"还治"于吉县。一个北齐鲜卑政权的侨置郡名并不高雅，也无什么光荣历史可称道。如果真有可称，吉县在该是名正言顺的定阳郡。这样一个临时被借的地名硬要搬出来认祖，虽然不像徐松龛所说"介休人极为可笑"，但也不是什么值得炫耀的历史。也不是什么高雅的名词。

徐继畬的错误在读书缺乏考察，可能是读的坊刻本唐书，刘武周传，即未考察而见之者。

钦记 1992年

定阳而侨《松龛文集·卷四》：《致武芝田观察论县名及县志书》：

"每见介休人好署（称）定阳，极为可笑。……按定阳之名虽见于隋书注，而其盛称则创于刘武周，不但不成朝代，亦并不成割据，与宇文化及、王世充、刘黑闼之徒何异？起事六年即为唐太宗所灭，岂乃其一时僭伪之地名污辱介休可乎？推其缘起，当由士大夫好尚——高雅，而全史及志乘又未尝寓目，偶有窥识，以现在之地名为俗，因取缙绅全书各郡县上所刻之别名，以为较现在之地名为雅，殊不知缙绅别名乃坊肆刻书者，请妄人为之，岂可据为典要哉？"

钦按：徐松龛一代名臣佳士，优于地理之学，著有《瀛寰志略》，其父徐润第曾在介休绵山教过书，徐继畬曾撰有《介休县[illegible]

《大荒南经》："野有鸱久。"郭注：即鸺鹠也，以经音义鸺鹠，关西呼训侯，山东谓之训狐。王念孙案，其合名则为鸺鹠矣。钦案：介休称信狐。

张颔先生在参观调研张壁古堡

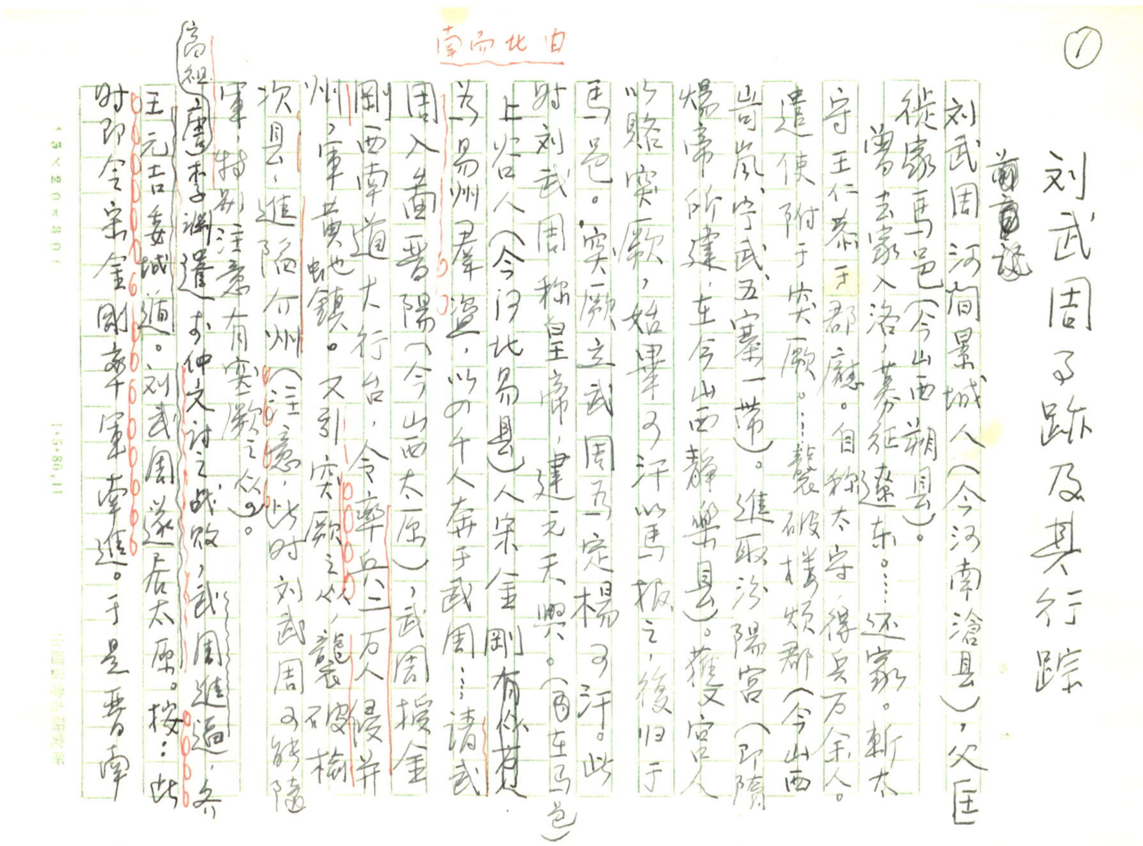

南而北由

刘武周事迹及其行踪

简述

刘武周，河间景城人（今河南沧县），父匡徙家马邑（今山西朔县）。尝去家入洛，募征辽东……还家。斩太守王仁恭于郡厅。自称太守，得兵万余人。遣使附于突厥。……袭破楼烦郡（今山西岢岚、宁武、五寨一带）。进取汾阳宫（即隋炀帝所建，在今山西静乐县）。获文宫人以赂突厥，始毕可汗以马报之，复归于马邑。突厥立武周为定杨可汗。此时刘武周称皇帝，建元天兴。（西在马邑）上谷人（今河北易县）人宋金刚有众万余，为易州群盗，以四千人奔于武周……请武周入图晋阳（今山西太原），武周授金刚西南道大行台，令率兵二万人侵并州，军黄蛇镇。又引突厥之众，袭破榆次县，进陷介州（注意，此时刘武周可能隐军，特别注意有突厥之众）。高祖遣李仲文讨之，战败，武周进逼，齐王元吉委城遁。刘武周遂居太原。按：此时即令宋金刚率军南进。于是晋南

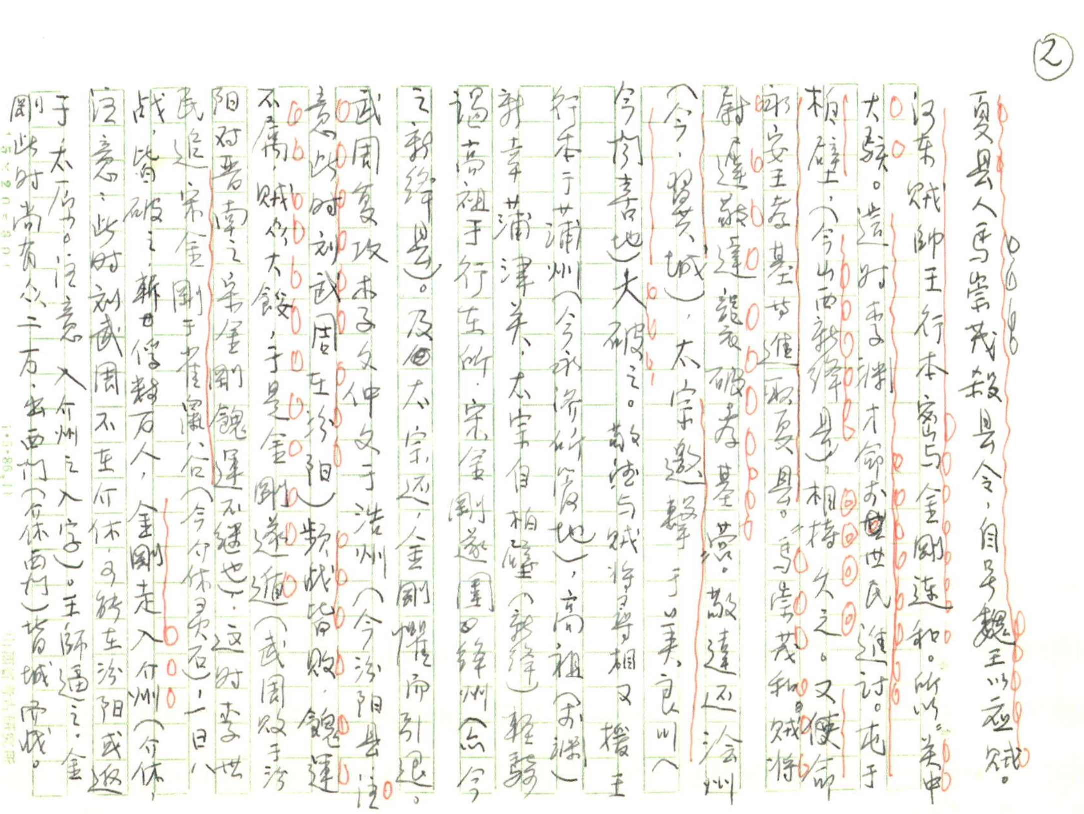

夏县人吕崇茂杀县令，自号魏王以应贼。河东贼帅王行本密与金刚连和。所以，关中大骇。这时李渊才命秦王世民进讨。屯于柏壁（今山西新绛县）。相持久之。又使命永安王孝基等进取夏县。吕崇茂和贼将尉迟敬德破孝基营。敬德还浍州（今翼城），太宗邀击于美良川（今闻喜地）大破之。敬德与贼将寻相又援王行本于蒲州（今永济所管地），高祖（李渊）幸蒲津关，太宗自柏壁（新绛）轻骑谒高祖于行在所。宋金刚遂围绛州（今之新绛县）。及太宗还，金刚惧而引退。武周复攻李仲文于浩州（今汾阳县注意此时刘武周在汾阳），频战皆败，馈运不属，贼众大馁，于是金刚遂遁（武周败于汾阳对晋南之宋金刚馈运不继也）。这时李世民追宋金刚于雀鼠谷（今介休灵石）一日八战，皆破之，斩首俘数万人，金刚走入介州（介休，注意：此时刘武周不在介休，可能在汾阳或逃于太原。注意入介州之入字）。王师逼之，金刚此时尚有众二万，出西门（介休西门）背城布战。

考证张壁古堡的手稿

③

刘武周反隋朝突厥

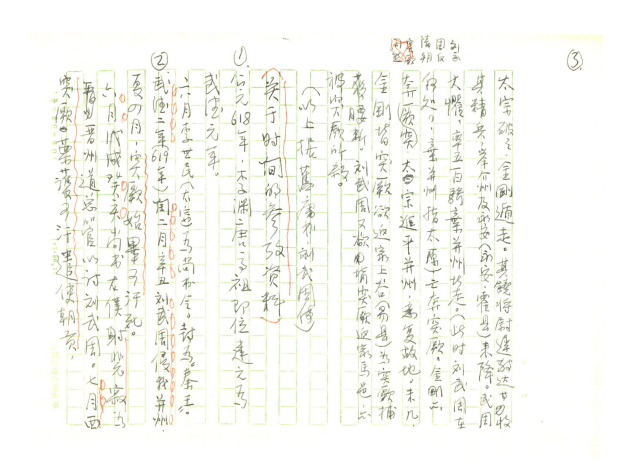

太宗破之，金刚遁走。其骁将尉迟敬德、寻相收
其精兵，举介州及永安（永安：霍县）来降。武周在
大惧，率五百骑弃并州北走。（此时刘武周在
何处？：弃并州指太原）亡奔突厥。金刚亦
奔突厥。太宗进平并州，悉复故地。未几，
金刚背突厥，欲还家上谷（易县），为突厥捕
获腰斩。刘武周又欲谋归马邑，亦
被突厥所杀。
（以上据旧唐书·刘武周传）

关于时间的参考资料

①、公元618年，李渊（唐高祖）即位建元为
武德元年。
六月李世民（太宗）为尚书令，封为秦王。
②、武德二年（619年）闰二月辛丑刘武周侵我并州，
夏四月，突厥始毕可汗死。
六月戊戌，以尚书右仆射裴寂为
晋州道总管，以讨刘武周。七月西
突厥、叶护可汗遣使朝贡，

④

九月丁丑，裴寂与刘武周将宋金刚战于
介州（注意：此时刘武周不在介州），我师败绩。
（叙按：战场在度索原）。并州总管齐
王元吉惧刘武周所逼，奔于京师。并州陷。
壬子，刘武周进围晋州（临汾）。（明指刘
武在晋州）
冬十月壬子刘武周进围晋州
三年夏四月甲寅，秦王大破宋金刚于介
州。金刚与刘武周俱奔突厥，遂平介州。
伪总管尉迟敬德、寻相以介州降。

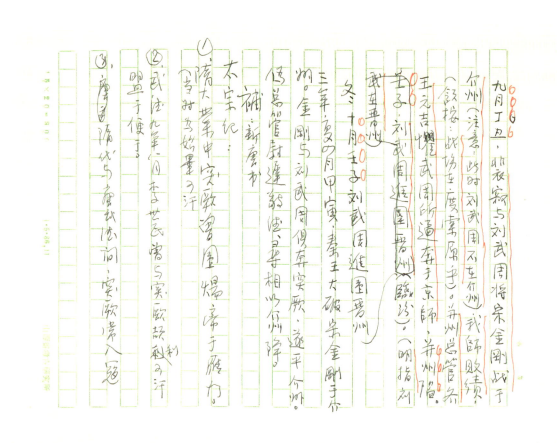

补：新唐书
太宗纪：
①、隋大业中突厥围炀帝于雁门。
（当时为始毕可汗
②、武德九年八月李世民曾与突厥颉利可汗
盟于便桥。
③、隋代与唐武德间，突厥常入寇

⑤

張壁之可汗王碑

(1)、何时立の、由何人撰文何人写

(2)、此碑是否在原位の

(3)、全文拓先、(4)、碑後全文（有李姓造）

(5)、介休有刘武周之墓

(1)、康熙卅五年介休县志《祠庙》载："助国圣母庙：庙在县西十里官路北，唐初赵晋阳时马邑刘武周僭逆，据介休，时太宗屯兵于介休，粮饷弗继，又为雨阻，忽有一人称耕女，馈浆酒实粟饭，数日饮食不竭。太宗即位，诏诸境内父老，贞观十五年敕封助国圣母，建以祀。大德七年地震庙倾，正德十年乡人重修。"《古迹》："秦王塔在县西南西靳屯南原上，唐武德二年刘武周围守崔氏谷，秦王兵不得进，遂登南原与之战，大败武周于此，后人建塔记之。"《陵墓》："刘武周墓，在城东南隅，其首也，身葬塞外。"

？

張壁村有"兴隆寺"旧名"古刹寺"，乾隆三年重修。

⑥

(8)、隋大业十三年二月己丑马邑校尉刘武周杀太守王仁恭，举兵作乱，北连突厥，自称"定杨可汗"。而《旧唐书·刘武周传》则称"突厥立武周为'定杨可汗'。"

(9)、山西有许多刘族之地名、庙名及姓氏者：

一、介休张壁可汗王庙

二、汾阳、阳城村有"可姓"者，又有"可汗庙"。（另汾阳×村有姓刘者，也有"刘王庙"（另刘氏宗庙中为刘渊）（汾阳刘守举来信）

三、宁武有姓"赫连"者，有叫"赫连禧"（滑）另此人死时大约有四十多岁，大致在八十年代被继父杀死。（此事为一九八〇年宋达恩同志提供）

四、宁武有天池，当地人叫马营海，地方志称"祁连泊"。在管涔山分水岭上。

五、太原有"鞑达花"

六、临县有"索达干"地名

七、宁武石家会村"伯"姓者（音字）是一大家族。

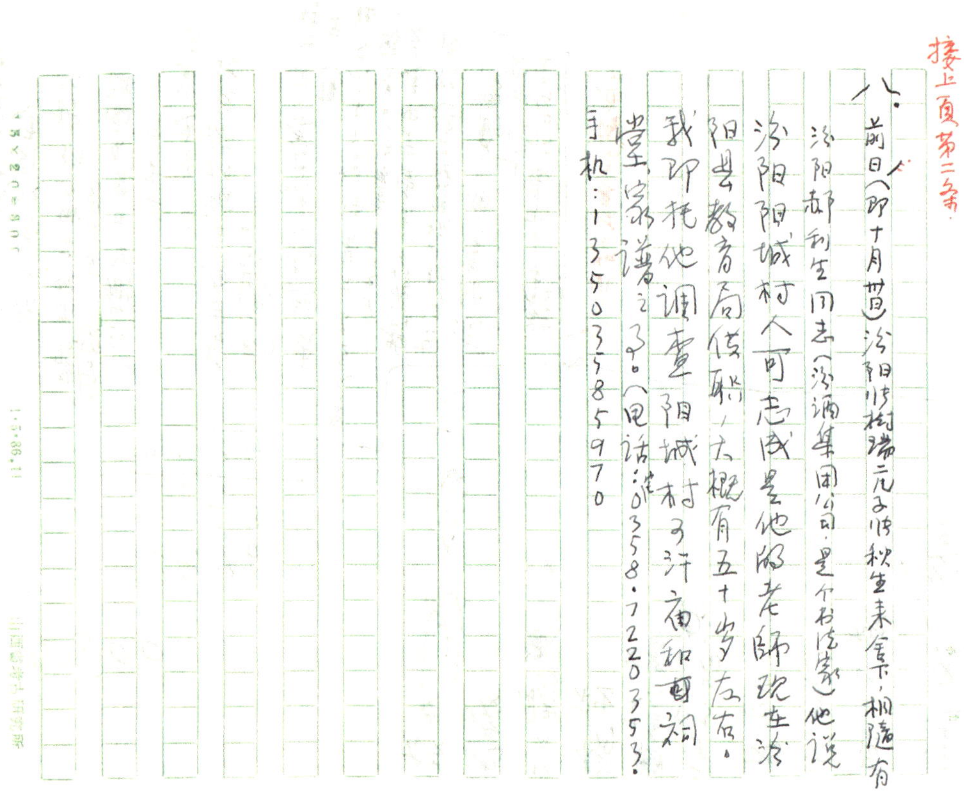

接上页第二条。

八、前日（即十月廿七）汾阳师树瑞之子师秋生来舍，相随有汾阳郝利生同志（汾酒集团公司，是个书法家）他说汾阳阳城村人可志成是他的老师，现在汾阳县教育局任职，大概有五十岁左右。

我即托他调查阳城村子许庙和晋祠堂、家谱之事。（电话：0358·7220353。

手机：13503585970

介休张壁古堡史迹寻思录

提纲

(一)、战争壁垒与张姓的关系。

(二)、战争的壁垒、堡寨与形成居民点的演变(时间)

(三)、罕王(可汗)和罕王的称谓。

1.刘武周传说的可能性

2.是否与石勒有关

3.可汗王庙与达王庙。

4.毅鞑、秦鞑的传说

(四)、新石器时代(彩陶和灰陶)的遗迹,迹(灰坑或剖面灰坑)

(五)、庙与庙的关系,庙与居民建筑的关系,地方子午线,(磁偏差)

1

有古城、古民居大院、古园林，有之。但未见有古堡垒而兼古村落者，有之即介休张壁也。从各称言即张氏所居之堡垒。或古堡垒为张姓某人因战争所建之堡垒。或曾为战争故垒后为张氏所居之村落，仍保存有原来战争堡垒的遗迹。

我195八年曾经到山西高平县专门调查过（踏查）古长平战场。去过秦垒、赵壁以及箭头村、康甲苑、和省冤谷、谷口村，村后有骷髅山、白起台，村中有骷髅台，台上建有骷髅王庙，塑像为赵括。有夯筑遗迹，夯土中有人骨。我在王报村民中曾征得长平箭镞，即唐李贺诗歌中所歌咏的"长平箭头"。

当时我觉得我国在以往考古发掘工作，尚没有对古战场发掘过，应在此地应该专门进行一项专门发掘，很有历史的价值。

营防岭、赵壁、秦长垒、

15×20=300　1·5·86.11　山西省考古研究所

2.

有次我在北京考古所见到[illegible]展同志，曾谈到此事，并问他对战场的考古工作，应该如何着手，他说就是看"壁垒"。遗址中的是有动机，会修件去做。苏东坡写《赤壁怀古》词中见到有古壁垒，就写道"故垒西边，人道是三国周郎赤壁"。不见壁垒何能谈战场，没有根据如何能说是三国周郎赤壁？所以只能是"人道是"的传说而已。

介休雀鼠谷在古代是一个很险要的狭谷，特别在隋、唐时的战争史料记载特别多而比较详。而张壁古堡正是一个非常重要的地点，他绝不是单纯的一处壁垒，而是对当时战争战场战役的一个以点带线、带面的牵一发而动全局，有着军事和历史学相表里的一个

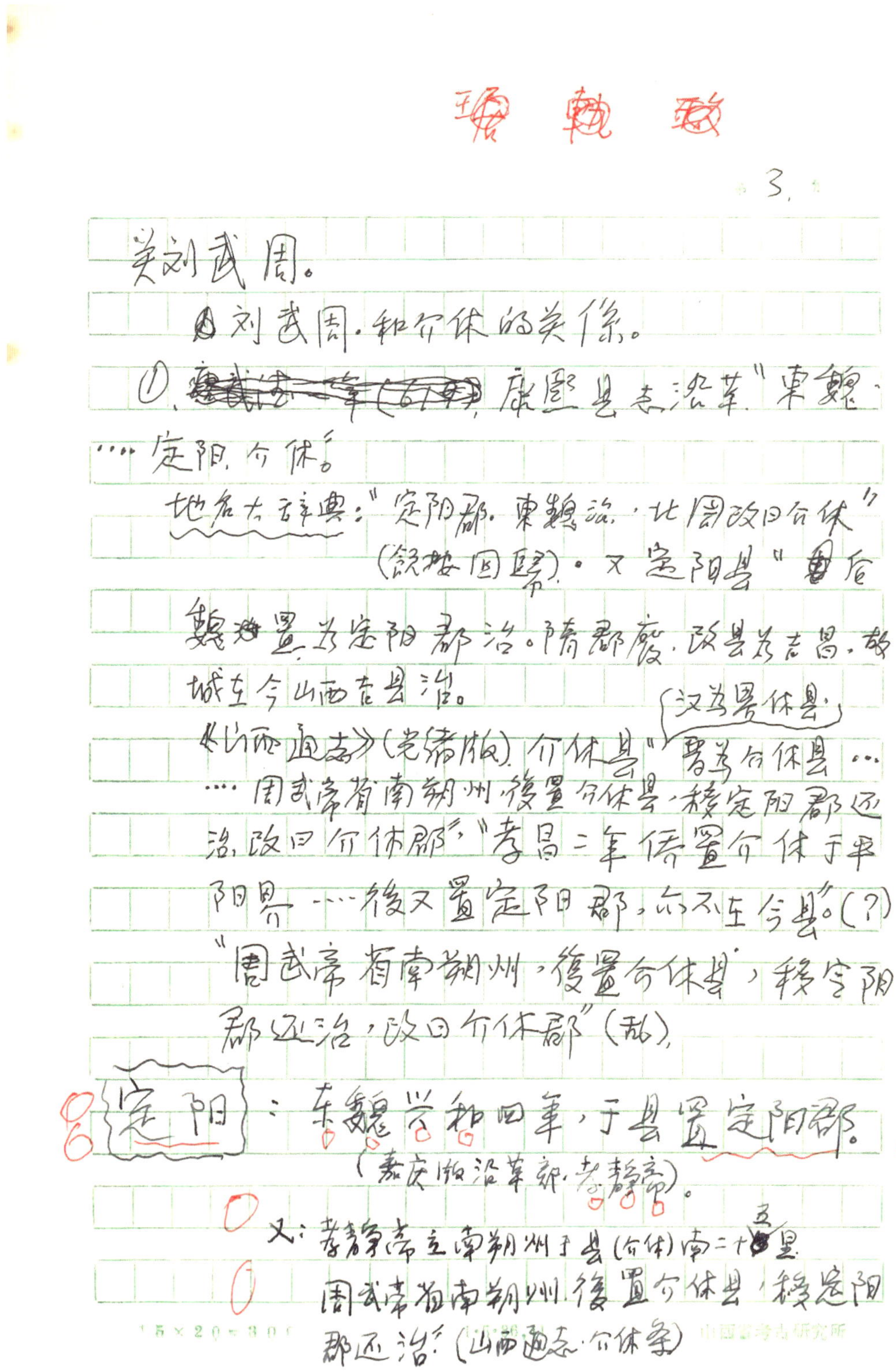
3.

关刘武周。

刘武周和介休的关系。

①康熙县志沿革"东魏……定阳、介休"。

地名大辞典："定阳郡，东魏治，北周改曰介休"（钦按回疑）。又定阳县"东魏置，为定阳郡治。隋郡废，改县为吉昌，故城在今山西吉县治。"

《山西通志》（光绪版）介休县"汉为界休县，晋为介休县……周武帝省南朔州，复置介休县，移定阳郡还治，改曰介休郡"，"孝昌二年侨置介休于平阳界……後又置定阳郡，亦不在今县。"（？）

"周武帝省南朔州，复置介休县，移定阳郡还治，改曰介休郡"（乱）。

定阳：东魏兴和四年，于县置定阳郡。（嘉庆版沿革表·孝静帝）。

又：孝静帝立南朔州于县（介休）南二十五里。

周武帝省南朔州，復置介休县，移定阳郡还治。（山西通志·介休县）

15×20=300　　中国社会科学院考古研究所

《嘉庆·形胜部》："有营盘谷"津隘崎岖。"垂崇峦高峻，必经夺其险，为古战场。"

度索原 《嘉庆志》山川部："宋金刚据介州，晋州道行军总管裴寂屯兵度索原。"《名大辞典》："度索原条："在山西介休县东南介山下，唐初裴寂攻刘武周将宋金刚于介休，军于度索原。"

宗阳古郡 牌坊（嘉庆志）在县署大门外。乾隆16年知县陈廷征重修。嘉庆11年知县熊兆占又重修。

按：县署初建在元代至正年间知县周梅建。（今西街者。）

洞泽广庵 在郭村，祀后稷源贤，宋崇宁中敕建，元至正二年重修。剑南进士冯钰撰记（详艺文），鲜卑人张贺）。

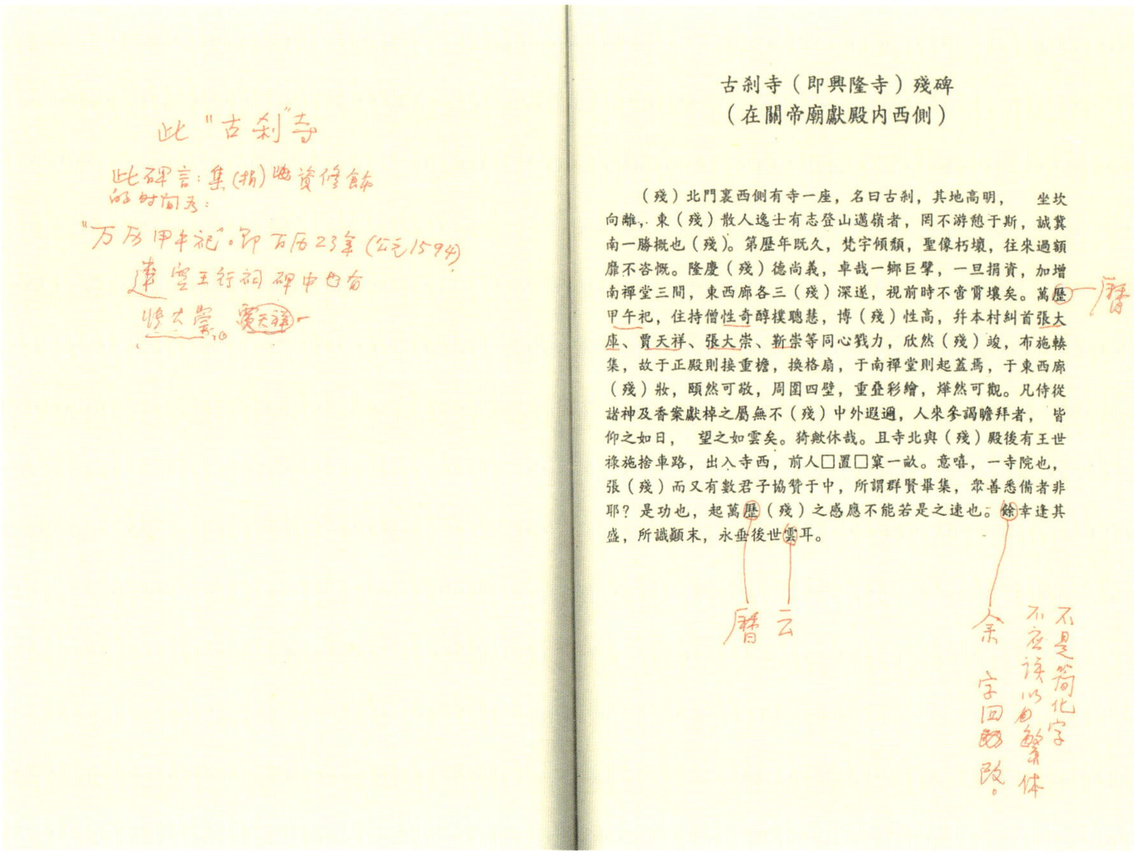

古刹寺（即興隆寺）殘碑
（在關帝廟獻殿内西側）

（殘）北門裏西側有寺一座，名曰古刹，其地高明，　坐坎向離，東（殘）散人逸士有志登山邁嶺者，罔不游憩于斯，誠冀南一勝概也（殘）。第歷年既久，梵宇傾頹，聖像朽壞，往來過額靡不咨慨。隆慶（殘）德尚義，卓哉一鄉巨擘，一旦捐資，加增南禪堂三間，東西廊各三（殘）深邃，視前時不啻霄壤矣。萬歷甲午祀，住持僧性奇醇樸聰慧，博（殘）性高，弁本村糾首張大座、賈天祥、張大崇、靳崇等同心戮力，欣然（殘）竣，布施輳集，故于正殿則接重檐，換格扇，于南禪堂則起蓋焉，于東西廊（殘）妝，顒然可敬，周圍四壁，重疊彩繪，燁然可觀。凡侍從諸神及香案獻棹之屬無不（殘）中外遐邇，人來參謁瞻拜者，皆仰之如日，　望之如雲矣。猗歟休哉。且寺北與（殘）殿後有王世祿施捨車路，出入寺西，前人□置□窠一畝。意嘻，一寺院也，張（殘）而又有數君子協贊于中，所謂群賢畢集，衆善悉備者非耶？是功也，起萬歷（殘）之感應不能若是之速也。餘幸逢其盛，所識顛末，永垂後世雲耳。

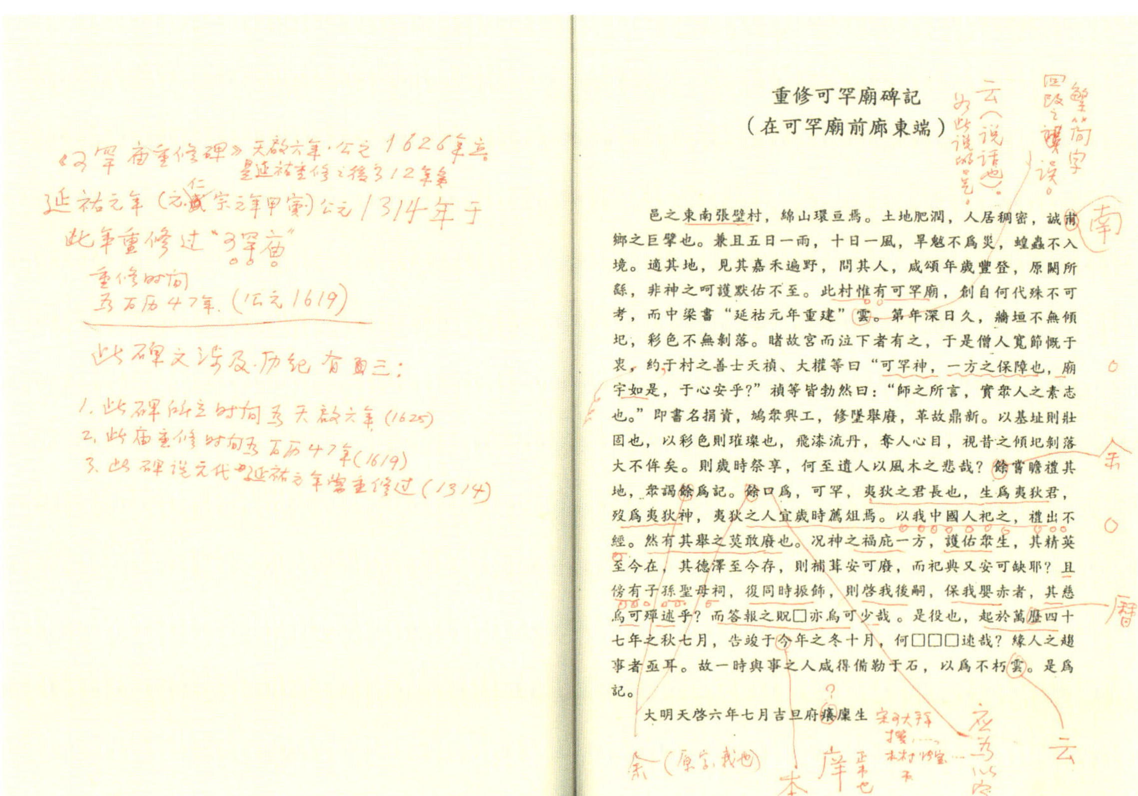

重修可罕廟碑記
（在可罕廟前廊東端）

邑之東南張壁村，綿山環亘焉。土地肥潤，人居稠密，誠甫鄉之巨擘也。兼且五日一雨，十日一風，旱魃不爲災，蝗蟲不入境。適其地，見其嘉禾遍野，問其人，咸頌年歲豐登，原闕所繇，非神之呵護默佑不至。此村惟有可罕廟，創自何代殊不可考，而中梁書“延祐元年重建”雲。第年深日久，牆垣不無傾圮，彩色不無剝落。睹故宮而泣下者有之，于是僧人寬節慨于衷，約于村之善士天禎、大權等曰“可罕神，一方之保障也，廟宇如是，于心安乎？”禎等皆勃然曰：“師之所言，實衆人之素志也。”即書名捐資，鳩衆興工，修墜舉廢，革故鼎新。以基址則壯固也，以彩色則璀璨也，飛漆流丹，奪人心目，視昔之傾圮剝落大不侔矣。則歲時祭享，何至遺人以風木之悲哉？餘嘗瞻禮其地，衆謁餘爲記。餘口爲，可罕，夷狄之君長也，生爲夷狄君，歿爲夷狄神，夷狄之人宜歲時薦俎焉。以我中國人祀之，禮出不經。然有其舉之莫敢廢也。况神之福庇一方，護佑衆生，其精英至今在，其德澤至今存，則補葺安可廢，而祀典又安可缺耶？且傍有子孫聖母祠，復同時振飾，則啓我後嗣，保我嬰赤者，其慈烏可殫述乎？而答報之貺□亦烏可少哉。是役也，起於萬歷四十七年之秋七月，告竣于今年之冬十月，何□□□速哉？緣人之趨事者亟耳。故一時與事之人咸得備勒于石，以爲不朽雲。是爲記。

大明天啓六年七月吉旦府痒庠生

对介休张壁古堡申报历史文化名村材料的审校

张壁村古地道考

侯清柏

介休张壁村内古地道，近几年已被专家论证为"兵家守备莫垒要地"、"军事防御工程遗迹"。然其所产生年代至今还属是谜。

公元304年刘渊从离石起兵反晋开始，以后石勒、苻氏、慕容氏步其后尘，北方出现了少数民族互相吞并、长期战乱的大动荡时代。直至百年后拓跋魏统一了北方，散居在离石、吐京(石楼境)的匈奴五部余众，凭恃山险，时常出没汾川左右，大肆抢掠。地处汾川之滨首当其冲的隰州(汾阳)、永安(孝义)介休县民深受其害。后魏与东魏的统治者先后组织过数十次平讨，最终也无济于事。据《资治通鉴》和戴震撰《汾州府志》等史籍载，后魏太平真君八年(447)，吐京部阻险为寇，诏征东将军武昌王提等讨之，不下；和平元年(460)二月，卫将军乐安王良，督东雍、吐京、六壁诸军……讨河西叛胡；太和中(477—499)，命中坚将军奚康生为军主，从章武王彬讨贼号"新支王"吐京叛部，破之，俘杂畜以万计；太平四年(511)正月，汾州山胡刘龙驹聚众反，诏谏议大夫薛和率奉、汾、华、夏四州众讨之，三月，平其党；正光末(524)，汾州吐京杂部薛悉公等自立为王，聚党作逆，众至万数；孝昌二年(526)，西河、汾州属各县为贼所破，西河郡(含介休)侨置平阳界，而汾州移治西河，魏安西将军宗正珍为都督，讨汾州反胡；东魏天平二年(535)正月，东魏丞相高欢袭击汾州稽胡刘蠡升。刘自孝昌以来自称天子，改元神嘉，居云阳谷，魏边境常被其患，谓之"胡荒"。三月，丞相欢设计降刘蠡升，俘其皇后、诸王、公卿以下四百余人，华夷五万余户；天平三年(536)九月，汾州部王迢触、曹龙武聚众反，署立百官，年号平都……有关"山胡"寇乱，《魏·介休令李谋墓志》中也有载述："……彼地带险阻，山胡寇乱，前后县官未能遮遏，君莅任穷加救讨，手自斩格，莫不森肃。"

介休东南二十五里处后魏旧城系当年遇"胡荒"而建，被胡人攻破数十年后，又迁朔州军人筑土为垣，备御外患。系出自《元和郡县志》等记载，这已是无需争辩的史实。目前，需要探讨的问题是：后魏旧城是在洪山镇，还是在张壁村？

据康熙、嘉庆《介休县志》和《古今图书集成》等文献有如下记载："六壁城，在县东洪山村，后魏时建城于此。"尽管这些文献肯定了洪山村在后魏时曾建城于此，但由于所据资料系来自后魏郦道元《水经注》所述："水出西狐岐之山，东迳(经)六壁城南，魏朝旧置六壁于其下，防离石诸部，因为大镇，太和中罢镇，仍置西河郡焉。"于是理解为六壁城在狐岐山下洪山村。加之有过"防离石诸部"巧合，于是附会为"后魏时建城于此"。事实上，《水经注》记载的六壁、西狐岐山均在孝义境内，后魏太平真君五年(444)，曾设军壁讨胡于此，永安二年(529)，又曾置隰州于六壁城(今孝义六壁头村)。但《介休县志》等记载有误，《山西通志》及乾隆《汾州府志》中都明确指出："介休故城在介休县东南二十五里，俗目(认)为六壁城，非也"，"六壁城当在孝义境内"。《通志》等既否定了洪山村即六壁城说，洪山村建介休故城至今又没有其它佐证，因此，故城在洪山镇说且当别论。

反观张壁村，其一，地理位置正处"邑之东南"(该村重修可罕庙碑记语)，而康熙志等都称洪山村在"县东"(事实上也在北纬同一水平线上)，张壁村距县城二十五华里也较准确；其二，筑垒镇守主要为了防御。张壁村为介邑东南乡巨擘，村东、西、北为沟壑深涧，背靠绵山，离石诸胡寇乱来自西北境，站在堡垣向西北瞭望，四十里外尽收眼底，系设防之理想要区；其三，当年迁城筑垒，是经受了战乱水深火热后不得已选择，事后又有城垣被攻破的教训，正是有了地面明堡吃亏的教训，人们才想方设法构筑地下暗道，并逐年完善其中的通气孔、隘口、马厩、陷阱、储仓洞等一些设施。若不在长期动乱岁月，怎会出现张壁古地道奇迹；其四，后魏、东魏政权称刘渊后裔为"稽胡"、"山胡"，其实，他们自己以及他们利用的军政主要骨干又何尝不是被称作"夷狄"的北方少数民族。东魏丞相高欢长期身居山西晋阳，并以此牢牢地控制着迁邺的东魏政权。高欢崇尚鲜卑，仇视汉人，其主要军事力量来自六镇鲜卑流民。东魏时期迁入介休故城筑土垣、备御外患的朔州军人即是从高欢老家怀朔镇(公元524年，为保卫平城而建的六个重镇发生起义，魏明帝下诏改怀朔镇为朔州)迁入的鲜卑军人。张壁村《重修可罕庙碑记》中称"可罕，夷狄之君长也，生为夷狄君，君殁为夷狄神"，此堪称为对朔州军人之怀念；其五，1998年，国家文物局罗哲文先生察张壁古村堡夯土，推断古堡墙体的建筑时间可推溯至唐前，东魏朔州军人筑土垣到唐初还不满百年时间，今古堡墙体系当年土垣之遗迹不曾可能吗？其六，张壁村壁字为汉至唐常用字，其意一为土垣，二为军垒，三为山艳处。当时为防胡人，仅孝义和汾阳南部就建有辛壁、贾壁、白壁、作壁、稷壁、六壁头等，张壁村产生的历史年代与其独具的历史功能同介休故城如此巧合不也令人回味吗？

有人讲，张壁古堡仅有千余口人的村堡，建一个县城可能吗？事实上，经过十六国时期战乱，北方尽为无人之区，《魏书·地形志》记载北魏太和十七年(493)，西河郡隰城、永安、介休三县，才有人口两万多人。介休连同灵石地区，人口不足一万，"百家小城便立一州，数家小村，也立一郡"，在当时历史非常时期，能容千余人口的张壁怎不能立一个县呢？以上为个人对张壁村堡及古地道产生年代的初步探讨。可以设想，随着文物文献的发现，考古发掘的突破，科学手段的应用，古地道之谜被揭示定将是指日可望。

考据

张壁古堡形成的起源和历史背景

山西晋中中南部的介休市张壁村，因为堡据险势，地层里多见地道（三层），殊有一座可罕庙（当地传闻可罕（定阳，名刘武周）隋唐十八路反王之一），本不应该属于当地人信仰的神，令无数探幽访秘者称奇！为此有必要把历史记载用来对照：

据《中国通史》"柏望之战"记载："武德二年（619）三月刘武周借助突厥的力量进军太原，四月军于黄蛇岭（今榆次北）距太原近在咫尺，留守太原的唐齐王李元吉派张达率军驱逐刘武周，结果全军覆灭，刘武周乘机攻占榆次，介州（介休）及石州（离石）等地，长驱南下，兵逼太原"。

当时的唐天子李渊，秦王李世民等还在入关平定天下，太原这一吃紧，他不得不忧虑重重，采取办法。"李渊诏命左武卫大将军姜宝谊、行军总管李仲文迎杀，刘武周将黄子英在城西南的雀鼠谷多次以轻兵诱战，一接战就往谷里走，最后姜、李两将失去警惕，率全军追入谷内，伏兵四起，全军覆没，两将侥幸逃出。……李渊任命裴寂为晋州道行军总管，统帅大军，救援晋阳。大军到了介休，宋金刚紧闭城门，坚守不战……"

依据历史记载分析，当时介休一带虽然刘武周控制了主动，但战态的发展仍不容乐观。尤其是李渊派裴寂救援晋阳，刘武周则也必须采取强攻、死守、灵活多变分散唐军的战术、张壁古堡故有的势险：依山、临近介休，又能阻击来自雀鼠谷北、走垣势称咽喉的条件就在战火的硝烟里被设施"守备筑垒"。这个时间约在五月里。

由于裴寂统帅军队在宋金刚重撞后怆惶逃往晋州（临汾），据守太原的齐王李元吉坚持到九月弃城逃往长安，刘武周移居太原，张壁在施工中的明堡暗道预计就没有停工，直至后来因为战间刘武周失利，变成了拥有粮草的一个城堡，旧有传说：尉迟恭的囤粮所。

另据《中国古代史》中册153页："615年隋炀帝命令郡县、驿亭、村坞都修筑城堡。"以此推断，修城堡也是当时的国策，也许张壁在当时已具备了一定的条件，被军事所利用。

这也没有大碍，这并不影响对它的利用开发，发挥旅游经济的文化教育功能。不少历史之谜、文化之谜常常具有可持续发展价值，成为人们求知的动力。在某种意义上，还可能成为别有风致的旅游文化价值，成为一大特色，引人入胜。

2、地下地上形成统一整体群落。张壁古堡地上古民居、古街道宛如棋盘，地下古地道盘根错节，四通八达，形成军事要塞与生活村落两相兼利的有机统一整体。城堡三面临壑沟，一面接坡岗，若站在沟底翘首上望，城堡与黄土断崖浑为一体，原本几丈高的寨堡陡然变成一座几十丈高的坚城，气势雄壮，别具一格。

3、小村落、大文化。张壁村不大，仅二百余户千余人口，但确有相当丰富多彩的文化内涵。村中文物古迹之多，古风古韵之浓，令人陶醉惊叹。明清古民居比比皆是，特色十分鲜明；寺庙儒、释、道皆有，风格异彩纷呈。至于城楼碑刻、雕塑等等更为难得。这么多珍贵文物古迹集中在这样一个小山村确为罕见。至于千年来不断的文风教化对地方建筑文化的发展影响更随处可见。

4、独特的地方宗教文化独树一帜。除了一般的寺庙宗教文化，如祭祀关帝庙，真武庙等外，张壁古堡在地方文化特色上十分令人奇特的是建有纪念唐时反派武将刘武周的寺庙，这不但在山西绝无仅有，在全国也是唯一，而且流传之久，保存之完好，不可思议。这样独特的地方建筑特色蕴含了多少文化内涵的确值得研究。

5、反向风水选址的环境观。作为北方的古村落，在选址上一反常规风水原理，取南高北低之象，在环境景观上别开生面，布局奇特，因此出现城堡中S形叁脊中轴线，"丰"字形街道布局，此墙封闭建高耸二郎庙、瓮城等一系列富于独创的环境景观处理手法，对不理想风水加以补救，其中的匠心与技巧尚须深究方可解析。

以上五点价值特色都是张壁古堡与众不同之处，很耐人寻味。这是从宏观大局上而言的，至于其它个别的特点在每一局部上的体现则更难备说。

六、保护开发的几点具体建议：

1、保护开发的指导思想。如树立保护第一的基本观点，在保护的可持续发展的基础上言开发。而且对这种以历史文化名村名镇为特色的保护开发，还必须明确强调历史的真实性，否则就失去信任感。如古地道，稍有破坏或乱开发，便丧失原真性，成为打假对象，没有今后发展的基础，一切都谈不上。

2、当前紧迫的保护是抢救第一，即抢救文化资源，不能让村里的文物古董古迹变卖流失。要立即立法，建乡规，防止文物贩子的非法活动。

3、营造文明开发旅游的村落环境。在当前开发初期没有更多投资的情况下，吸引游客，首在文明环境，解决目前的脏、乱、差、破的问题，这是花不多的钱就能办好的事。

4、搞好保护开发总体村镇规划。要有一个科学合理、实事求是、高水平的保护建设规划，对今后发展至关重要。

5、游客容量控制。古地道容量有限，古街道空间有限，不能让游人过多，尤其古地道保护难度大，要专题研究，采取切实有效措施才行。

七、加强"古堡探谜"研究。谜本身就是价值，可以促进旅游的发展，张壁古堡至少有十大谜。

1、古地道之谜。何时何人所挖？至今已通千余米，未见何物？到底何用？

2、可汗庙之谜。何以祀刘武周，何人建、何时修？

3、铁色泥像之谜。何时铸？

第28页共

4、古堡兴建历史之谜，古堡起源？先军事？先生活？变迁沿革？

5、孔雀兰之谜，孔雀兰琉璃配方？何人发明？工匠是谁？现可否继承？

6、风水树之谜，树的穴位？槐抱柳？

7、鱼脊S形街之谜，何以不直求曲？

8、反向风水选址之谜，何以选此建堡？四周山水关系？

9、二郎庙、瓮城关系之谜，二郎神少眼何故？

10、金代三墓葬之谜，与古堡关系？何以无人？谁建？

《小城镇建设》杂志总编 高潮

张壁古堡是我们去年在做《晋中增刊》时探入该村发现的，认为它虽是很小，但地上地下形态完整、内容丰富，具有军事史、城市建设史、古代建筑、古代民居、宗教、人文风俗、工艺等多方面的价值在国内甚至全世界都非常罕见；尤其是地下的军事地道立体交叉体系完整，而地上的村落形态又十分丰富，形成独特景观，在全国是独有的，具有旅游开发的垄断性。下面发表一点粗浅的意见，供大家发言时参考，旨在抛砖引玉。

一、张壁古堡的命名和历史。

宋代以前，依据《创建空王祠碑记》：唐贞观八年，长安耆老来绵山祈雨，有灵，李世民来绵山空王祠，没有见到，空王隐入绵山抱腹岩摩斯塔银空洞，此洞现在还在，有碑。空王在此住了一晚上，修空王祠，是因为各个州县每年三月十七，到绵山朝圣中途不便，张壁古堡是朝圣的要路。张壁村金墓志铭："大定四年，汾州府灵石县张壁村祭主张身伙为安葬祖父母"等记载，可见在金代之前，张壁村早已存在。

二、张壁古堡的位置。

晋中平原向东北可以与华北平原相联系，向南沿汾河可以到临汾运城，进而过黄河适秦朝的都城咸阳。介休"东望蛋簇之山，西踞雀鼠之谷，绵山峙其前，汾水经其后"，是晋中平原到灵石以南山区的门户，过了介休就是一马平川，直接到太原，控制介休，就控制了汾河滑河平原与晋中盆地的联系，所以是著名的古战场。清代嘉庆24年的《介休县志》称是"冲甜崎岖，水经夸地险，为古战场"，雀鼠谷是住兵之地，张壁古堡在文堂岭之东，在介休到绵山的咽喉之地，一旦战败便可退守绵山，是后勤保障基地，也是兵家必争之地。

三、张壁古堡的性质。

（一）"邑"的特点，张壁村境内的夏商文化寨子疙瘩和蝎头遗址，见介休市文物部门整理的《张壁村夏商文化遗址初探》，堡是土筑的小城，《礼记·檀弓》："遇负杖入保者息"，注："堡，县邑小城"。张壁具有"丰"字型的街巷格局，西北东南走向的主轴，沿主轴布置重要建筑，具有古代社会聚落的某种形态，为远古的孑遗。

（二）军事要塞，张壁古堡军事气氛浓厚，主要有以下几点：

一是地道，地道的特点有：①精心规划和设计，张壁古堡三面环沟，有大量的土层断面，便于进行立体设计，往外运土，是能够进行三层立体的前提条件；地道显然是出于军人或者是军事专家之手，不是老百姓所为；②地道讲阴阳，暗含奇门之术，比如军事设施都是成组的，平面成组，立体成组。唐初是我国术数成熟期，唐初吕才、李淳风，《己巳占》、《开元占经》、符囊、术数类的东西层出不穷，若是唐代，必讲究地下战阵；③规模庞大，出入口很多，系统性强，是非常成熟的军事防御和进攻的体系；④是明堡暗道式的，出入口与居民住宅相联结，少见。二是瓮城，瓮城多设在县城以上，村落中很少见，城内堡门一道道，堡墙瓮城，在当今

张壁古堡文化研究院揭牌仪式现场

山西凯嘉张壁古堡文化研究院名誉院长
张颔先生在揭牌仪式上讲话

山西凯嘉能源集团董事长路斗恒和张颔老先生亲切交谈

守护古建

张颔对介休古建的保护和修缮工作，更是尽心尽力。介休祆神楼，据考证为中国唯一仅存的祆教建筑。位于介休市顺城关大街东端，根据殿内《重修三结义庙碑记》记载，该庙在北宋仁宗时期，由宰相文彦博出资建造，明代时，朝廷一度打压祆教，险些被拆毁，幸亏当时介休县令将殿堂内的主像更换为刘、关、张兄弟，才得以保存了这座祆神庙。祆教是指琐罗亚斯德教，是在基督教诞生之前中东最有影响的宗教，是古代波斯帝国的国教，也是中亚等地的宗教。在中国称为“祆教”，也称火祆教、拜火教。早在北魏时传入中国。现存的祆神楼为清康熙年间重修的规模，距今也三百多年历史了。就是这样一座珍贵的古建筑，在20个世纪70年代后期，差点被卖给当地一家企业拆毁。据介休市博物馆原馆长师延龄先生在《三晋名楼祆神楼维修始末》中回忆：“一九六三年三月，省调整省级文物保护单位，因祆神楼塌毁严重，下放为县级保护。文革初，山西省人民出版社利用介子推庙旧址修建了十间库房，做印毛选用纸的纸库。文革后，山西人民出版社将三结义庙纸库的所有权移交省新华书店。一九七六年初，省新华书店又将这处财产给了介休县新华书店。同年七月，介休县新华书店将十间库房、两间门房和三结义大殿、献殿、戏楼的地皮以36000元的价格卖给介休县拔丝厂。协议书上写的很具体，大殿、献殿、戏楼木结构的所有权归文物管理部门，待其塌毁后由县博物馆清理，其地皮就归拔丝厂使用。笔者发现这一情况后，即找有关领导反映情况，并和拔丝厂的管理部门介休县经委交涉，均不得要领。当时，拔丝厂已经在庙的西侧，挖基础建办公楼。情况已经是木已成舟，无法挽回了。在此关键时刻，适山西省文物局副局长、山西省考古研究所所长张颔先生来介休，为河北省文物局张守中计划出版的《中山王墓厝器文字编》写序。和笔者交待：'这次来介休是私人访问，不要惊动县委领导。'待笔者向张颔副局长汇报了三结义庙被卖掉的情况后，他立即和笔者步行到拔丝厂施工现场，表示这是山西省继五台县出卖文物保护单位的又一严重事件。当即，又和笔者步行到县委找当时的县委书记张怀仁，张怀仁书记下乡，不在机关，便请办公室的同志转达，要求安排时间和书记面谈。当日下午，书记张怀仁、县长贾会闻、副书记任清海、常务副县长郭升恒到张颔先生住地，县委第一招待所回访。祆神楼问题得到县领导的大力支持，责成副书记任清海同志协调解决，最后决定终止新华书店和拔丝厂的买卖协议。由博物馆还以 36000 元的价格，从拔丝厂将库房购回，新华书店赔偿拔丝厂 3000 元施工损失。张颔先生回到太原后，即和分管古建的文物局副局长、山西省古建研究所所长李正云同志交换了意见。由省古建所向介休县拨款 40000 元，才将祆神楼和纸库购回，直接置之于文物部门管理下，可以较从容地考虑其修复。”从中可以看出，如果当时他的态度不是很积极，或者拖延拖延的话，也许就没有今天的全国重点文物保护单位祆神楼了。

国宝揽胜 文化介休 WEN HUA JIE XIU

三晋名楼祆神楼维修始末

◇ 师延龄

介休市祆神楼，坐落在介休市城北顺城关大街的东尽头。是附属于三结义庙的乐楼。据清嘉庆重修《介休县志》卷三载："三结义庙在东关文潞公祠之右，旧为元(玄)神楼，万历年间知县王宗正改建。"庙除乐楼外，还存有大殿五间和殿前的三间献亭。大殿、献亭、乐楼构成一条南北向的中轴线。据碑记：明万历时知县王宗正改建的三结义庙，在清康熙初毁于火，现存大殿和乐楼均为康熙初新建的。有乐楼正脊宝瓶下康熙六年题记和大殿琉璃脊内墨书"康熙六年"为证。献亭是乾隆五十一年新建。

祆神楼民国老照片

乐楼由戏楼、山门、过街楼三部分组成。平面呈凸字形，总深度 20 米，戏楼前突出的抱厦及过街楼的面阔，进深均为三间，戏楼较宽部分面阔五间，进深四间，带周围廊。下层是大门，上层是戏楼。因此，这个建筑有三个作用，它是三结义庙的山门和乐楼，又是顺城关大街街心的点缀。无论乐楼和过街楼，都是上下两层，但加上一、二层间的乐楼和上层的重檐共达四层高。这样的高大的建筑物在庙内有限的空间是容纳不下的，所以，在不影响交通的情况下，将其一部分扩张到街心，既达到雄壮稳定的设计要求，又突出了街心的重檐十字歇山顶的过街楼，和它东面原介休县城，外城高大的城门楼相对峙。营造了原介休县城的一处美妙景观，可见其设计思想是独具匠心的。遗憾的是旧城、外城门楼被阎锡山的守军改为炮楼，城门城墙也在解放后五十年代拆除了。

维修前祆神楼西立面

036

文化介休 WEN HUA JIE XIU 国宝揽胜

祆神楼维修前东立面

祆神楼维修前戏楼部分残损情况

介休县城内，原有九座明清时的楼阁，现仅存祆神楼和后土庙内的三清楼。其余七处全毁于解放前阎锡山统治时期(一九四五年———九四七年)。祆神楼因地处偏僻的外城东北隅，距东面外城东关的城门仅三十米。解放前夕，阎锡山守城军队将过街楼作为守城的第二道防线，也改作碉堡使用，遭到严重破坏。解放后，在一九五一年，文化部、文物局组织了山西省古建筑调查团(由全国知名的古建专家组成）来介休考察时，祆神楼已经倾斜歪扭，情况相当严重。陈明达先生在调查报告中这样写道："这样的建筑在艺术上达到了极高的成就，在古代建筑遗物中是不可多得的，绝对不能因为它时代较晚而忽视了它。"这是对维修抢救祆神楼发出的最早呼吁。一九五七年五月，山西省人民委员会将祆神楼公布为山西省第一批重点文物保护单位。上世纪六十年代初，文革前，介休博物馆申报，山西省曾拨款抢修排险，由县建筑工程队施工，但因墙柱大部分断折，木装修全部破坏，戏楼西侧二重檐已经塌毁，过街楼四根经柱歪扭，楼体失去平衡，向西南方向倾斜，无法校正排险，只简单支顶，草草完工。

一九六三年三月，省调整省级文物保护单位，因祆神楼塌毁严重，下放为县级保护。文革初，山西省人民出版社，利用三结义庙大殿和庙东介子推庙及在明末做过阉臣的魏忠贤生祠(传)的××庙旧址，修建了十间库房，做印毛选用纸的纸库。

一九七二年，戏楼北面二重檐连同戏台前三间抱厦及抱厦东西八字影壁塌毁；一九七三年，驻介炮旅卡秋莎炮车，从过街楼下通过，撞折了楼东北侧承重柱，致和二重檐连在一起的抱厦下沉，主管单位协同炮旅即时支顶，避免了抱厦塌毁。文革后，山西省人民出版社，将三结义庙纸库的所有权移交省新华书店。一九七六 年初，省新华书店又将这处财产给了介休县新华书店。同年七月，介休县新华书店将十间库房、二间门房和三结义庙大殿、献殿、戏楼的地皮以三万六千元的价格卖给介休县拔丝厂。协议书上写的很具体，大殿、献殿、戏楼木结构的所有权归文物管理部门，待其塌毁后由县博物馆清理，其地皮就归拔丝厂使用。笔者发现这一

037

情况后，即找有关领导反映情况，并和拔丝厂的管理部门，介休县经委交涉，均不得要领。当时，拔丝厂已经在庙的西侧，挖基础建办公楼。情况已经是木已成舟，无法挽回了。在此关键时刻，适山西省文物局副局长、山西省考古研究所所长张颔先生来介休，为河北省文物局张守中计划出版的“中山王墓厝器文字编”写序。和笔者交待：“这次来介休是私人访问，不要惊动县委领导”。待笔者向张颔局长汇报了三结义庙被卖掉的情况后，立即和笔者步行到拔丝厂施工现场，表示，这是山西省继五台县出卖文物保护单位的又一严重事件。当即，又和笔者步行到县委找当时的县委书记张怀仁，正值张怀仁书记下乡，不在机关，便请办公室的同志转达，要求安排时间和书记面谈。当日下午，书记张怀仁、县长贾会闻、副书记任清海、常务副县长郭升恒到张颔先生住地，县委第一招待所回访。祆神楼问题得到县领导的大力支持，责成副书记任清海同志协调解决，最后，决定终止新华书店和拔丝厂的买卖协议。由博物馆还以三万六千元的价格，从拔丝厂将库房购回，新华书店赔偿拔丝厂三千元施工损失。张颔先生回到太原后，即和分管古建的文物局副局长、山西省古建研究所所长李正云同志交换了意见。由省古建所向介休县拨款四万元，才将祆神楼和纸库购回。直接置之于文物部门管理下，可以较从容地考虑其修复。

开始酝酿祆神楼的修复，是一九七七年，当时的山西省文物局分管古建的副局长李正荣同志，在后土庙复原工程初具规模稍见成效的时候，提出修复祆神楼的设想。并在一九七八年，国家文物局组织的云岗石窟、南禅寺、广胜寺三大工程验收组途经介休时，特意安排在介休作短暂的停留，希望祆神楼的修复得到国家文物局的支持。但验收组的领导和专家们看了祆神楼的现状后，心情均很沉重，只余总工程师说了一句话：“只剩下一堆劈柴了。”（古建专家祁美涛先生也在场，没有表态）。李正云局长在临行前心情相当沉重，对笔者说：复修的初衷决不能放弃，这次不行，可以再想办法，但要加强保护和管理。特别是要防止人为的破坏（当时，戏楼已被群众拆毁）。此后，山西省古建所建议，将祆神楼迁到太原市迎泽公园，作迎泽公园的南大门（还挂介休祆神楼的匾额）。这一计划，因太原市园林处提出，要将三结义庙大殿、献殿一并拆除，作搬迁祆神楼木材的补充，介休县委和政府领导没有通过而流产了。

一九七九年，介休发生五级地震，祆神楼戏楼西侧二重檐塌毁，楼体更向东南居民集中的方向倾斜，县博物馆及时向省古建所和县地区领导作了汇报。为此，李正云局长专程到介休，和介休县人民政府领导研究祆神楼的排险和修复。商定由介休县财政拨款二万元，进行排险支顶。省文物局积极筹划维修经费。支顶工程于一九八一年十月上马，由县民房建筑公司承包，博物馆副馆长师延龄负责。工程进行了整整一年，于一九八二年十月结束。

一九八二年八月，在祆神楼支顶排险工程进行中间，李正荣局长又陪同国家文物局副局长沈竹到介休，视察了祆神楼和后土庙，并给予很高的评价。一九八二年底，国

师延龄《三晋名楼祆神楼维修始末》

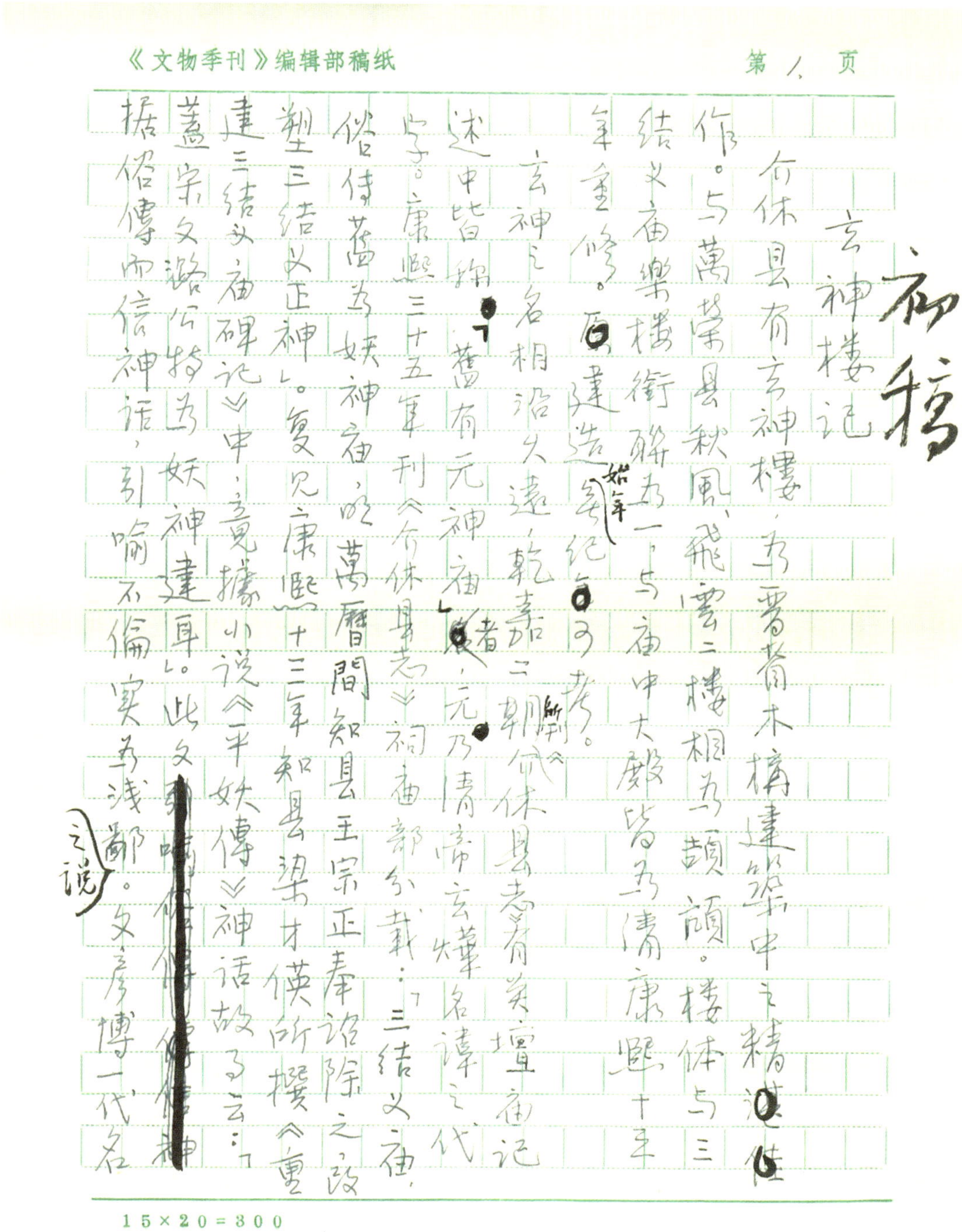
《文物季刊》编辑部稿纸　第1页

玄神楼记　初稿

介休县有玄神樓，为晋省木構建築中之精品。与萬榮县秋風、飛雲二楼相为頡頏。楼体与三结义庙樂楼衔联为一，与庙中大殿皆为清康熙十年重修。始建年代已无可考。

玄神之名相沿久远，乾嘉二朝所修《介休县志》有关坛庙记述中皆称"旧有元神庙"，元乃清帝玄燁名讳之代字。康熙三十五年刊《介休县志》祠庙部分载："三结义庙，俗传旧为妖神庙，明萬曆間知县王宗正奉詔除之，改塑三结义正神。"复见康熙十三年知县梁才俊所撰《重建三结义庙碑记》中，竟據小说《平妖傳》神话故事云："盖宋文潞公將为妖神建庙。"此文据俗傳而信神话，引喻不倫，实为浅鄙。文彦博一代名

15×20=300

《玄神楼记》初稿手稿

1976年，介休祆神楼作价卖给了当地企业，他得知后，积极和各方沟通，最终保留了这处弥足珍贵的古建筑。到八十年代末，祆神楼因楼体下陷，岌岌可危，张颔又为保护修缮工作奔走呼吁，多方筹款，并在维修竣工后为此楼作序《玄神楼记》。

吕，学贯经史，博通典则，[redacted]习遵礼仪，所言必经。常妖之说，史籍罕徵。《平妖传》为元明小说家言，内容荒诞离奇，岂能作信史據证？玄神之名，邑志有记，妖神之说，仅有传闻，殁诸碑碣。至清光绪间，邑人李敬愚氏復聘其肥说，竟以玄为妖祆之字，为胡天祆字[redacted]形音之讹。故断玄神即祆神，设为波斯火祆之神。按胡天火祆为胡人之拜火教，中国之祆祠为唐武宗年始置，敕为祆僧拜祭之所，唯胡人奉信而禁汉民祈祭。[redacted]还至唐代末期，已同摩尼教同为禁绝。唐祆祠之设仅有长安、[redacted]洛阳、凉州、镇江[redacted]诸[redacted]地，通晋县邑无祆僧者均不见史籍，宋元时，洛阳等地虽尚有残余，但为胡僧[redacted]还俗，後裔胡家之私祀。[redacted]何以明方隋间至宗正为知县时，竟有火祆之祠存在，况此祆寺

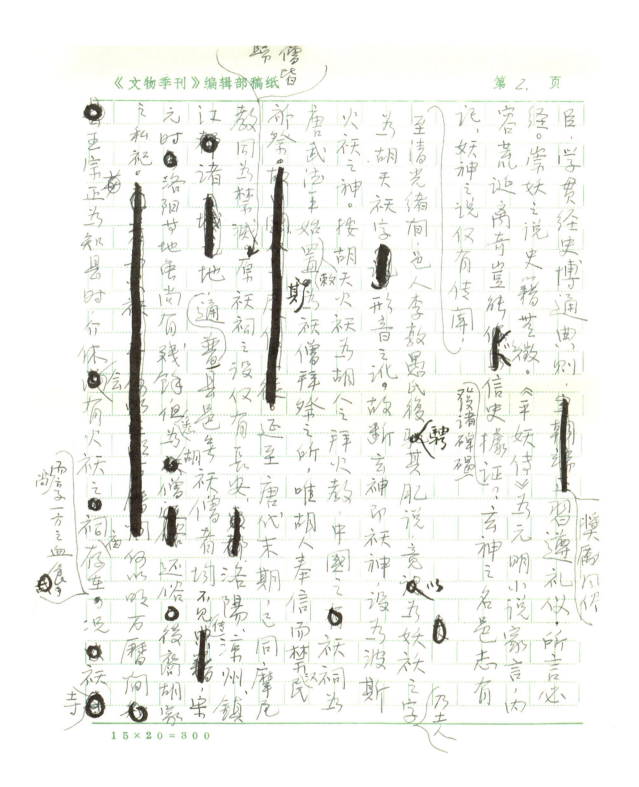

而言之一方之血食

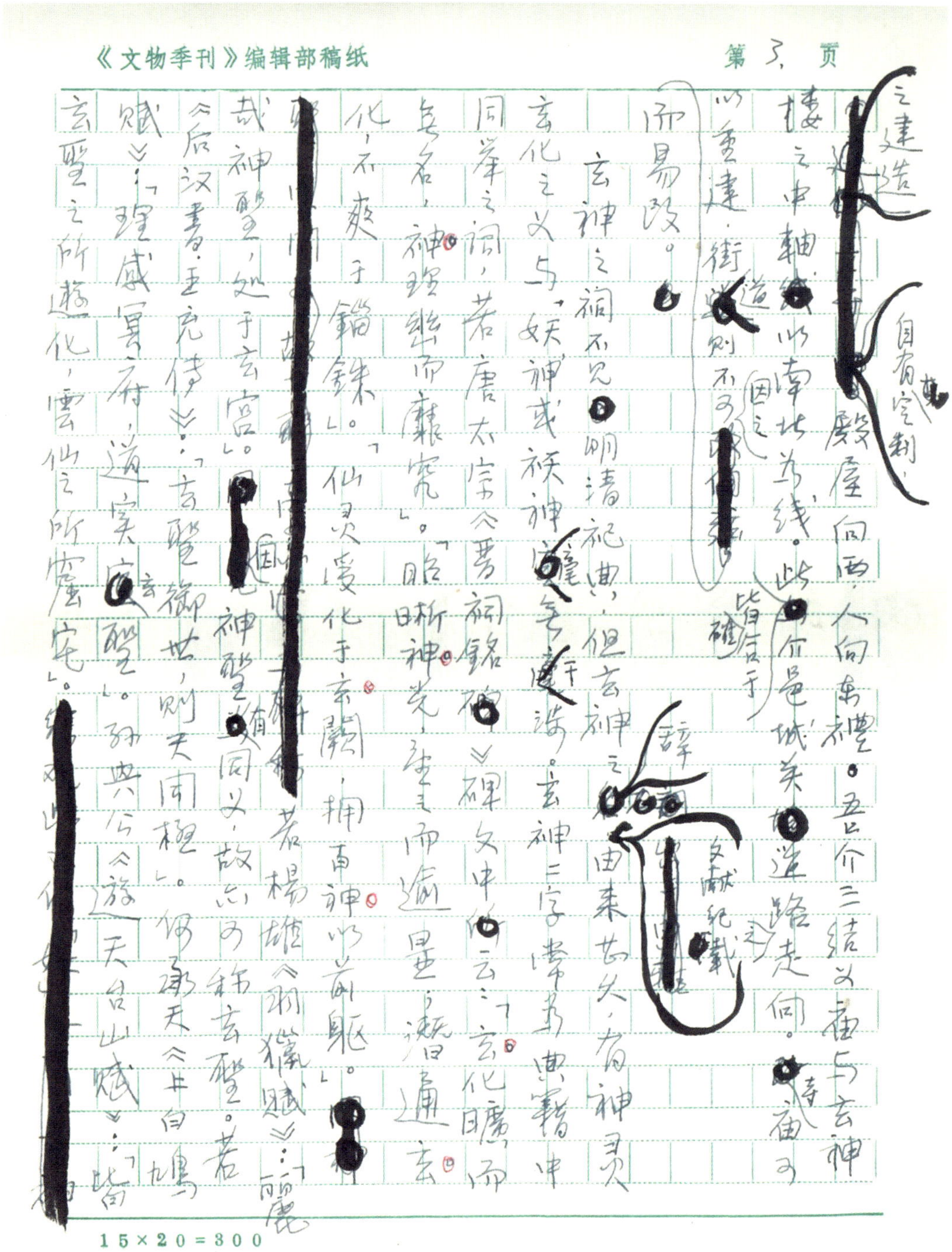

《文物季刊》编辑部稿纸　　第 3 页

之建造自有定制，殿屋向西，人向东礼。吾介三结义庙与玄神

楼之中轴以南北为线。此介邑城关道路走向。寺庙皆合于

以重建，街道则不可

而易改。

玄神之祠不见明清祀典，但玄神之由来古久，有神灵文献纪载

玄化之义与妖神或祆神无干。玄神二字常见典籍中

同义之词，若唐太宗《晋祠铭》碑文中云："玄化旷而

无名，神理幽而难究。""昭晰神光，凝之而逾显；潜通玄

化，不爽于锱铢。""仙灵变化于京阙，拥百神以前驱。"

若扬雄《羽猎赋》："丽

哉神圣，处于玄宫。"神圣犹同义，故亦可称玄圣。若

《后汉书·王充传》："玄圣御世，则天同极。"何承天《上白鸠

赋》："理感冥府，道遍宇宙玄圣。"孙兴公《游天台山赋》："皆

玄圣之所游化，灵仙之所窟宅。"

15×20=300

[redacted]乃道家之[redacted]老子曰：「玄之又玄，眾妙之門」。蘇轍云：「凡遠而無所至極者其色必玄，故老子嘗以玄寄極也」。玄神者何？概玄樓崇極諸天神皆寄也[redacted]俗所謂祆，祆之說皆謬于典籍，乖于情理。

神聖托玄

精粹之論

[redacted]

玄神樓自康熙初重建以來，迄今已三百多年，歷經自然、人為侵蝕，破壞已甚，結構鬆散，岌岌可危。[redacted]行人皆趨避而行。[redacted]一九八八年在國家文物局、省文物局、介休縣政府領導下，于一九八八年八月開始修建工程，于一九八八年八月告竣。縣博物館師君延齡之功，成其事者，挽危樓于既倒，[redacted]實有功于[redacted]百五代之[redacted]流傳也。[redacted]玄神樓亦當街而但從傳與三結義廟之戲樓相聯為一，[redacted]與三結義廟大殿皆為介休之古建築之維修詳情，別有專紀。

張頷

一九九一、十一月十二日

[redacted]

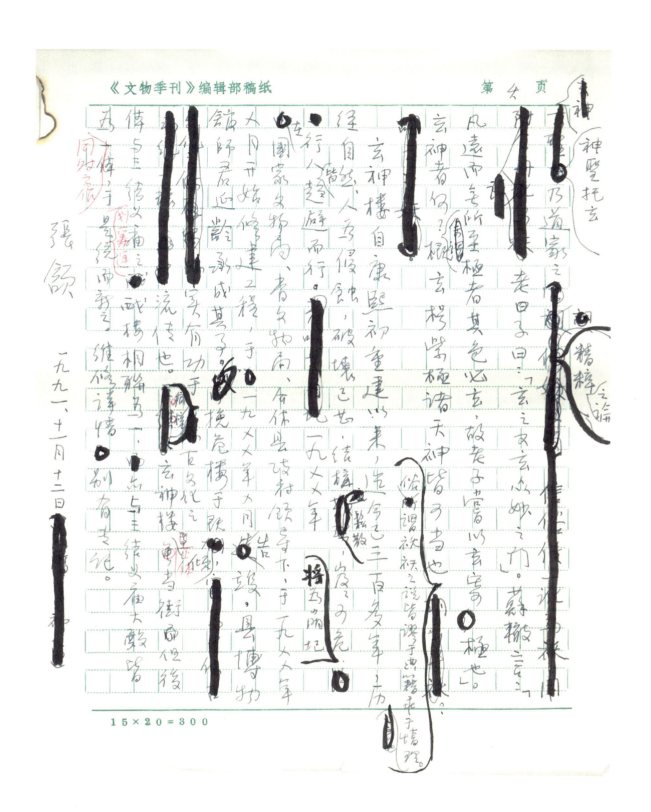

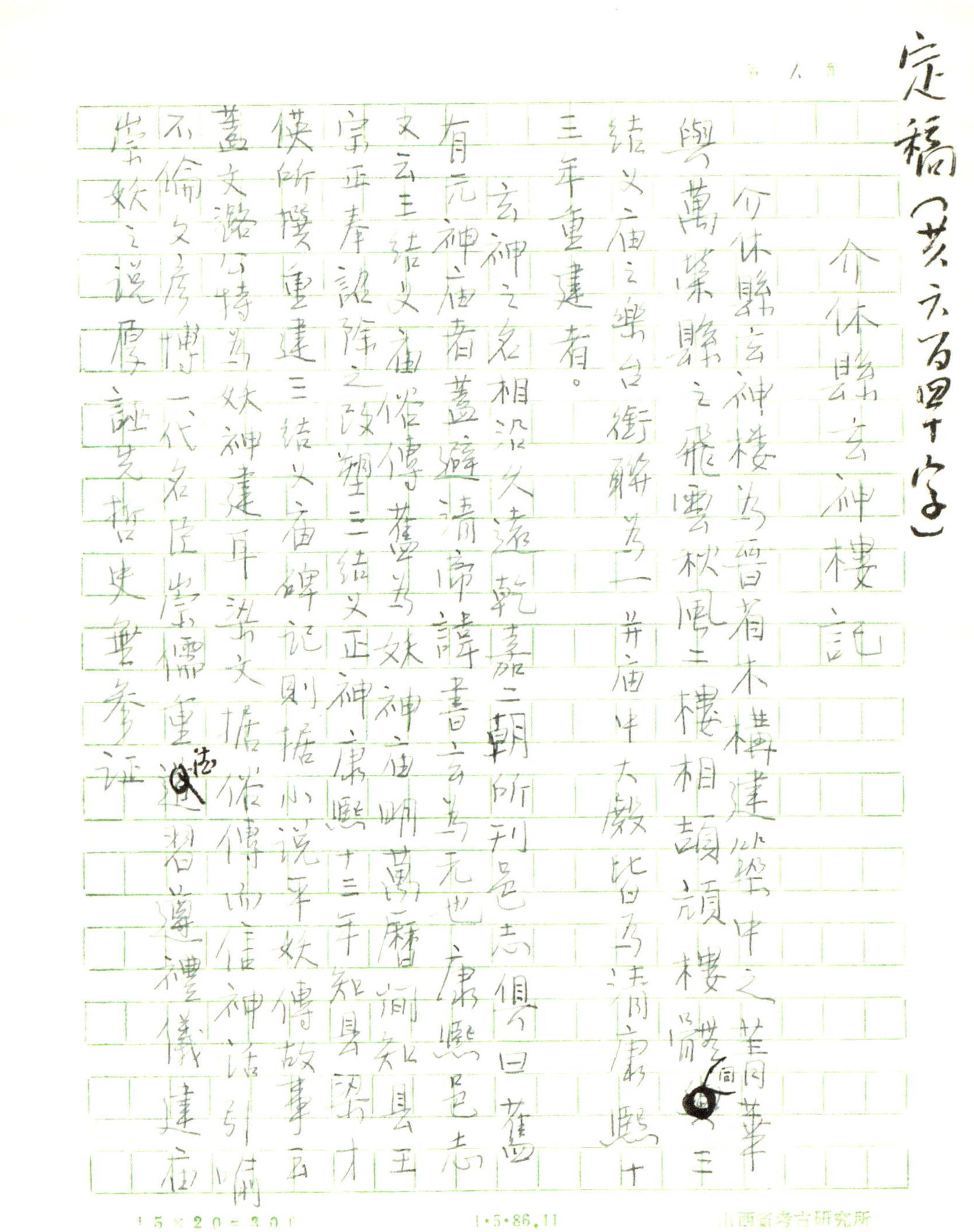

定稿（共六百四十字）

介休縣玄神樓記

介休縣玄神樓為晉省木構建築中之菁華與萬榮縣之飛雲秋風二樓相頡頏樓體同于結義廟之樂台衔聯為一并廟中大殿皆為清康熙十三年重建者。

玄神之名相沿久遠乾嘉二朝所刊邑志俱曰舊有元神廟者蓋避清帝諱書玄為元也康熙邑志文云主結義廟俗傳舊為妖神廟明萬曆間知县王宗正奉詔除之改塑三結义正神康熙十三年知县梁才俠所撰重建三結義廟碑記則據小說平妖傳故事立蓋文潞公特為妖神建耳梁文據俗傳而信神話引滿不倫文彦博一代名臣崇儒重道習遵禮儀建廟崇妖之說厚誣先哲史無參証

15×20=300　　1·5·86.11　　山西省考古研究所

《介休县玄神楼记》定稿手稿

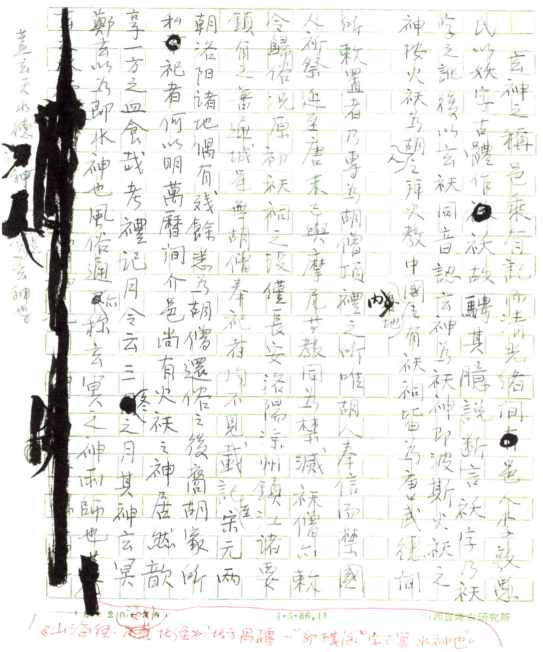

玄神之稱邑乘有記而清光緒間有邑人七字數思氏以妖字古體作袄故疇其臆說斷言袄序乃袄字之訛復以玄袄同音認玄神為袄神即波斯火袄之神按火袄為胡人之拜火教中國內地唐有袄祠皆為唐武德間所敕置者乃專為胡僧頂禮之所唯胡人奉信而禁國人所祭延至唐末已與摩尼教同為禁滅袄僧亦敕令歸俗況原初袄祠之設僅長安洛陽涼州鎮江諸要鎮有之普通城邑無胡僧奉祀者均不見載記至宋元兩朝洛陽諸地偶有殘餘悉為胡僧還俗之後裔胡家所私祀者何以明萬曆間介邑尚有火袄之神居然歆享一方之血食哉考禮記月令云三冬之月其神玄冥鄭玄以為即水神也風俗通義稱玄冥之神雨師也[redacted]

蓋玄天水德之神[redacted]玄神也

《山海經·海外北經》"北方禺彊……"郭璞注"字玄冥，水神也。"

3、

玄神楼自清重建迄今三百餘年歷经風雨剝蝕及人為摧殘破壞特甚結構散落日見崩圮介休县為保護文物特成立玄神楼修建工程專门機構在国家文物局山西省文物局介休县政府領导下于公元一九八四年鳩工修建于一九 年 月竣事并三结义庙大殿統而新之遂使此文化古蹟得以保全而县博物館師君延齡躬成其事致力為多維修詳情别有專记可參覽焉

辛未仲月邑人張頷撰

15×20=300　1·5·86,11　山西省考古研究所

张颔先生与“介休县玄神楼记”

●师延龄

介休玄神楼(庙),据有关资料,已有三百余年的历史。清康、乾、嘉三朝的邑志中均为元神庙(康熙名玄烨避讳改玄为元)。解放后,山西省人民政府公布的省级文物保护名单中,名为玄神楼。1952年,文化部文物局,组织古建专家对全国古建筑进行普查时,古建专家陈明达先生调查报告中也称之为玄神楼。李维飞同志在《科学之友》1987年第一期中发表的“山西古建筑与城市特色的创造”一文(后收入“城市特色与古建筑”一书中)中这样描述:介休县城内的玄神楼是清代康熙、乾隆年建造的,其平面布局很有特色……然而,这样一个难得的艺术珍品,现在却频临倾覆的危险。可见,介休玄神楼在全国古建筑界的知名度之大。是玄而不是祆。

上世纪八十年代,玄神楼工程上马民国时,以玄神楼命名的“玄神楼巷”蓝底白字的珐琅质的路标,还赫然在目,顺城关的群众无论男女老幼,均称之为玄神楼。

“祆”神楼说法的发现,始于邑人李敦愚撰写的《光绪介休志》未刊本(本抄本缺人物志及志余)中,根据康熙十三年《重建三结义庙碑记》中,“盖文潞公为祆神建”的传说,遂认“祆”为“祆”。《光绪介休志》的手抄本,藏于山西省文物工作委员会资料室,(即山西省文物局资料室),古建队的同志们(后改山西省古建筑保护研究所)根据李敦愚的说法,将“介休玄神楼”易为“介休祆神楼”(介休玄神楼原为省级保护单位,文革前因其破损严重,下放为县级保护单位,但仍为玄神楼,上世纪八十年代后期,玄神楼工程尚未全部竣工时,山西省人民政府又将其升格为省级保护单位,“祆”神楼的易名即从此始)。

1990年,玄神楼及三结义庙大殿、献殿,落架大修工程完之后,按惯例,要立碑记,说明建筑的年代,沿革,维修前的情况,经费来源、施工单位等情况,我请示县领导,领导让我写,我没有敢接受。一来,我人微言轻,不能担此重任。二来,工程从始至终是我主持,难于下笔,恐有老王卖瓜之嫌。况且,“祆”神楼这个名字,我总感觉得有违历史的实际,群众们不好理解。考虑再三,只有文化、文物界重量级人物,且最好是介休人,还必须是熟悉玄神楼的人来写,才有分量。

张颔先生是介休人,他的母亲又是顺城关人。其外祖家就在顺城正街,距玄神楼只有百米之遥;上世纪八十年代,介休新华书店将玄神楼、三结义庙,出售给介休拔丝厂的公案中,使玄神楼和三结义庙,复归文物部门管理,先生起了决定性的作用。他对玄神楼是有感情的。况且,他是文物考古专家,又是国内少数的硕儒大家,治学严谨,一言九鼎,撰写碑文的人选,非他莫属。大约是1991年夏,我到太原先生寓所,请先生撰写碑文,(当时先生已退休)

他很痛快的答应了我的请求,并问我怎么写?我说,你说怎么写就怎么写,但主要是要为玄神楼正名。先生很快就将毛笔正楷写好的碑文寄给我。

碑文有力的批驳了为祆神建和“祆”祠之邪说。并考证《礼记·月会》云:“三冬之月,其神玄冥”。郑玄以为即水神也。《风俗通》亦云:“玄冥之神水神也”。盖玄天水德之神,是为玄神者明矣。张颔先生终于将玄神楼的名正过来了。我在1993年,向国家文物局申报玄神楼为国家级保护单位的材料中,将张颔先生《介休玄神楼记》的碑文墨迹复印件,一并呈送。在国家文物局召集古建专家审核时,升格国保的目的达到了,但名称还是定为“祆神楼”。并于1996年,第四批国家级文物保护名单中予以公布。张颔先生撰写的《介休县玄神楼记》碑文,至今没有勒石的原因,即在于此。

《介休县玄神楼记》碑文,曾于1998年《介休文史资料》第七辑收录,现已过了整整廿年,流传不广,知之者甚少。在张颔先生逝世后,《文化介休》刊登了不少纪念文章,但先生这篇有关乡邦的经典文献,却无人提及,现借《文化介休》一角,将原文抄录于后,以广流传。

介休县玄神楼记

介休县玄神楼,为晋省木结构建筑中之精华,与万荣县之飞云、秋风二楼相颉颃。楼体与三结义庙之乐楼衔联为一,并庙中大殿,皆为清康熙十三年重建者。

玄神之名,相沿久远。乾、嘉二朝所刊邑志,俱曰,旧有元神庙者,盖避清帝讳书玄为元也。康熙邑志又称,三结义庙,俗传旧为妖神庙,以万历间知县王宗正奉诏除之。改塑三结义庙正神。康熙十三年,知县梁才英所撰《重建三结义庙碑记》,则据小说《平妖传》故事云,“盖潞公为祆神建耳”。梁文信俗传而摭滥记,引喻不伦。文彦博一代名臣,崇儒术,重礼义,建庙崇妖之说,厚诬先贤,史无参证。

清光绪间,有邑人李敦愚氏,以“妖”字古体“祆”,乃骋其臆说,断言“妖”字乃“祆”字之讹,复以“玄”、“祆”同音。遂以玄神为“祆”神。即波斯火祆之神。按火祆为胡人之拜火教。中国内地之有祆祠,皆为唐武德间所敕置者,乃专为胡僧礼拜之所,唯胡人奉信,而禁国人祈祭,迨至唐末,已与摩尼等教同为禁灭。祆僧亦敕令还俗。况唐初“祆”寺之设,仅长安、洛阳、镇江、扬州诸要镇有之,普通城邑无胡僧奉祀者,均无载记。至宋元两朝,洛阳诸地,偶见残余,悉为胡僧还俗之后裔,胡家所私祀者,何以明万历间尚有火祆之神,居然“歆享一方之血食哉”。考《礼祀.月令》云“三冬之月,其神玄冥”,郑玄以为即水神也。《风俗通》亦云“玄冥之神,雨师也”。盖玄天水德之神,是为玄神者明矣。何干乎“祆”、“祆”。

玄神楼自清重建,迄今三百余年,历经风雨剥蚀及人为的摧残,破坏特甚,结构散落,立见崩圮。介休县为抢救文物,特设立玄神楼修建工程专门机构,在国家文物局及山西省文物局,与介休县政府领导下,于1984年6月,鸠工兴建,于1990年竣事,并之三结义庙大殿,统而新之,使此文化古迹幸得保全,而县博物馆师君延龄,承成其事,效力为多,修建详情,别有专记,可参览焉。

辛未冬日　邑人张颔撰文

全文短短七百余字,除说明玄神楼的历史、维修前的现状、工程的领导组外,澄清了两个问题。首先是对“祆”神的批判。这个问题张

师延龄撰《张颔先生与“介休县玄神楼记”》

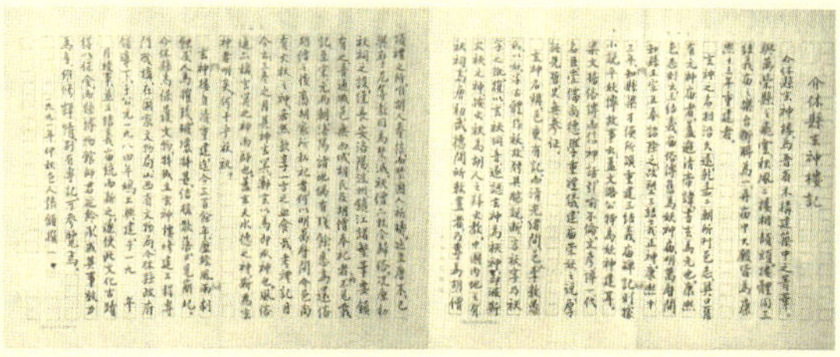

颔先生早在 1983 年《介休县志通讯》第六期，发表的“从《光绪介休志》末刊本的得失谈有关地方志编纂的几个问题”中作了详尽的论述。其论据和史学家陈垣先生 1992 年发表的“火祆教入中国考”，及史学家邓子诚先生《中华二千年史》中，有关祆教的考证不谋而合；复旦大学教授周予同先生在 1932 年编写的《开明本中国史教本》，“祆教”的教材中也有相同的论述，可谓智者所见略同。周予同先生教本中对“祆教”的阐述比较简要概括，现抄录于后：“‘祆教’为公元前六世纪波斯人祚禄亚斯太所创。它的教义以为宇宙有阴阳二神，阳神主善，阴神主恶，以天、日、月、及火为阳神的象征，加以膜拜，所以又名拜火教。南北朝时（公元六世纪末），北齐、北周都有拜胡天的仪式，盖已传入中国。到了唐初（公元七世纪初），大食国兴，征服异教，于是西域奉祆教的都避居中国，公元六三一年，唐太宗贞观五年，教徒何禄赴阙入奏，因敕立祆寺，置祆正等官，主祠祆神，选胡人充任，……但禁止汉民信奉，……唐武宗时（公元 845 年），与摩尼教、景教等同遭废除，……祆教与摩尼教都推行不久，对于后代社会没有多大影响。”可证，介休有祆教、祆祠之说，可以休矣。

碑文中对玄神即水神的论证，既出于经典，又符合历史上介休地理水环境的实际。介休地区是水资源丰富的地区，汾河在西北边沿通过；石桐水从岩沟流出；后堡泉、洪山泉、石屯村的槐泉、柳泉、东西湛泉村的湛泉、三道河村的葫芦泉、扁担泉在平地涌出，溉田几十万亩，水德之神，赐于介休人民的福祉，可谓大矣，修建玄神（水神）之庙，使其岁岁血食，永保介休黎民之丰稔，不亦宜乎。

宗教是社会生活的总汇，神鬼观念渗透于我们生活的方方面面，从人的价值取向，我们的先民在介休土地上，修建了和我们生活密切相关的，及有利农业的民俗神庙，如：西街政府院内，有牛王庙、马王庙，草市巷五岳庙东，有祈免虫害的八蜡庙，西门外瓜市街有火神庙，东街关帝庙西，毗连的财神庙，顺城关正街的玄神（水神）庙，先民们敬奉这些神祇的目的，一是祈福，二是免灾，水与火，是我们一刻也离不开的，但人因不慎，它给人造成的祸害是致命的；汾河从我县的西北边沿流过，既可溉田得利，又可泛滥成灾，所以，张颔先生对玄神即水神的认定，其论据出于经典，又符合我县水环境，和民俗信仰的实际，是泰山难移的。但“祆”教及祆神楼历史上在我县的存在，在《文化介休》第一期《域外飞来“祆神楼”》一文中又有了新论据。内容主要有以下几点，现将原文

037

摘录如下：

1、“宋初，祆祀列新朝祀典，宋太祖赵匡胤于下河东途中沿途遍建祆神庙”；

2、“明嘉靖帝下诏，全国除儒、释、道三教之庙外，其它均属淫祠，……时任知县王宗正为保全此处先贤神庙，将原主像改为《三国演义》中的刘、关、张兄弟，祆神庙遂成三结义庙，何以此改，庙中原祀祆教三神，刘、关、张也三人，附会也。与道教似，祆教亦众神崇拜之教。……”；

3、“……两河流域的苏美尔人，于公元前 3200 年，已发明楔形文字，以芦苇杆刻字于软泥，也象形文字，而殷商文发现最早者，公元前 1620 年刻写，西方学者为此推测前者曾影响过后者。伊朗南部、土耳其，美索不达尼亚一带于公元前 4000 年已使用青铜器，而商周青铜器的出现至少晚其 2500 年，且未发现渐变期成长作品，一出现即成熟期”。

其它，关于动植物的西来、风俗、丧葬文化等等“文化西来”的论述就不一一赘述了。

总之，“域外飞来祆神楼”一文，取材丰富，言之凿凿，丝毫没有给读者留下商榷的空间。现针对上述的论点，发表一点愚者一得之见，以供关心乡邦文化的专家学者及“文化介休”的广大读者参考。

首先，谈谈宋初，祆祀列入新朝祀典，宋太祖赵匡胤于下河东途中，遍建祆神楼庙。……这个史实的有无。赵匡胤原来是五代后周的重臣，陈桥兵变，兵不血刃，取得了后周柴氏的政权，建都大梁（今河南开封），建祆祠，列祀典的政务大事，为何“宋史”、“通典”不载？况且下河东，不可能途经介休，河东即河东郡（霍县以南至黄河、即现在的晋南），从开封下河东，由东向西，沿现在的陇海铁路直线西行到黄河的风陵渡口，即可到达运城，为何还要绕道介休？

“祆”教，在南北朝时传入中国，至唐最盛，唐武宗时灭佛，连同景教、摩尼教一并取谛，五代、两宋、元朝，虽有残余，但已转入地下，秘密活动。《魏书》、《齐书》、《周书》、《新旧唐书》均有记载，近代史学家陈垣先生，邓之诚先生，复旦大学教授周同予先生均持此论。祆教之说，可以定论，解放后，范文澜先生主持编著的《中国通史简编》，钱穆先生的国史大纲，均未提及“祆”教，因为“祆”教一词，已在中华大地消失有年了。至于明代知县王宗正废淫祠，阴奉阳违，为了保护先贤神庙“祆教”三神，以刘关张兄三人取代，更是正史、野史、邑志不载，只有知县王宗正才能说明事情的真相，这只能是作者的杜撰，无须加以评论了。

重要的是“中华文明西来”之说，很值得研究。上世纪初，西方学者趁我国经济、科技落后于世界的发达国家，抛出“中华文明西来的怪论”，企图否定我国五千年的文明史，但曲高和寡，昙花一现便烟消云散了。

我们并不否认幼发拉底、底格里斯两河流域的中东地区(伊朗、伊拉克及土耳其的一部分)，也是人类文明的摇篮。但从出土的文物资料证明，一点也不早于中华文明。

西方学者，关于中华文明西来的论据，正如“域外飞来祆神楼”一文中所说的“文字形成的影响，青铜文化的滞后，粟特商人丝绸之路的开辟”等等，如出一辙。

我们知道，我国的文字是由象形文字进化为方块字，影响到朝鲜、日本；西方文字为拼音符号文字，两者风马牛不相及，根本不可能互相影响。青铜文化，是 5000 年中华文明的重要组成部分，是我国由新石器时代进入到青铜时代的巨大飞跃。我国的青铜文化，就考古发掘的实物资料而言，青海南尕马台距今约 4000 年齐家文化墓葬出土的铜镜，甘肃省马家窑和

038

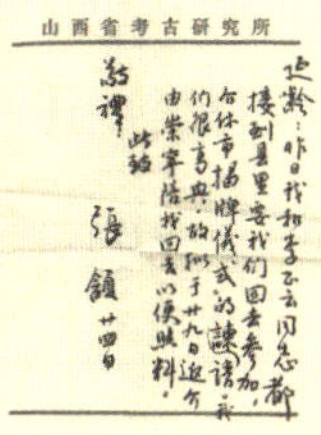

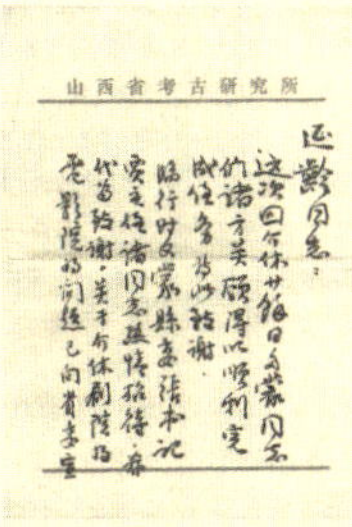

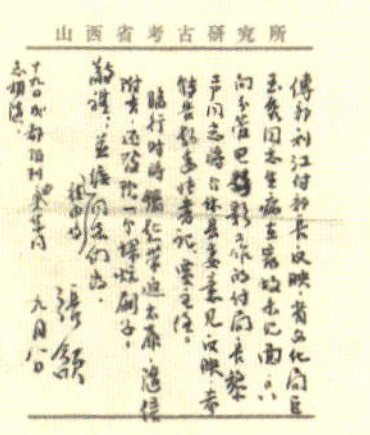

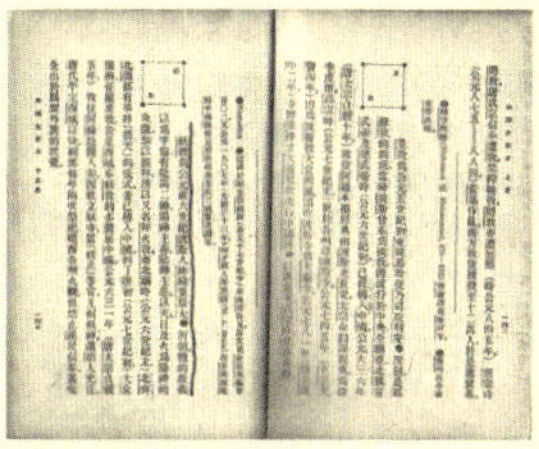

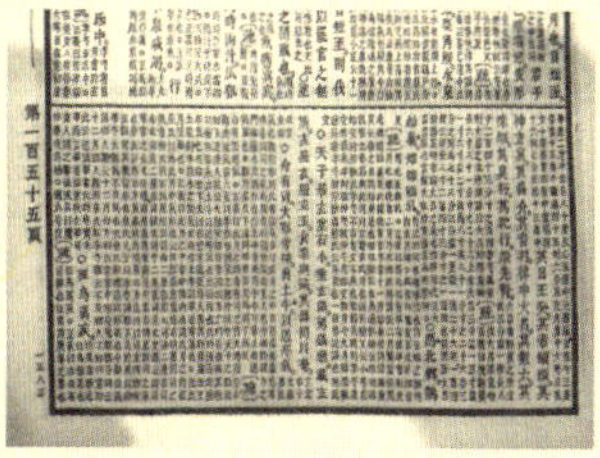

马厂遗址出土的铜刀（时间在公元前3000年）；还有在相当于夏代的河南二里头文化遗址中，出土了青铜爵、锥、小刀，说明我国中原地区已进入了青铜时代(公元3000年前)。可以说，我国青铜的发明，是一个划时代的创造，而青铜文化的艺术，更是独具特色和传统，尤其是商周青铜器，以其造型、纹饰的雄伟古朴，精美的铭文文化，著称于世。不仅是中国文化宝库中的瑰宝，也是世界美术史上的灿烂明珠。

中国古代文物，是中华民族灿烂文化的载体，有着许多不朽的成就。玉器的制作，在原始社会，就已经流行，瓷器在公元前16世纪的商代早期已经出现……，纺织品发源地在中国，6000年前的马家浜文化已经有了麻类织物，4500年前的良渚文化已经有了丝织物。印刷术的发明，更是中国对全人类做出的巨大贡献。其他金器的使用始于商周，漆器的制作，在六七千年的河姆渡文化时代，我们的祖先已能制造漆碗。稍后，分处我国南北两地的良渚文化(江、浙)和夏家店下层文化(辽宁)的先民们也造出了漆器。中华文明，从各方面的事实证明是领先世界的。西方学者“中华文明西来”之说，企图改写我国5000年的文明史，真是“蚍蜉撼大树，可笑不自量”了。

中国的木结构建筑，是原始社会，我们的祖先，架木为屋的延续，经过汉唐、宋、元、明、清世世代代的发展，形成以木材为原材料的梁架斗拱力学原理的木结构建筑。它与大自然充分协调的复杂多变的造型，独特的抗震性能，在世界上独领风骚。我们介休的玄(袄)神楼，是明清楼阁建筑中的杰作，得到国内建筑专家的首肯，山西省文物局还将它做成模型，赴西欧美、法、德等国家展出，而蜚声海外。袄神楼、玄神楼之争，关系到中华民族文化的传承，即中华五千年文明是否西来的原则问题。习近平总书记在《中国共产党十九次全国代表大会上的报告》中指出：文化是一个国家，一个民族的灵魂。文化兴，国运兴；文化强，民族强，没有高度的文化自信，没有文化的繁荣兴盛，就没有中华民族的伟大复兴。……中国特色社会主义文化，源自于中华民族5000多年文明历史所孕育的中华优秀传统文化……，坚持全民行动，干部带头，从家庭做起，从娃娃抓起。深入挖掘中华传统文化蕴涵的思想观念，人文精神，道德规范，结合时代要求，继承创新，让中华文化展现出永久魅力和时代风采。并提出“加强文物保护利用和文物遗产保护传承”。遵照习总书记的指示精神，“玄(袄)神楼”的研究就是我们生动的教材。古语亦云：“理不辨不明，灯不拨不亮”。张颔先生的《介休县玄神楼记》和《域外飞来袄神楼》两个观点，孰是孰非？应该在史学专家和爱好者中进行探讨，还历史的本来面目。更重要的是，对我们的下一代要牢固树立中华民族五千年文明的理念，决不能将玄神楼和“袄”教相提并论。

我们要深入学习，习近平总书记在中国共产党第十九次代表大会上的报告精神，深入研究玄神楼建筑、宗教、民俗的文化内涵，旁及其它文保单位、旅游景点、馆藏文物，才能去伪存真，更要敢于，摒弃假、大、空的时弊，“旗帜鲜明反对和抵制各种错误观点”，才能将我市的文化旅游事业推向前进。

我与张颔先生交往四十年。四十年中，言传身教，耳濡目染，在工作，学养多方面获益良多，谨以此文，对先生寄以深切的，迟到的怀念。

先生之风，山高水长。

作者简介：师延龄　原介休市博物馆馆长、文博副研究馆员、中国文物保护基金会修复鉴定专项基金管理委员会专家组成员。

祆神楼

1982 年介休县政府成立了袄神楼维修领导组，对袄神楼进行维修，创造性运用不落架的非常规做法，用千斤顶将袄神楼整体抬高 1.5 米，在文物界和社会上引起很大轰动。

国保碑

1998 年 11 月 20 日，国务院公布祆神楼为全国重点文物保护单位。

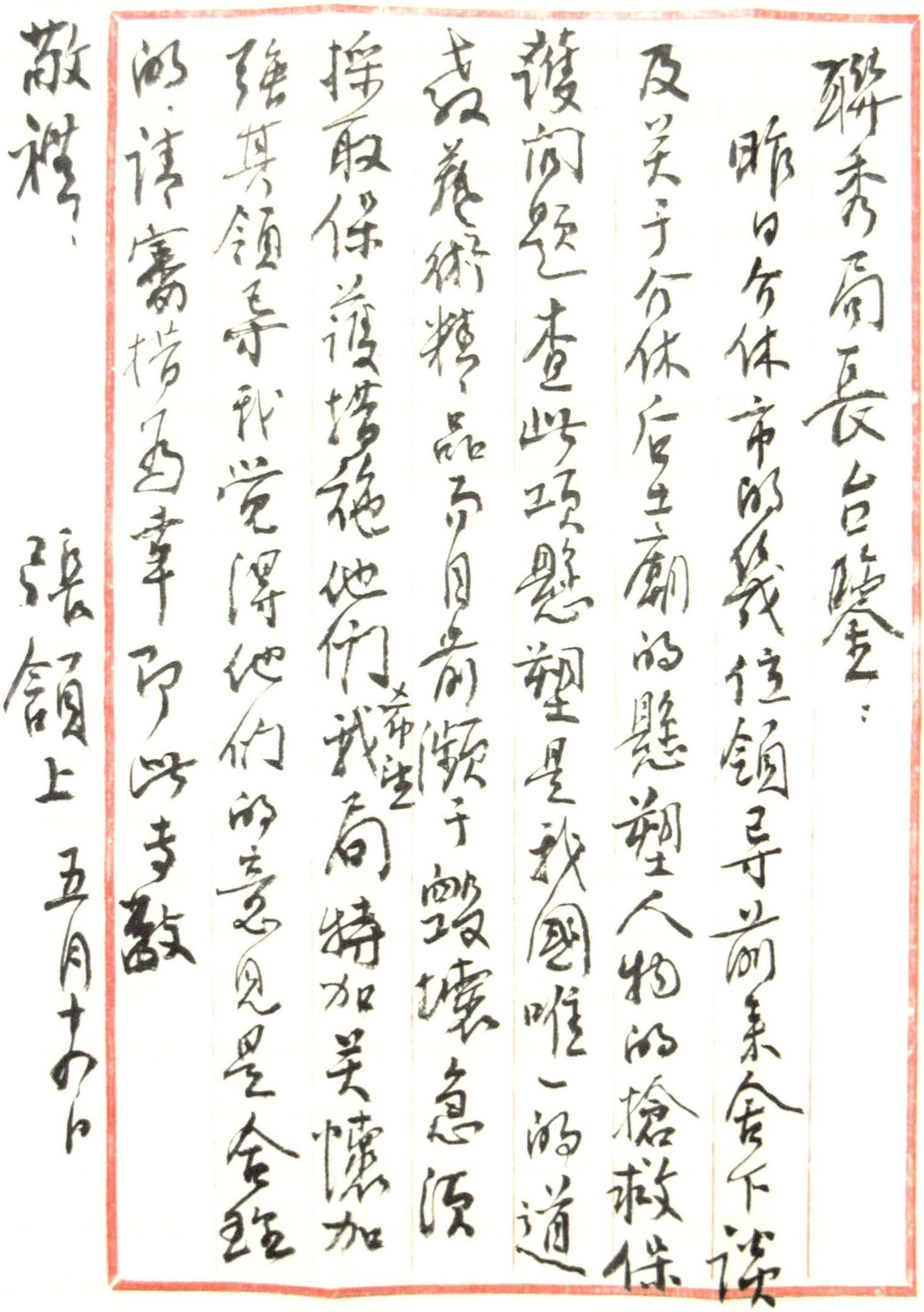

聯秀局長台鑒：

昨日介休市的幾位領导前來舍下談及关于介休后土廟的懸塑人物的搶救保護問題。查此項懸塑是我国唯一的道教藝術精品，目前瀕于毁壞，急須採取保護措施。他們希望我局特加关懷，加強其領导。我覺得他們的意見是合理的，請審情為幸。即此專致

敬禮！

張頷上　五月十四日

写给局长的信

为保护介休后土庙悬塑给时任山西省文物局局长施联秀的一封信

三人合影照

为庆祝祆神楼维修成功，张颔（中）与时任山西省古建所所长李正云（右）、时任介休博物馆馆长师延龄（左）合影

张颔再游袄神楼照

归根夙愿

张颔在不同的落款上常署“介休张颔”或“界休张颔”；常用引首印和闲章有“介休长甘氏”“沧海沉浮客，绵山草木人”，他一直使用着纯真的介休方言，曾数次自题“归根”二字，告知自己的儿女有机会希望要回到介休。其不忘桑梓之情可鉴。

他非常关心家乡的文化旅游事业，曾于 2003 年 10 月 21 日受邀回到介休，对介休文化旅游资源进行考察，先后参观了绵山、关帝庙、后土庙、龙泉观及秦柏岭等，并对开发利用提出了建设性的意见。他在参观后土庙时讲到：这次回来参观家乡各个寺庙，感觉到介休文化底蕴深厚，对文化资源要好好地开发和利用，很有前途。现在，改革开放以后，会逐渐对文化旅游重视起来了，各地方都想在文化方面做出一些成绩，介休的文化发展还是大有前途。

他对介休的文化建设给予了大力支持，为家乡留下了诸多墨宝题匾。对介休的人文也有着非常大的引领作用，受到家乡人民的无限崇敬。2017 年 11 月 8 日，张颔的塑像在家乡介休新城公园落成，也算是了却了他的归根夙愿，家乡人民也得以瞻仰他的丰仪。

右页图　书法作品《归根》

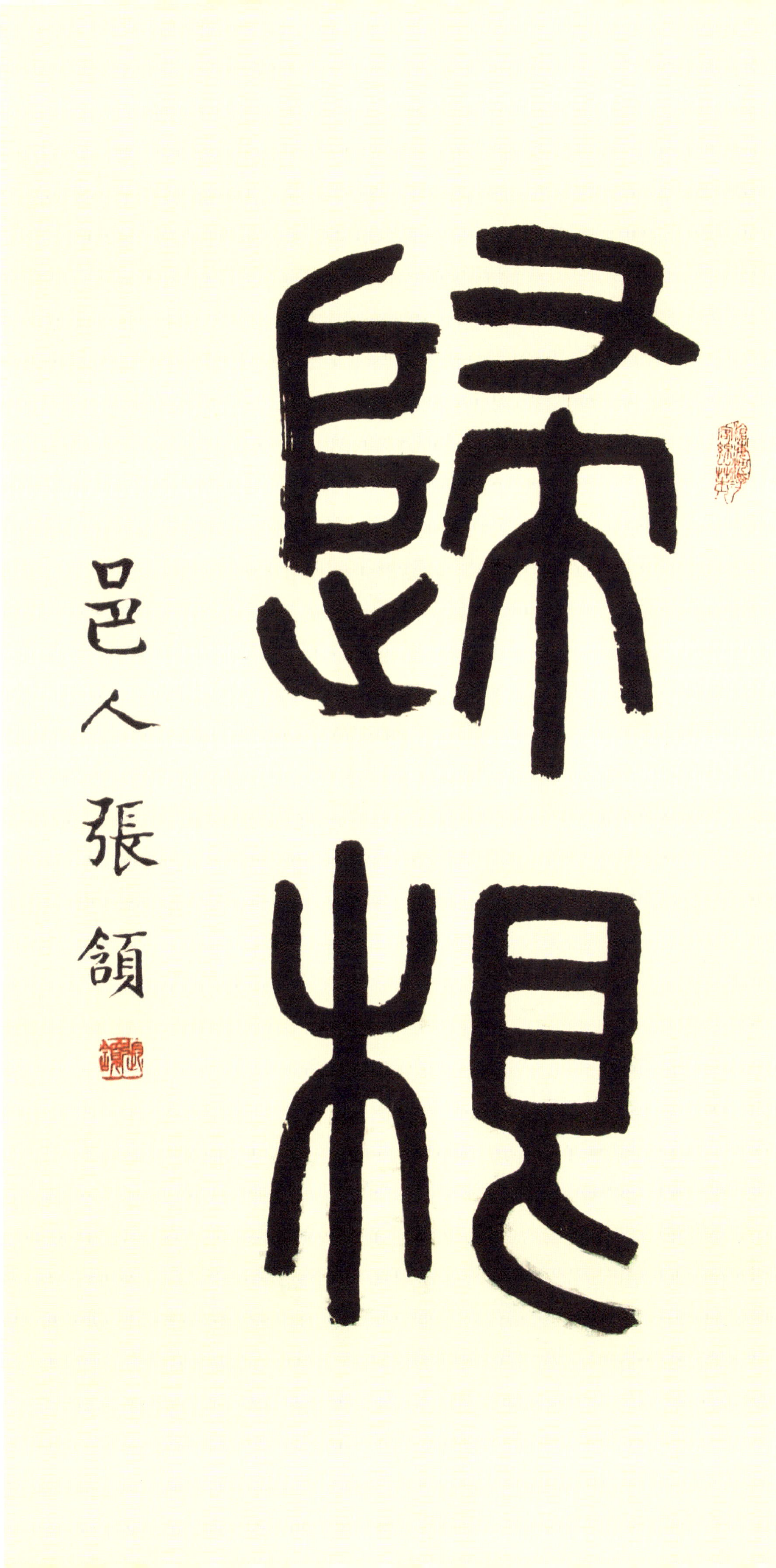
歸根
邑人張頷

“界休长甘氏”印

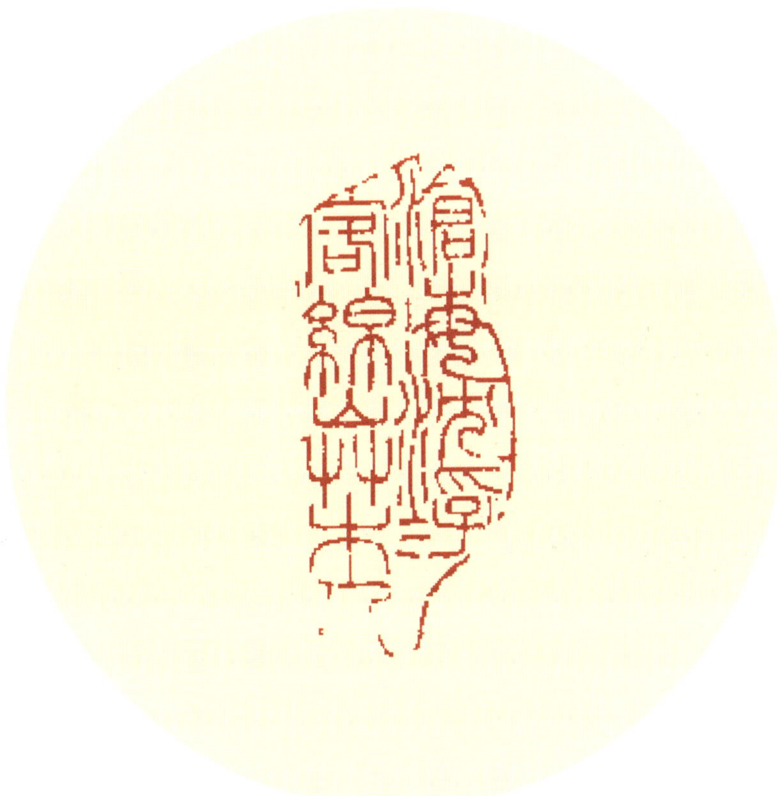

“沧海沉浮客，绵山草木人”印

题“介休博物馆”

题“介休中学”

题“介休站”

1988 年春，为介休后土庙正殿题“厚德载物”古文匾

题“张壁古堡”

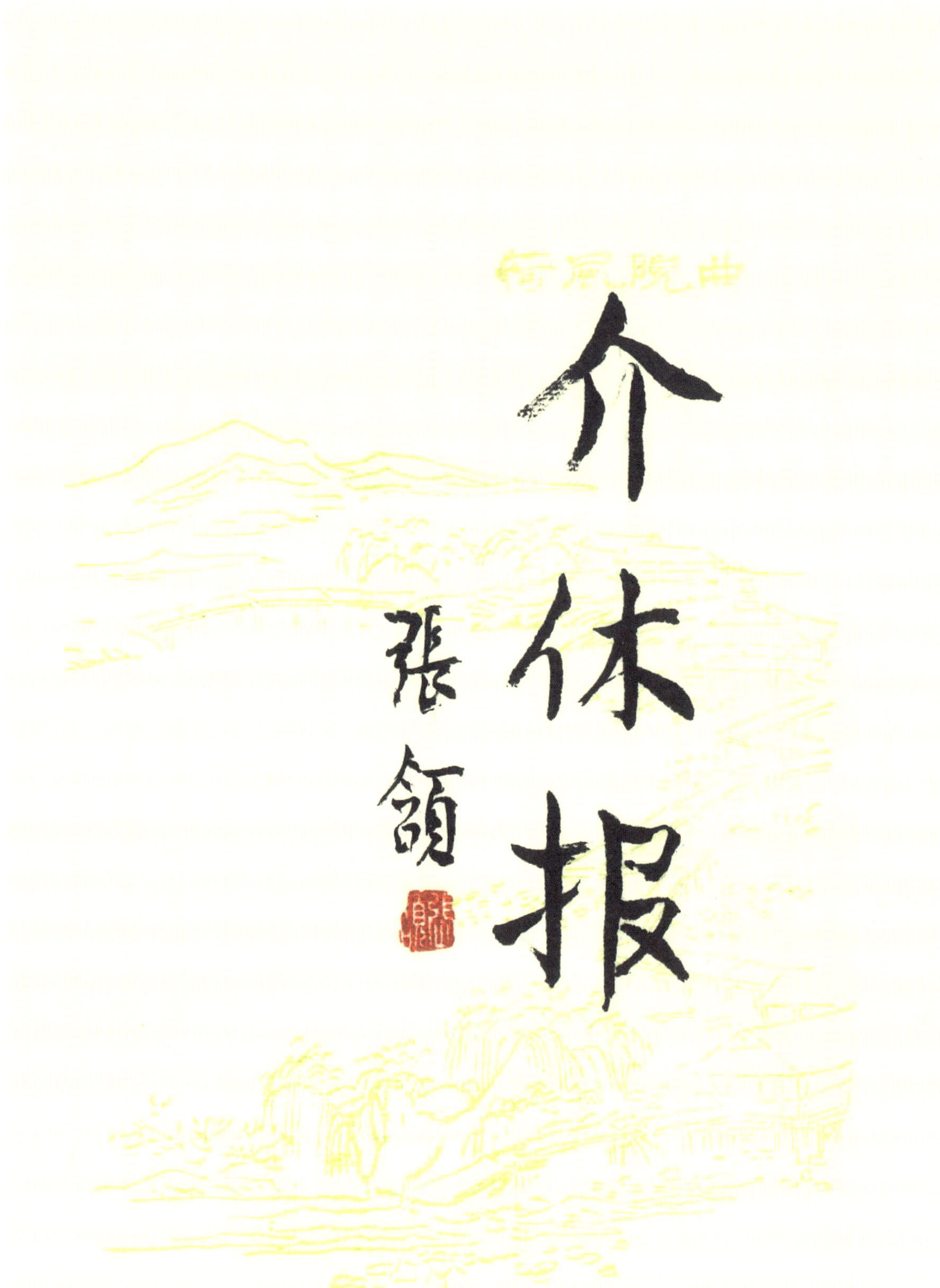

张颔题“介休报”报头

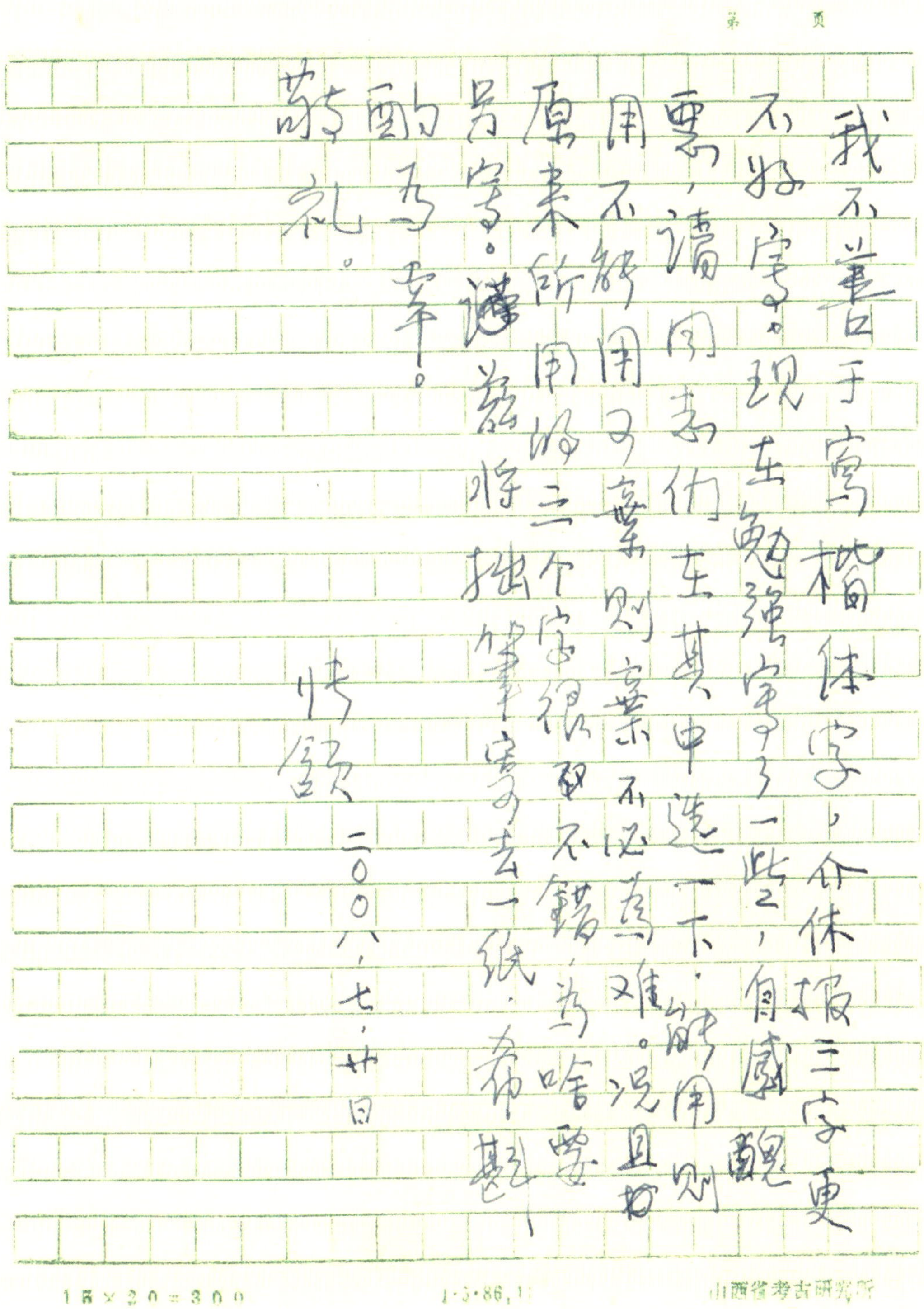
第　页

我不善于写楷体字，介休报三字更不好写。现在勉强写了一些，自感醜恶，请同志们在其中选一下，能用则用，不能用了弃，则弃。不必为难。况且如原来所用的三个字很好，不错，为啥要另写。请慈将拙笔写去一纸，希斟酌为幸。

敬礼。

怀钦

二〇〇八、七、廿日

15×20=300　　J·3·86,1　　山西省考古研究所

题“介休报”报头说明信件

张颔为介休绵山碑林题

“绵山终古 介邑韫灵 人文芸若 永葆斯馨” 刻碑

张崇宁（张颔先生三儿子）在介休张颔铜像揭幕仪式上讲话

张颔铜像揭幕仪式

张颔铜像揭幕仪式

2017 年 11 月 8 日上午，在介休市新城公园隆重举行“张颔先生铜像揭幕仪式”。山西省文物局程书林副局长、山西省考古所王晓毅副所长、海金乐副所长、山西凯嘉能源集团董事长路斗恒，文化界的知名人士田树苌、张继红、李德仁、时新、王志刚、介子平、高智、沈晓英、吕国俊、张隆光等，张颔的家人、弟子以及各界仰慕者 200 余人参加了仪式。

考古学家

介休新城公园中张颔铜像

张颔（1920-2017），著名古文字学家、历史学家、考古学家、古钱币学家、书法家、诗人。他从介休这片古邑热土走出，三贤故里滋养了他的文化根系，更磨砺出他坚韧的性格和乐观的心志。一生无论身处逆境还是顺境，始终向学，释得古文、辨得古物，勒字于金，著文于石，考古证史，精研审慎。“西泠”特邀，《大家》专访。成就斐然！正如他诗中自云“一生照耀付文章”，每篇“文章”他都做到了极致。

文章巨擘

WENZHANG

JUBO

证 书

張頷 同志：

为了表彰您为发展我国科学技术事业做出的突出贡献，特决定从　年　月起发给政府特殊津贴并颁发证书。

国务院

政府特殊津贴证　号

1992 年“政府特殊津贴”证书

荣誉证书

授予：张颔先生

文博大家

山西省文物局

二〇一二年二月

2012 年“文博大家”荣誉证书

张颔主要学术成果

释侯马盟书

1965年冬，张颔在原平四清工作队得悉侯马发电厂基建工地发现大量带文字的玉石片，即向工作队请了七天假，赶赴侯马。在侯马的五天时间，他仔细观察辨认了这批石片标本，经对其中古文字的初辨后，很快发表《侯马东周遗址发现晋国朱书文字》一文，引起了业界轰动。此文可谓张颔研究侯马盟书之发端。时任中国科学院院长的郭沫若先生看了他的文章也撰文并确定为“盟书”文字，和他的文章同时发表在《文物》1966年第2期上。

对侯马盟书的进一步的研究因“文革”开始而中断，七年之后，时间来到1973年，当时担任国家文物局局长的王冶秋同志来山西检查工作，在王的直接过问下，山西省委决定对侯马盟书进行全面综合整理研究，同意将张颔从“牛棚”中“解放”出来，负责对侯马盟书进行综合整理，并同陶正刚、张守中组成了整理盟书的三人小组。对此，张颔曾题《有感》诗：“凋谢韶华岁月除，皇天生我欲何如？惨经十年余幸在，待罪侯马读盟书。”

一本《盟书燃犀录》上下两册手稿，是张颔对侯马盟书的观察及思考日记。其中不仅记录了盟书整理工作的艰辛、文字考证的难度，同时也有对盟书观察的方法与手段。所以张颔亦称它为“心血簿”。《侯马盟书》与一般的考古发掘报告不同，不仅是盟书资料的集大成，也是盟书研究中考古学、古文字学与历史学三者相结合的学术专著。这本书，全面展示了侯马盟书出土的资料、内容和收获，论证了盟书的性质、内容及各方面的意义和科学价值，是春秋乃至先秦史研究的必读书之一。20世纪80年代，“侯马盟书”被评为当代中国十大考古发现之一，其研究成果对研究中国春秋时期的历史、政治、文化具有重大意义。

1976年8月16日侯马盟书整理小组
张颔（中）、陶正刚（左）、张守中（右）
三人在太原文庙合影

侯马盟书发掘现场

侯马盟书标本

侯馬东周遺址发現晋国朱书文字

张　颔

山西省文物管理工作委員会侯馬工作站，于一九六五年十二月中旬，在距侯馬东周古城組（牛村、台神、平望古城）东南二·五公里处，发現了二百多个东周时期的祭祀坑。坑口距地表60—70厘米，坑內大都是牛、馬或羊的骨架，牲首方向多为北偏东5—10度。同时在一些坑內发現了大量的石簡、玉块、玉片。石簡长約20厘米，寬3—5厘米。玉块、玉片大小不同，形状各异，最大者不过一拳掌。每件上均有朱书（图版壹：1、2），其文字风格与銅器《欒书缶》《晋公盦》有相仿佛处，其笔法与战国楚之帛书、信阳簡书亦有相似之处，但略渾厚。伴随玉块玉片同时出土的有玉圭、璋、璧、璜等祭器。現已把大批石簡連土取回，因文字容易脱落，尚未敢剔动。其它散見的玉块、玉片有60件，均集中地出現于坑16（出土地点編号为65 H14 祭坑16，器物号1—60）。文字大多漫漶不清，比較清楚者仅有12件，但字迹亦多脱落，不能見其全豹。

經过識字、联句、篇章綴合的过程，发現每块玉石上均各书一篇完整文字，最多者93字，一般为92字。內容基本相同，只是篇首祭祀人的名字不同。其中只有第3号內容不同，但同样是記載祭祀之事。书法有的纖巧，有的洒脱，不是一个人的笔法。有的字迹小到0.4厘米。笔鋒非常清晰，可知其皆用毛笔书写无疑。

正因为每篇文字內容相同，这样对复原其章句就有很大的方便。根据59篇殘断文字，經过綴合临摹，基本上恢复了原来的面貌。（因字迹模糊，辨认困难，有个别字可能还临摹得不够准确）其全篇文字內容为（图一）：

“章敢不閛其腹心以事其宔，天（不）敢不尽从嘉之明，定宮平陟之命，天（不）敢不□□改□及哀卑不守上宮者天（不）敢有忘腹。赵□及其子孙、□兟之子孙、□□之子孙、通□之子孙、尃□其子孙于晋邦之□者，□群虖明者，麀君其明极。□之麻夷非是”。

章（23号）为祭祀之人名，人名字迹較清晰者有22号之“縌”、25号之“㦽”，16号之“耊”，9号之“䢵𨼘”，5号之“䦈”，33号之“㴞”。“閛”字其中之“𠭎”为币文“半”字。有的玉片则仅书作“𠭎”字。“𩫖”字即“腹”字，有的书作“𢓜”，有的作“𨖼”。“閛其腹心”，視其意盖为剖明心腹之义。“宔”有的书作“[illegible]”或“[illegible]”或“[illegible]”“[illegible]”，与《仲殷父簋》銘文“宔”字作“[illegible]”相近。“以事其宔”即指祭祀其宗庙世室而言。“亓”字皆象“天”字，且与“敢不閛其腹心”“不尽从嘉之明”的“不”字有别，但从句法观察，“亓”之一字皆在“敢”字之上，似仍应讀作“不”字，且《县

图版贰　　（文見1頁）

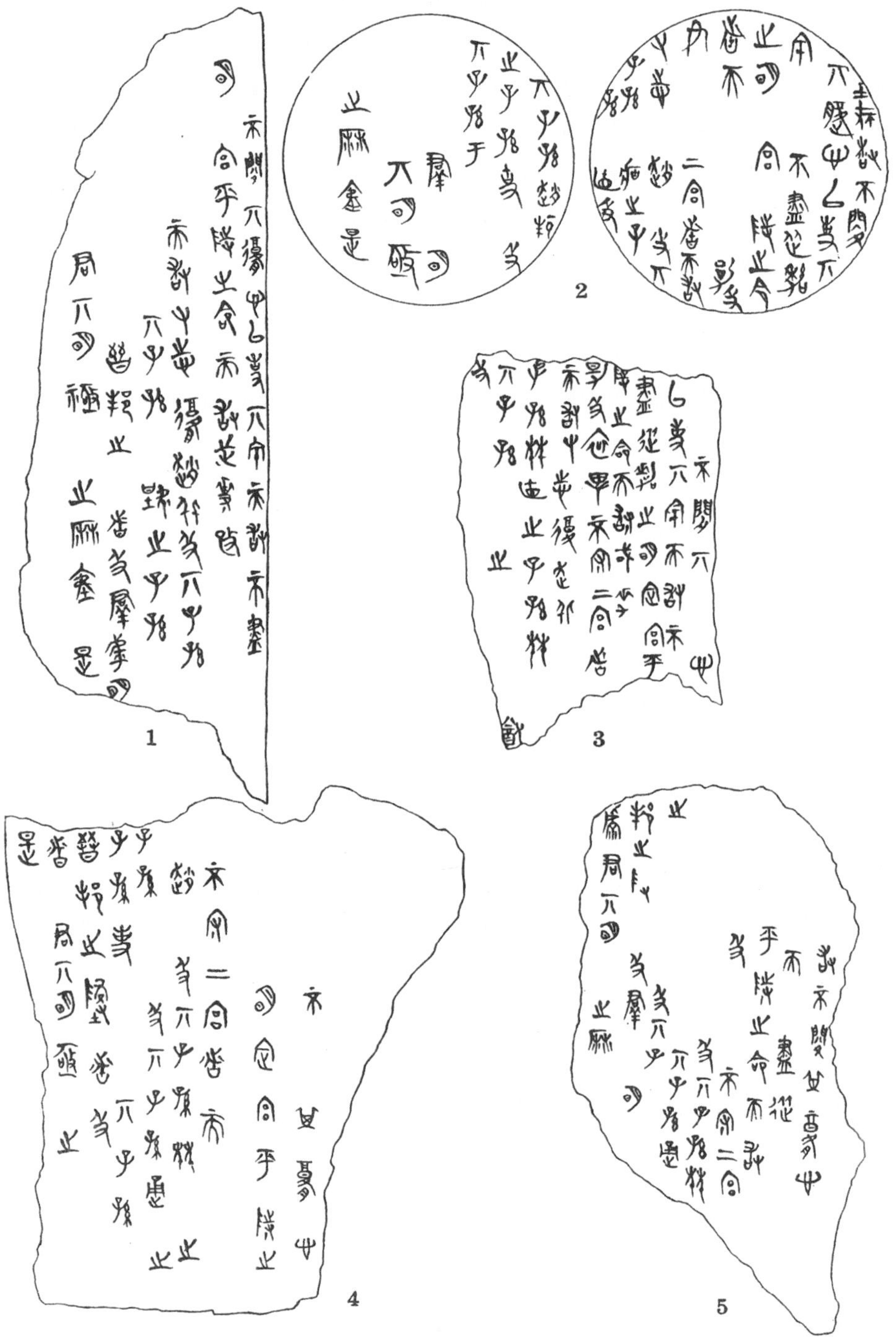

朱书文字（摹本，原大）

1.第1号　2.第2号　3.第7号　4.第21号　5.第35号

《侯马东周遗址发现晋国朱书文字》发表在《文物》2/1966年

（此文为张颔先生专门研究侯马盟书的发端）

侯馬盟书試探

郭沫若

讀了张頜同志的《侯馬东周遺址发現晋国朱书文字》，同时也看到了好几片玉片上的笔写朱书。我认为：这些玉片上的朱书文，是战国初期，周安王十六年，赵敬侯章时的盟书，訂于公元前三八六年，距今二千三百五十二年。

玉片凡60件，与牲骨同出于一坑，可見乃同时所埋藏之物。其中一片上具有月日，文为“十有一月，□□乙丑，敢用一□□牛……〔丕〕显皇君㞢公……”，㞢公疑是晋幽公柳。(原片未見，字迹恐有磨蝕。)此一片当是总序。文殘过甚，估計是列举了涖盟者的官职和人名。文中两見“大夫”字样，当是“大夫某某”。其他殘字中与其余59片文亦有相应之处。

余59片，每片銘首一字均为人名，有几个不同的人名。除此之外，文辞大抵相同，即是具体的盟誓。依据张頜同志所复原的一片，移录其盟辞如下：

“章敢不閛其腹心，以事其宗夫？敢不尽从嘉之明（盟）、定宮下阧之命夫？敢或口改口及哀（？）卑，不守上宮者夫？敢又（有）忘（妄）复赵化及其子孙、兟庄之子孙、兟𡴛之子孙、通巛之子孙、尃鑁〔及〕其子孙，于晋邦之陵者，戋群虖（嫭）明（盟）者，虞（吾）君其明極（殛）瑱（劂）之，麻（靡）夷非（匪）是（禔）。”

文字的复原可能有些不准确的地方，但文义大体上是可以通曉的。

古时盟会，“杀牲歃血，告誓神明，若有背违，欲令神加殃咎，使如此牲。”（《春秋正义》魯隐公元年。）又，盟时“割牲左耳，盛以珠盘；又取血，盛以玉敦；用血为盟书。书成乃歃血讀书。”（《曲礼》孔疏。）

“用血为盟书”者，是說以血书盟誓。这样做的缺点是不甚显著。看来，在战国时代或更早，血书便改用朱书代替了。古人有“丹书”，盖凡盟誓书以丹，后人犹沿用“书丹”这个詞汇。

盟首“章”字当即赵敬侯章。其他不同的人名字是与敬侯同时歃盟的人。由此可見，古时涖盟，除总序外，人各具一盟书，盟文相同，而人名各异，不是把所有涖盟者之名字写在一通盟文之上。

据《史記·晋世家》：“幽公之时，晋衰（今本誤作“畏”），反朝韓、赵、魏之君。”但尽管这样，晋的宗主虚名还是保留着的。例如，《𠫑羌钟》乃周安王二十二年所作，当时的晋君，据《史記·晋世家》为孝公頎（《索隐》云：“《紀年》以孝公为桓公，故《韓子》有晋桓侯。”），是幽

郭沫若先生在同期《文物》发表的《侯马盟书试探》

（郭沫若先生在此文中将朱书文字定为“盟书”）

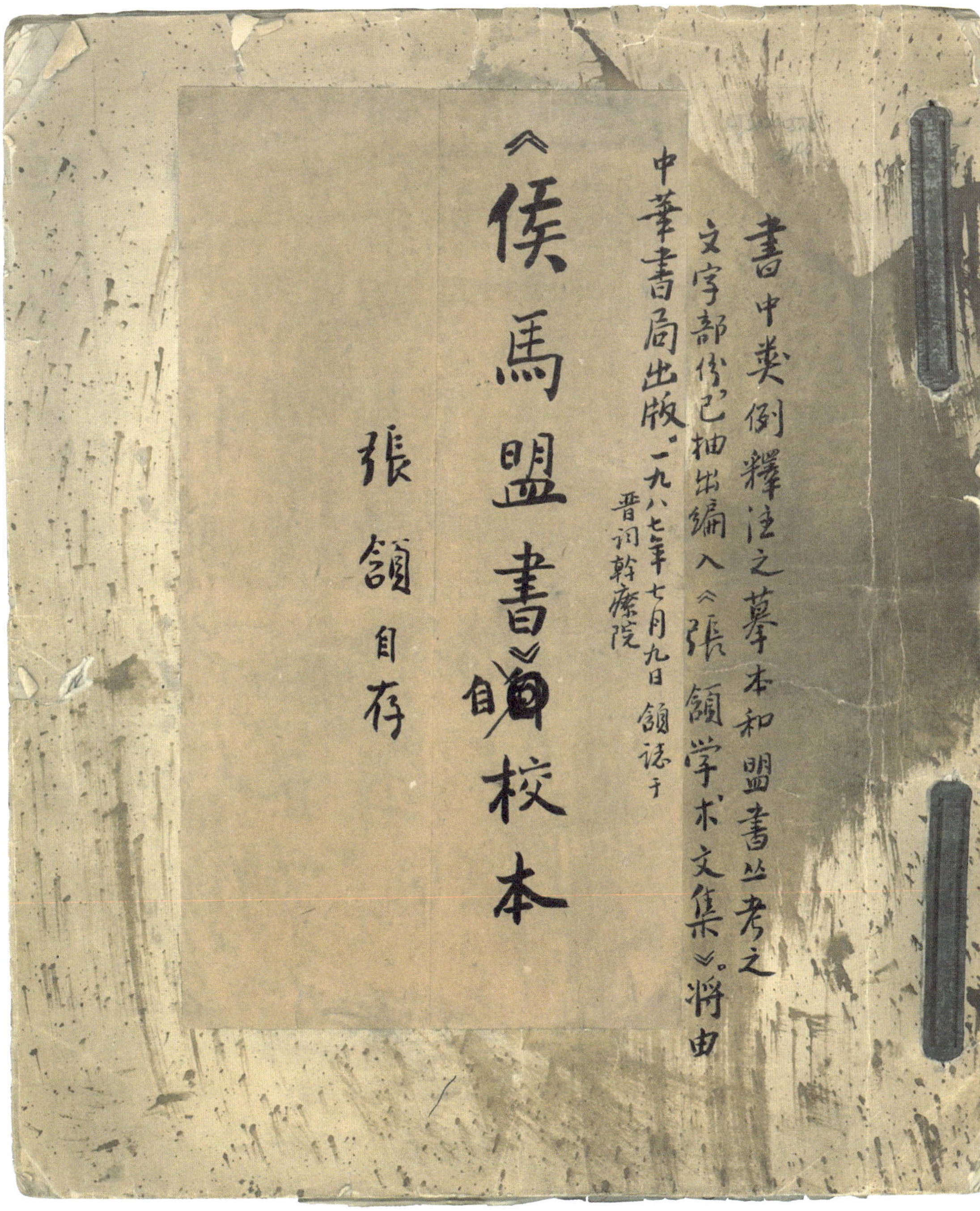
《侯馬盟書》自校本
張頷自存
書中类例釋注之摹本和盟書丛考之
文字部份已抽出编入《張頷学术文集》。将由
中華書局出版。一九八七年七月九日 頷誌于
晋祠

《侯马盟书》自校本

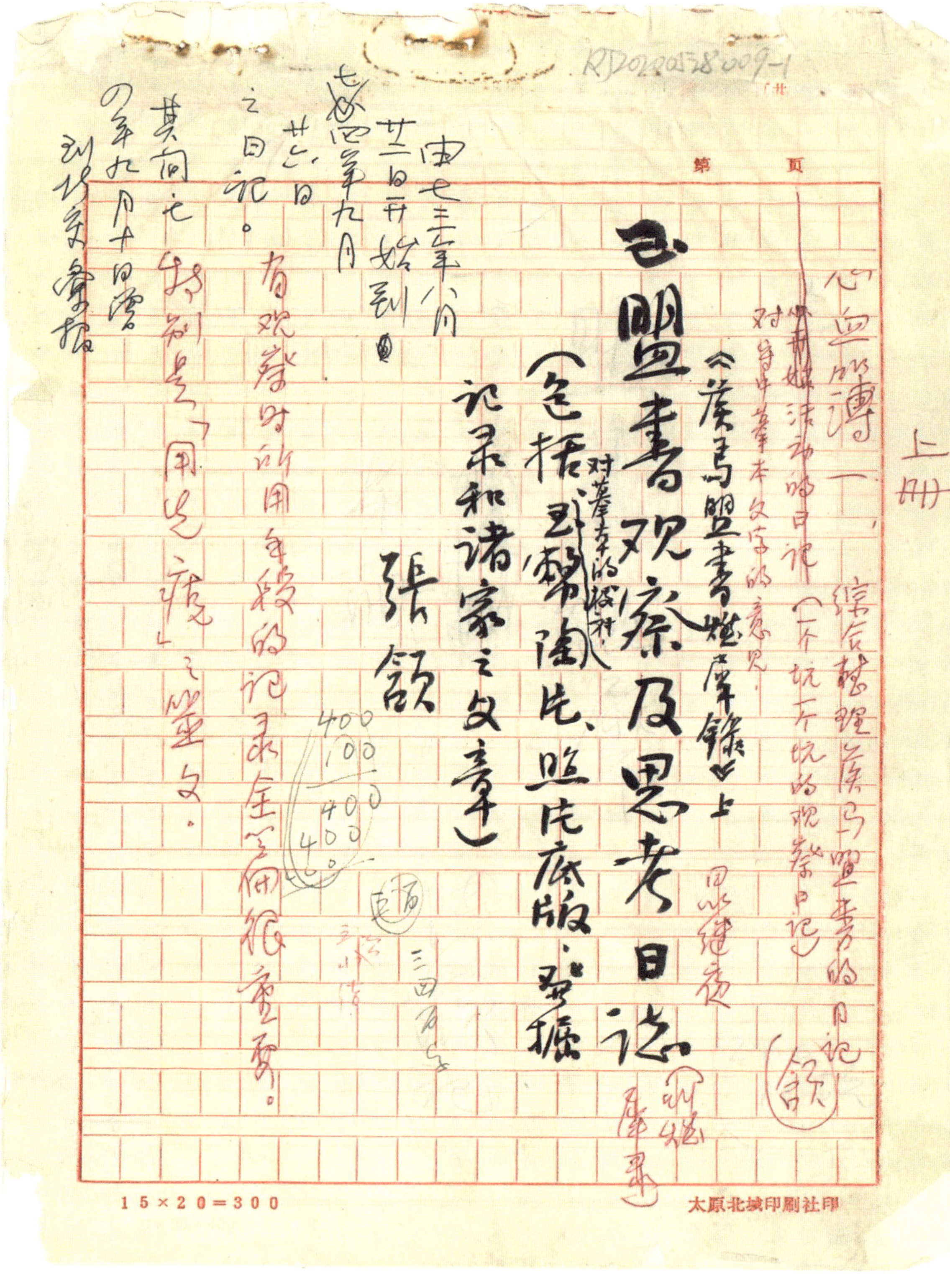

手稿《侯马盟书燃犀录》（上、下册）

这是张颔从一九七三年八月二十二日到一九七四年九月二十六日止
对盟书的观察及思考日记

8月22日　（73年）

一、收拾家、房子

二、抬来盟书六箱（油汁带锁者二，大木箱铁丝加捆一，小木箱钉盖者三）

8月23日（星期四）

一、抬家具，收拾房子，抬来床板三，准备放标本。

（陶，二件）

北京制本厂印制七二·十二(1352)

20×20=400

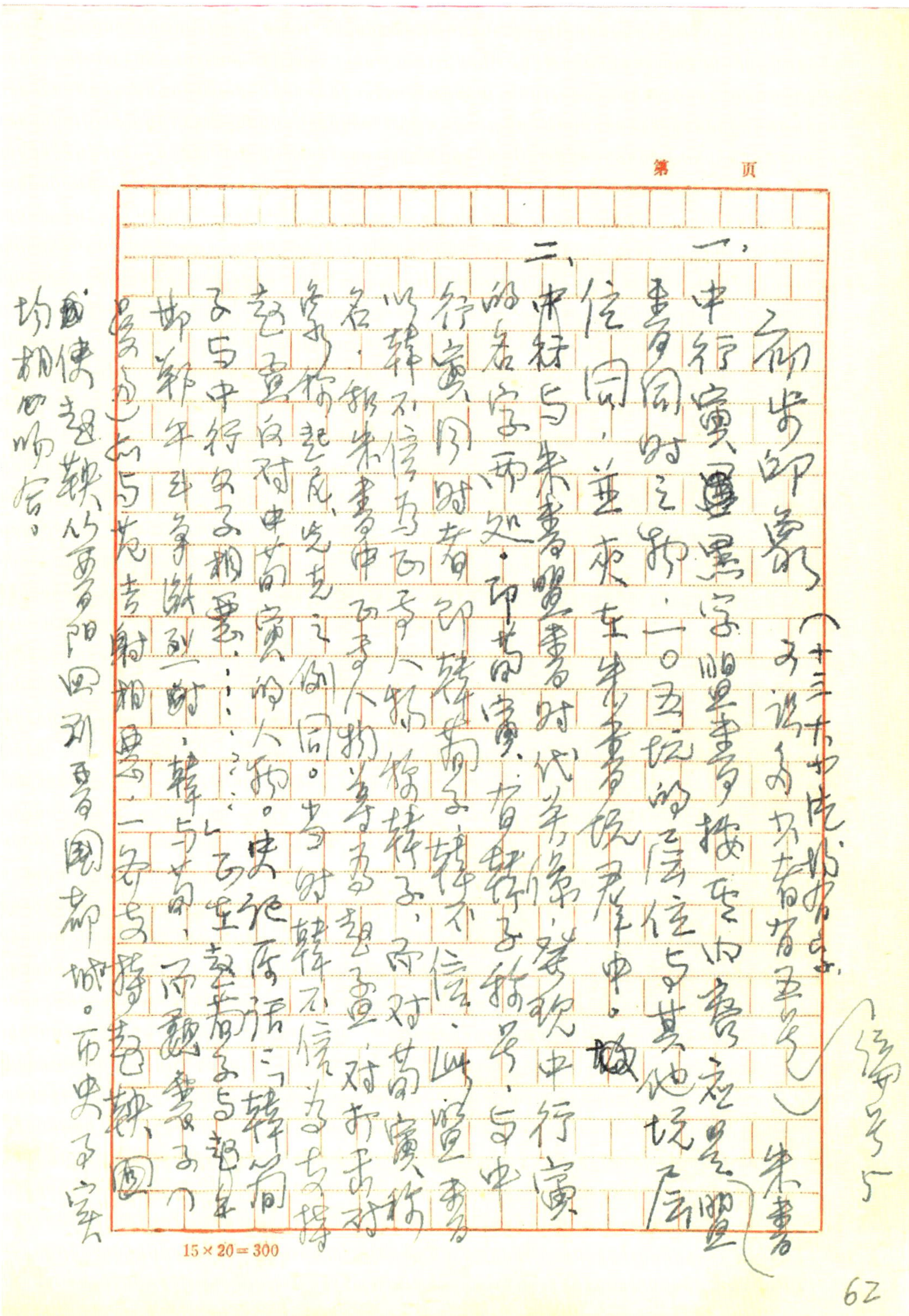
第　　页
15×20=300
62

虽然当时历法比较乱，但盟书记载和历史记载 65

从朔闰上甚至本相符。可以补写一些晋史资料的空乏。

十四、晋世家、赵世家、韩世家（要看注解方法）

（史记赵世家）备阅其他篇。

九、关于盟书的年代问题（可参见第一节所述的九的考证）

补充别的文献中（如晋字盟书）的一种。

拓印时 陈梦家同志（65年去世）索去所存十一张，彭种林五张，王献唐等

拓：53年60年两次到京出售，拓存50多张，考博古，未留。

（咸阳机床厂被偷锯掉）

十一、沁县与沁阳

王韬春秋历学三种：朔闰日至考之"定公十五年丙午，建子正月大癸丑朔；十一月大戊申朔，十二月小戊寅朔"。上月次系大月，本月初二见月，故上月系小月，本月初三见月。盟书"甲寅朔腊"，次係初二甲寅见月，朔日为癸丑，和"正月大癸丑朔"完全相符。鲁用周历，晋用夏历，周历之正月正是夏历十一月。但日本学者说上年（鲁定公十四年十二月）是小月，那么应该本月初二见月，相差一天，这是可以理解的，当时历法并不是很准确的，鲁国不能尽合朔于每天中不能班朔，测候不准。盟书上这个记载，即说明这篇盟书（的年代）当是晋定公十五年赵鞅出奔晋阳回到晋都，盟书写成的那一年。

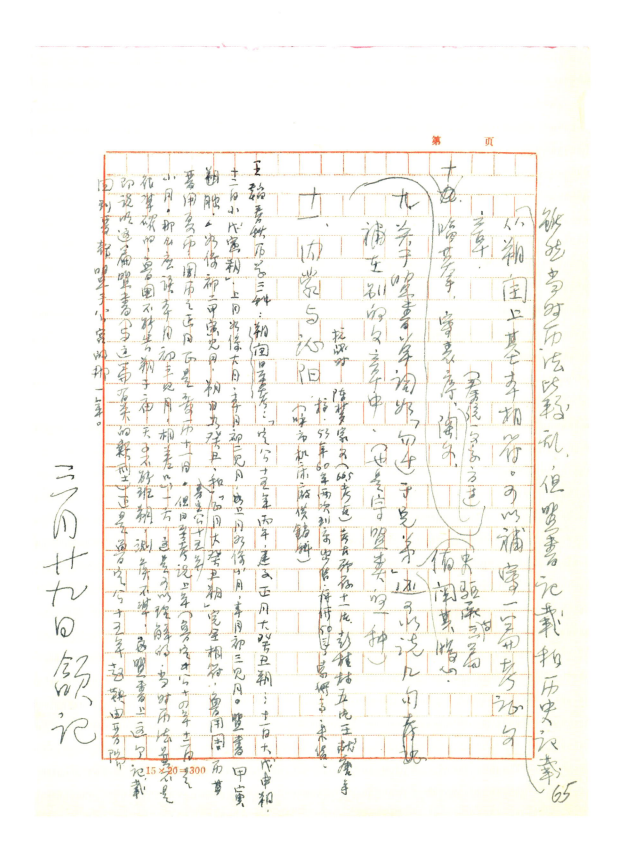

二月廿九日 張頷記

辑古币文编

如果说《侯马盟书》还是集体智慧的结晶，那么《古币文编》则是张颔呕心沥血，不畏艰辛独立完成的实力之作。

张颔一生致力于古文字研究，在他的日常研究工作中，已经习惯了先立个簿子，给所研究的内容事项做个系统、分类框架。研究古字，就是做个字典或字谱。他曾言：考古研究，主要就是对出土的东西进行研究，如若上面有文字，那么辨识文字就是头一条。而出土器物中，文字最多的是货币，每个货币上几乎都有字。于是，为了方便研究，他将自己经年累月对古币及旧谱录的辨识的积累，编成了一本《中国先秦货币文字编稿》。初衷也只是为了自己使用方便，并没有想出版。1978 年，被当时中华书局的编审赵诚同志看到，力劝出书，并列入中华书局的出版计划。为此，他又开始不断地补充、拓印、精修他的古币文稿，并且利用出差、开会等机会到北京、河南、山东、湖北、安徽等地搜集古货币资料。直到 1985 年，准备付稿前，曾专门住到太原南十方白云禅寺，潜心临摹、纂辑、整理誊抄，用了整整三个多月。

就这样，张颔经过长达二十年的时间，通过对先秦钱币的收集、辨识、整理以及对旧谱籍著录的析辨、梳理，著成了研究中国古代先秦货币文字的权威工具书《古币文编》。1986 年，《古币文编》由中华书局出版，并于 2004 年、2010 年再三出版。

他在《古币文编》中收集了大量货币文字实物拓片，逐字进行摹写、排比、注释、汇集，辅以图表、索引，对文字进行充分考释。他突破了古文字整理的旧格，使每字出处详确有据，并本着“慎言其余”的精神，对不识之字编入附录，全书总共收入字目八百九十七条，字形五千七百二十二字，内容包括：凡例、正文、合文、附录、检字等，便于查证。此书的出版，引起了学术界的广泛关注，得到了业内专家学者的高度评价，是研究先秦货币文字的经典著作。

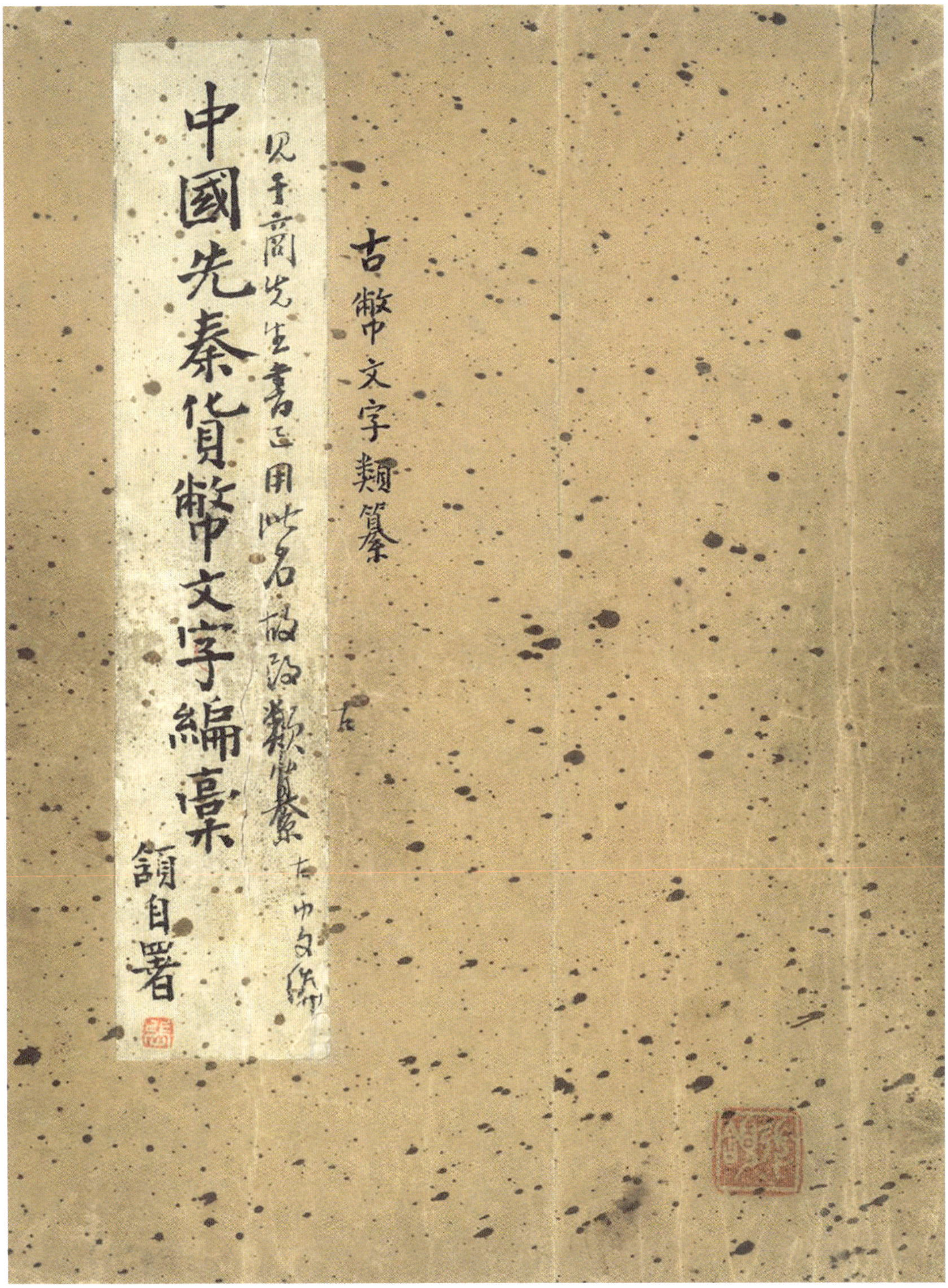

自编自用的《中国先秦货币文字编稿》

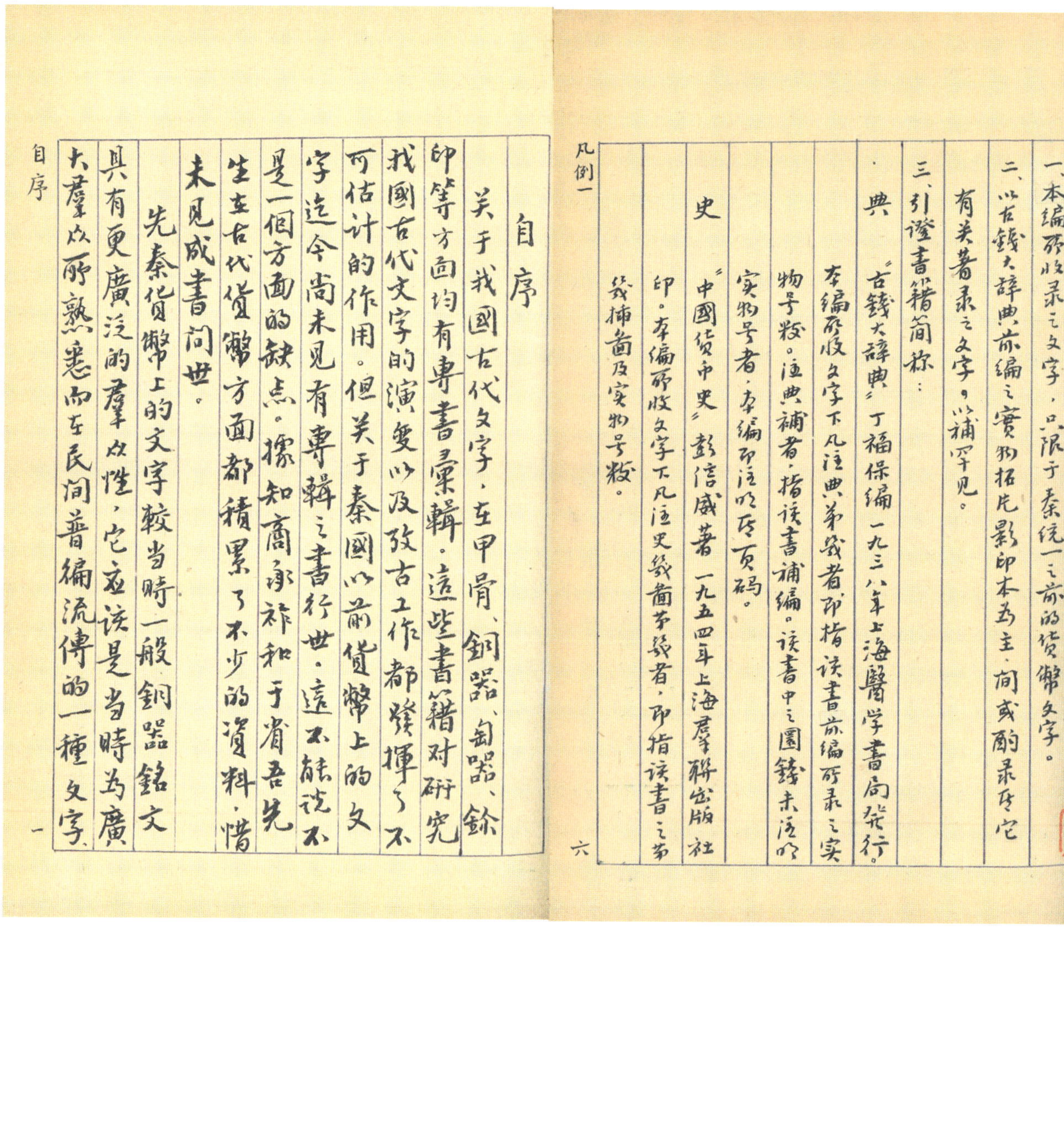

凡例一

一、本编所收录之文字，只限于秦统一之前的货币文字。

二、以古錢大辭典前编之實物拓片影印本為主，间或酌录它
有关著录之文字，以補罕见。

三、引證書籍简称：

·典 "古錢大辭典" 丁福保编 一九三八年上海醫学書局發行。
本编所收文字下凡注典某数者，即指该書前编所录之实
物号数。注典補者，指该書補编。该書中之圜錢未注明
实物号者，本编即注明原页码。

史 "中國货币史" 彭信威著 一九五四年上海群联出版社
印。本编所收文字下凡注史几面某号者，即指该書之第
几插面及实物号数。

六

自序

自序

关于我國古代文字，在甲骨、銅器、匋器、鉩印等方面均有專書彙輯。這些書籍对研究我國古代文字的演变以及考古工作都發揮了不可估计的作用。但关于秦國以前貨幣上的文字迄今尚未见有專輯之書行世。這不能说不是一個方面的缺点。據知商承祚和于省吾先生在古代貨幣方面都積累了不少的資料，惜未见成書问世。

先秦貨幣上的文字較当時一般銅器銘文具有更廣泛的群众性，它应该是当時為廣大群众所熟悉而在民间普遍流傳的一種文字、

一

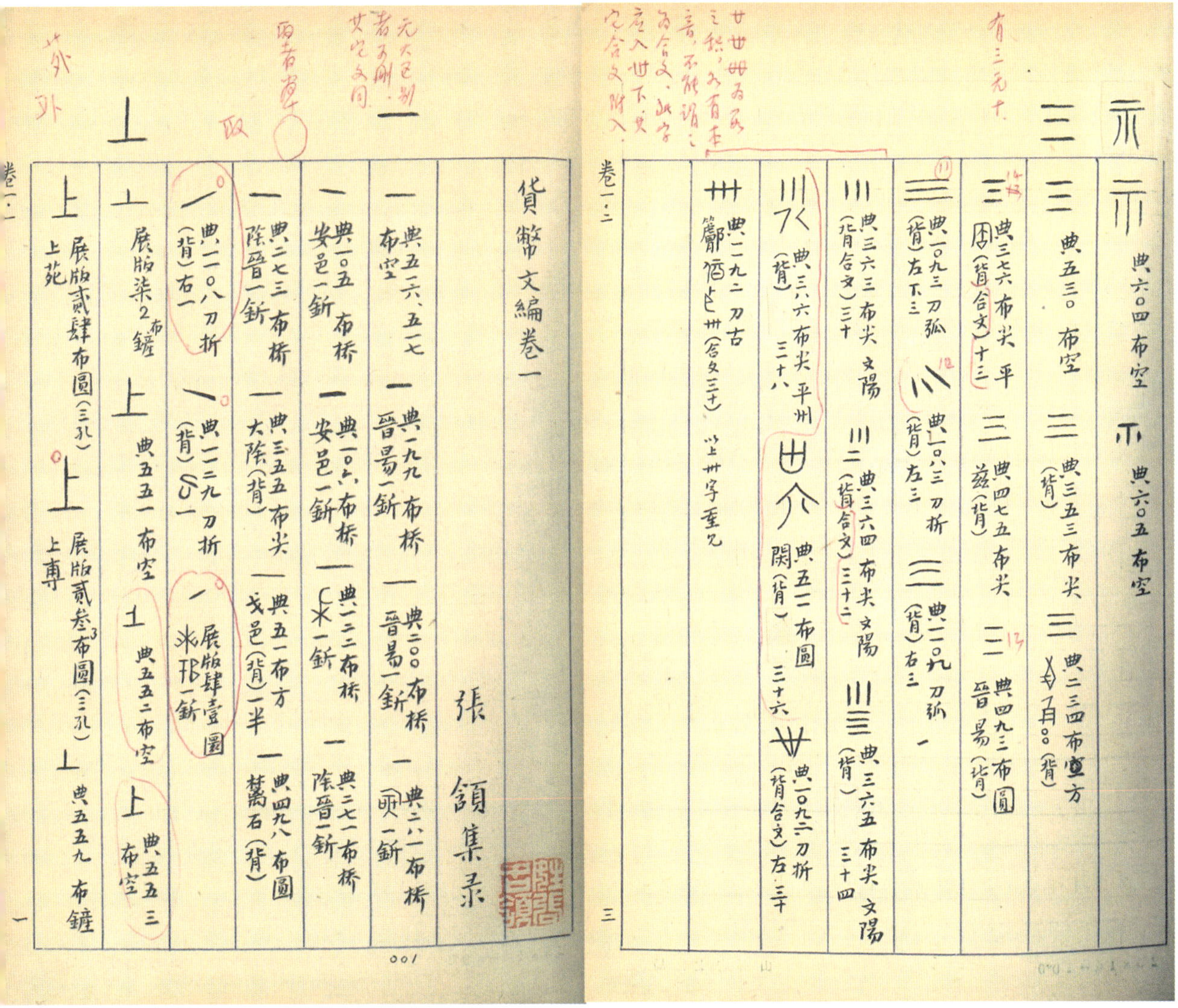

貨幣文編卷一

張頷集录

元大已别者不刪，其它文同

一

一 典五一六、五一七 布空
一 典一九九 晉昜一釿 布桥
一 典二〇〇 晉昜一釿 布桥
一 典二八一 [illegible]一釿 布桥
一 典一〇五 安邑一釿 布桥
一 典一〇六 安邑一釿 布桥
一 典一二二 [illegible]一釿 布桥
一 典二七一 陰晉一釿 布桥
一 典二七三 陰晉一釿 布桥
一 典三五五 大陰(背) 布尖
一 典五一 戈邑(背)一半 布方
一 典四九八 藺石(背) 布圜
一 典一一〇八 (背)右一 刀折
一 典一一三九 (背)[illegible]一 刀折
一 展版肆壹 [illegible]一釿 圜

取

上

上 展版柒2 布鏟
上 典五五一 布空
上 典五五二 布空
上 典五五三 布空
上 展版貳肆 布圜(三孔) 上苑
上 展版貳叁 布圜(三孔) 上専
上 典五五九 布鏟

外 外

卷一·一

一

001

示

示 典六〇四 布空
[illegible] 典六〇五 布空

有三无十

三

三 典五三〇 布空
三 典三五三 (背) 布尖
三 典二三四 [illegible](背) 布直方
三 典三七六 [illegible](背合文)十三 布尖 平
三 典四七五 兹(背) 布尖
三 典四九三 晉昜(背) 布圜
三 典一〇九三 (背)左下三 刀弧
[illegible] 典一〇八三 (背)左三 刀折
三 典一一〇九 (背)右三 刀弧
川 典三六三 (背合文)三十 布尖 文陽
川二 典三六四 (背合文)三十二 布尖 文陽
川三 典三六五 (背) 三十四 布尖 文陽
川 典三八六 (背) 三十八 布尖 平州
[illegible] 典五二 閔(背) 三十六 布圜
卅 典一〇九二 (背合文)左三十 刀折
卅 典一二九二 鄺酒乇卅(合文三十) 刀古

以上卅字重見

廿卅卅為數之積，不有本音，不能謂之為合文，此字應入卅下，其它合文附入。

卷一·三

三

序言

余在从事考古工作中，古代货币往往见于古遗址和古墓葬，古代货币又往往为墓葬遗址的断代的重要资料。自为了这方面的需要，除了注意收集古货币实物的研究外，余自五十九年来，余在文化大革命中曾抄录根据

藏谱录、蓍泉之拓本等，商伯编撰《中国先秦货币文编》稿作为自己翻检之用。一九七四年秋在太原汾滨红楼编写，马明书之际，正值商承祚先生亦在红楼参与金文整理工作（银雀山竹简）。余持文稿请教于商老先生，先生曾提了不少宝贵意见。一九七八年余参加中

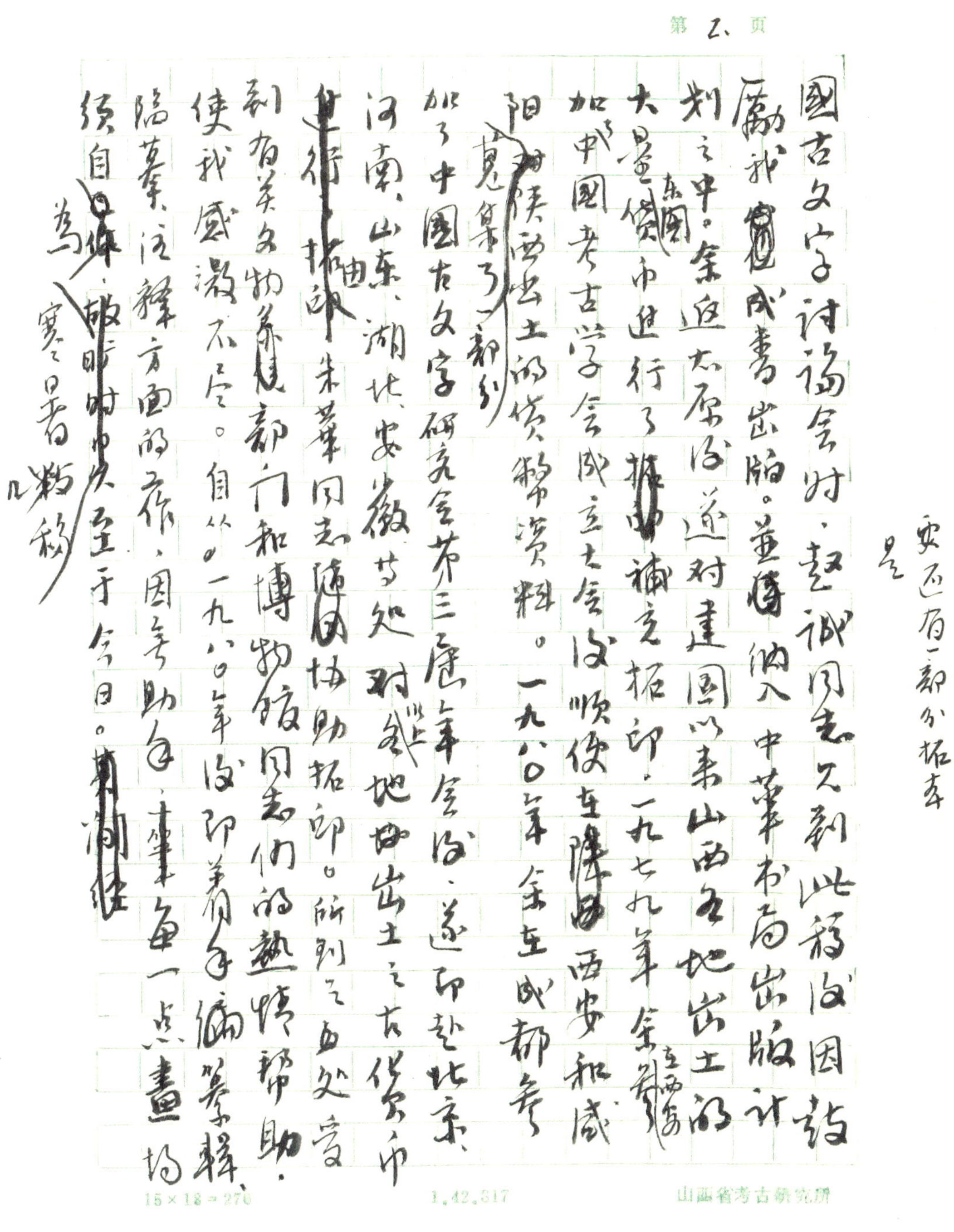
第 2 页
国古文字讨论会时，赵诚同志又劝此稿改因话
励我写成书出版。并将纳入中华书局出版计
划之中。余返太原后，遂对建国以来山西各地出土的
大量货币进行了拓印补充拓印。一九七九年余赴西安参
加中国考古学会成立大会后，顺便在陕西西安和咸
阳见集了一部分陕西出土的货币资料。一九八〇年余在成都参
加了中国古文字研究会第三届年会后，遂即赴北京、
河南、山东、湖北、安徽等处对各地出土之古货币
进行拓印，朱华同志陪同协助拓印。所到之处，受
到有关文物系统部门和博物馆同志们的热情帮助，
使我感激不已。自从一九八〇年后即着手编纂释，
随着注释方面的工作，因每动手，辄费一点画均
须自出体，故断断续续直至今日。其间经
历几寒暑，数易稿
要还有一部分拓本是
15×18=270
1,42,317
山西省考古研究所
《古币文编·序言》手稿

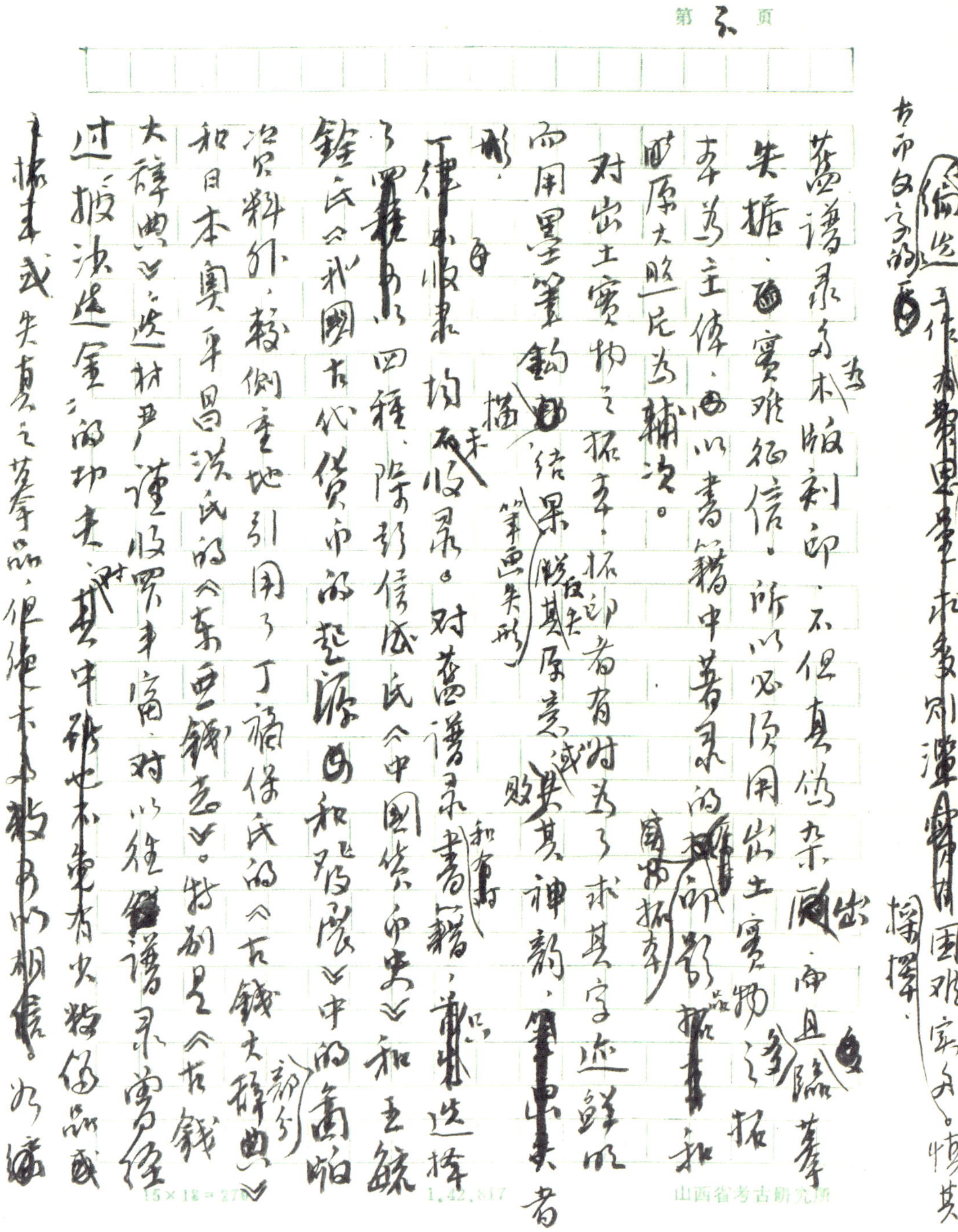

第 页

……国难实多。慎其探择、

蒸谱录多木版刻印，不但真伪杂陈，而且临摹失据，实难征信。所以必须用出土实物的拓本为主体，而以书籍中著录的实物拓本和原大照片为辅证。

对出土实物之拓本，拓印者有时为了求其字迹鲜明而用墨笔钩描，结果既失其原意，又失其神韵，……者一律不收录。对蒸谱录书籍，和其……选择了四种，除彭信威氏《中国货币史》和王毓铨氏《我国古代货币的起源和发展》中的图版资料外，较侧重地引用了丁福保氏的《古钱大辞典》和日本奥平昌洪氏的《东亚钱志》。特别是《古钱大辞典》，选材严谨，收罗丰富，对以往旧谱录辑过，披沙选金，汇为巨帙。其中虽也不免有少数伪品或……本或失真之劣等品，但绝大部分都可相信。以后

15×18=270　1.42.817　山西省考古研究所

第 六 頁

其書編爲"一二八"，是爲"外篇"之謬書，"六四"是

然爲"北方"之臆作。

以及拓本文字殘泐且不成形者

筆者中……消鑄金者鑄範之意味，是有

筆畫鋒穎、撩，亦未予收錄。亦有少數字形中混有紋飾

有亦有字形中混入銹斑者，皆謹慎對待，不敢

未敢濫收。

繁縟字形辭雜，所以有的字形難費思索

收。

古貨幣文字有同字異體形，繁簡不同者，有同體形

異體、邊旁游移者，有同體異勢、筆畫粗細、曲直、圓折、長短

仰、……有同勢異神，其筆勢飄逸、鐵線、……風韵，無與殊別者。

唐肖佳品

其間亦有

友人寄贈所藏

得拓本

諸因古法

決疑于世人

故未敢收入

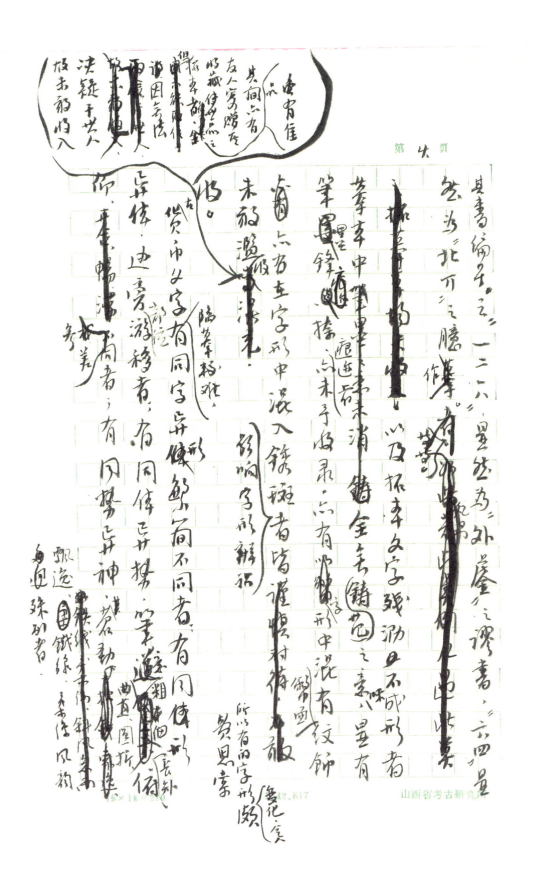

山西省考古研究所

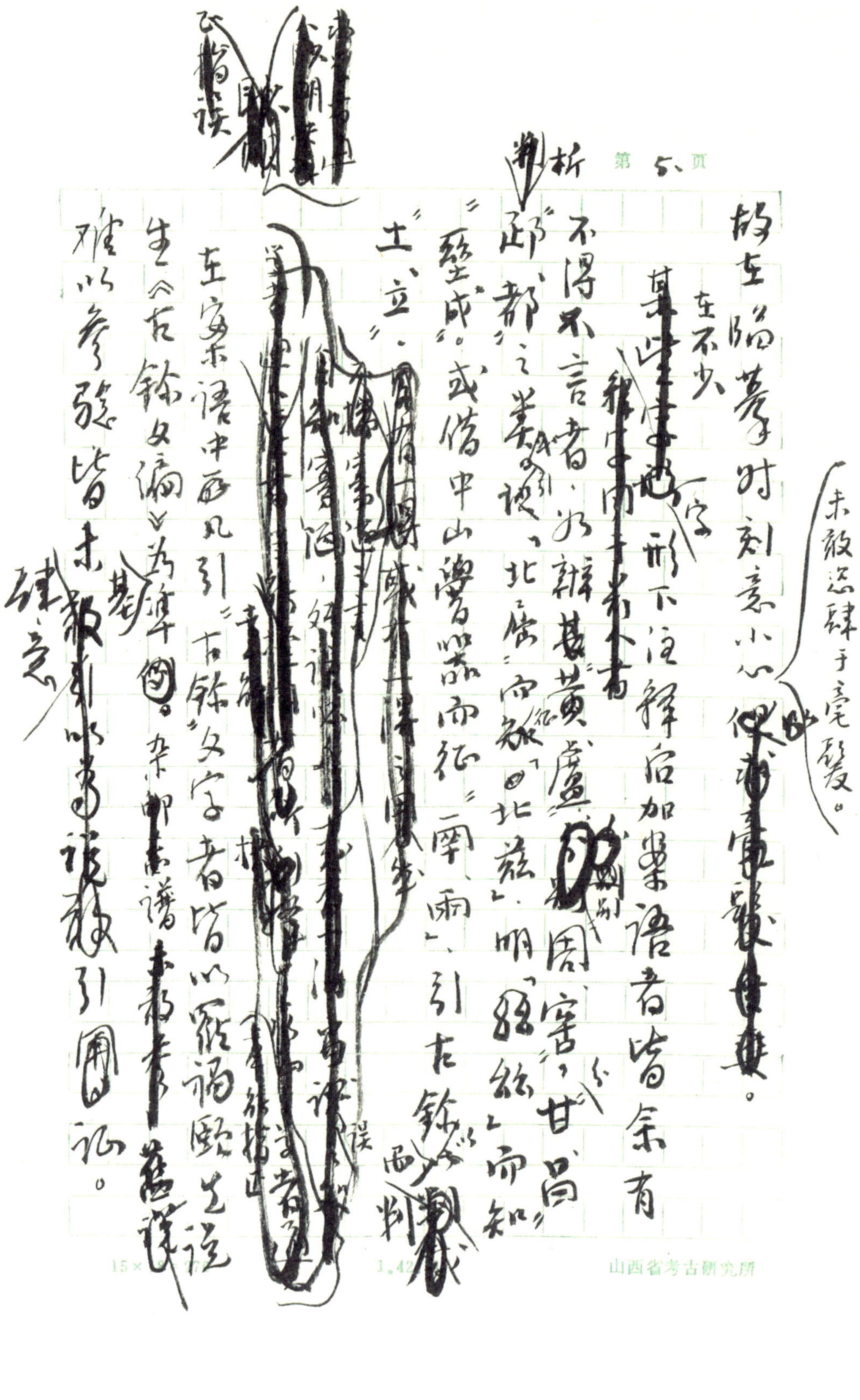
第 5 页
故在临摹时刻意小心
未敢恣肆于毫发。
其字形下注释后加案语者皆余有
不得不言者，如辨甚黄、庐、周、宫、甘、昌
坚成。或借中山響器而证"南、雨"，引古钵以判
左案语中所见引"古钵文字"者皆以罗福颐先生
生《古钵文编》为本
难以参照，皆未引
山西省考古研究所

6

由此书所收字目三百二十二条，单字字形四千五百七十八字。合文字目六十八条，合文字形二百零三字。附录存疑字目五百零九条，字形九百〇十一字。总共收入字目八百九十七条，字形五千七百二十二字。

本编字都有，[illegible]

余老迈不敏，误漏必多，望专者通人幸能匡谬，[illegible]用于万一则余[illegible]

以[illegible]所[illegible]感[illegible]

如可以 安帖

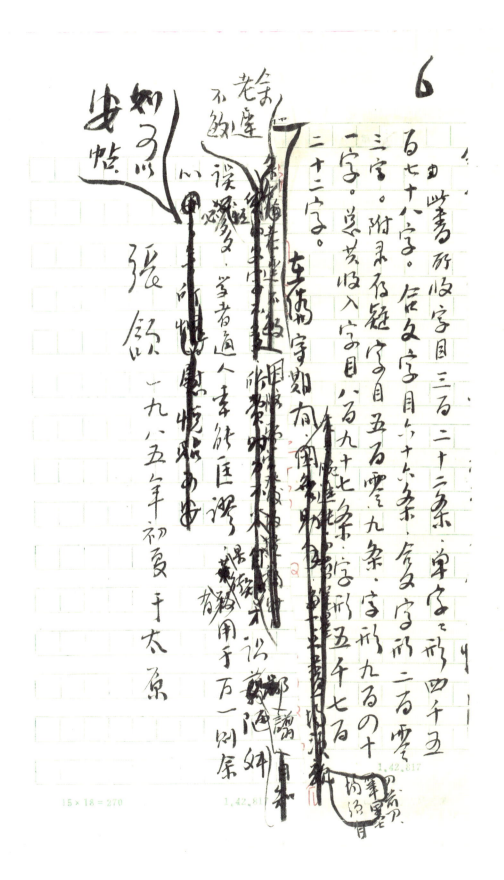

张颔 一九八五年初夏于太原

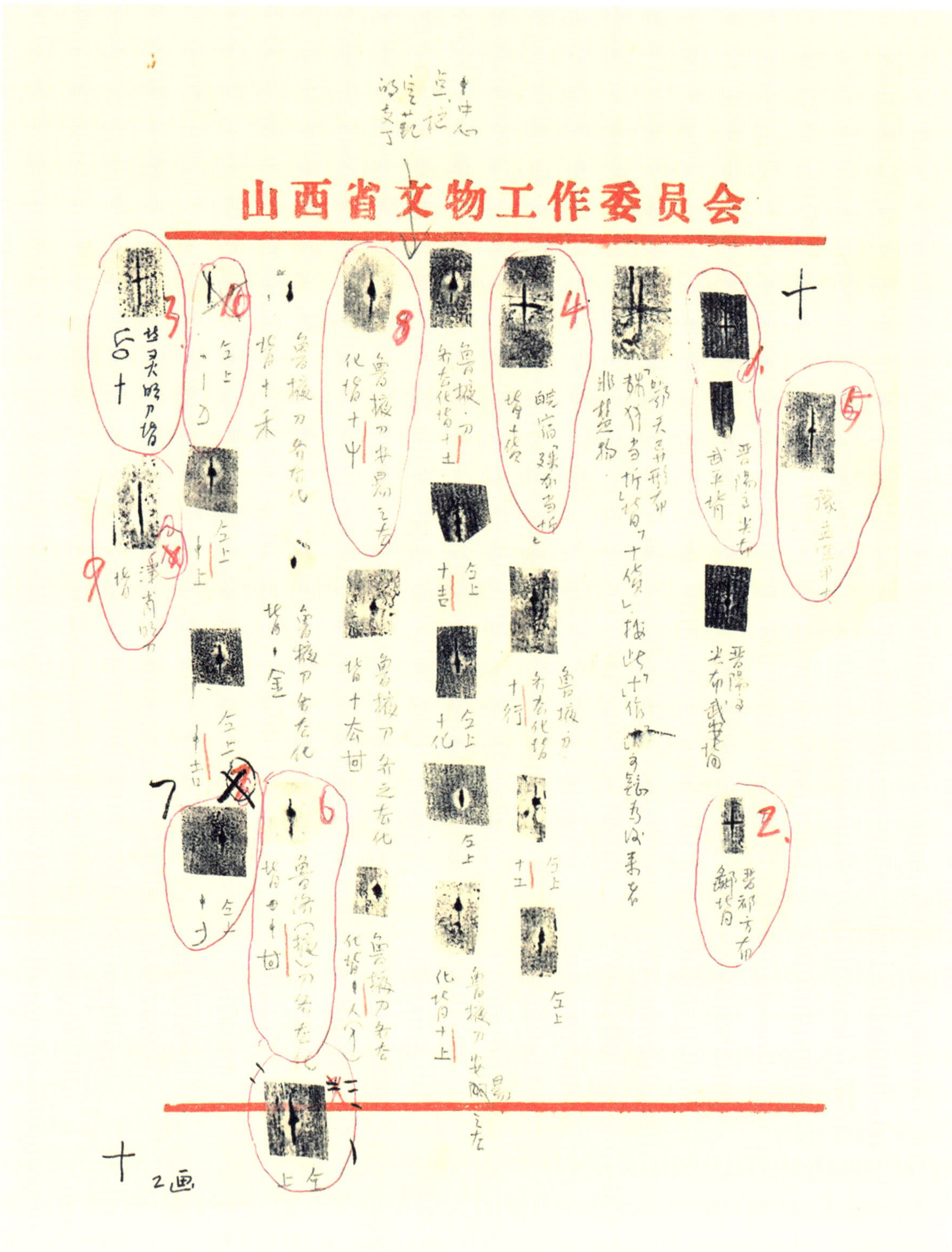
山西省文物工作委员会

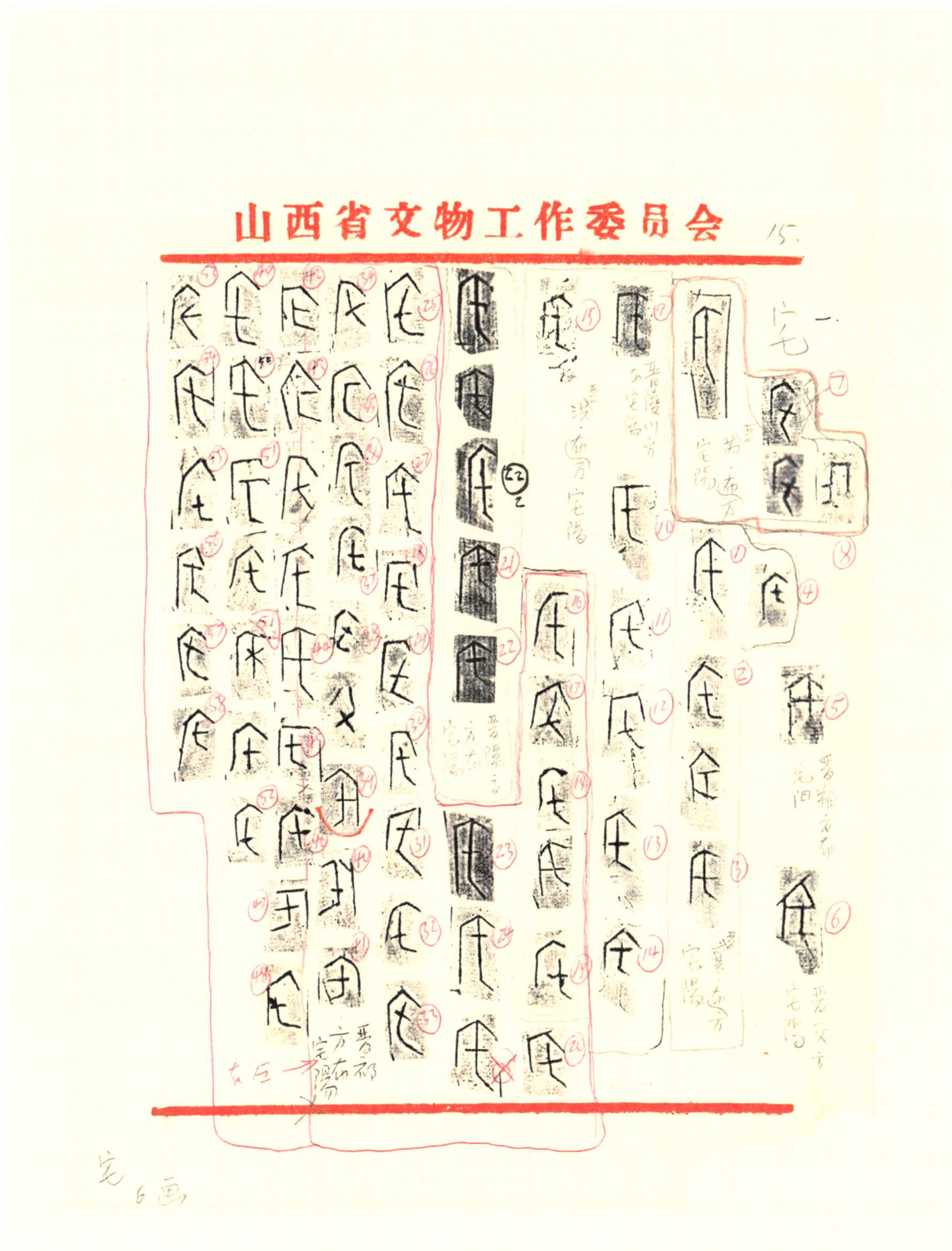

《古币文编》币文拓印积累研究手稿

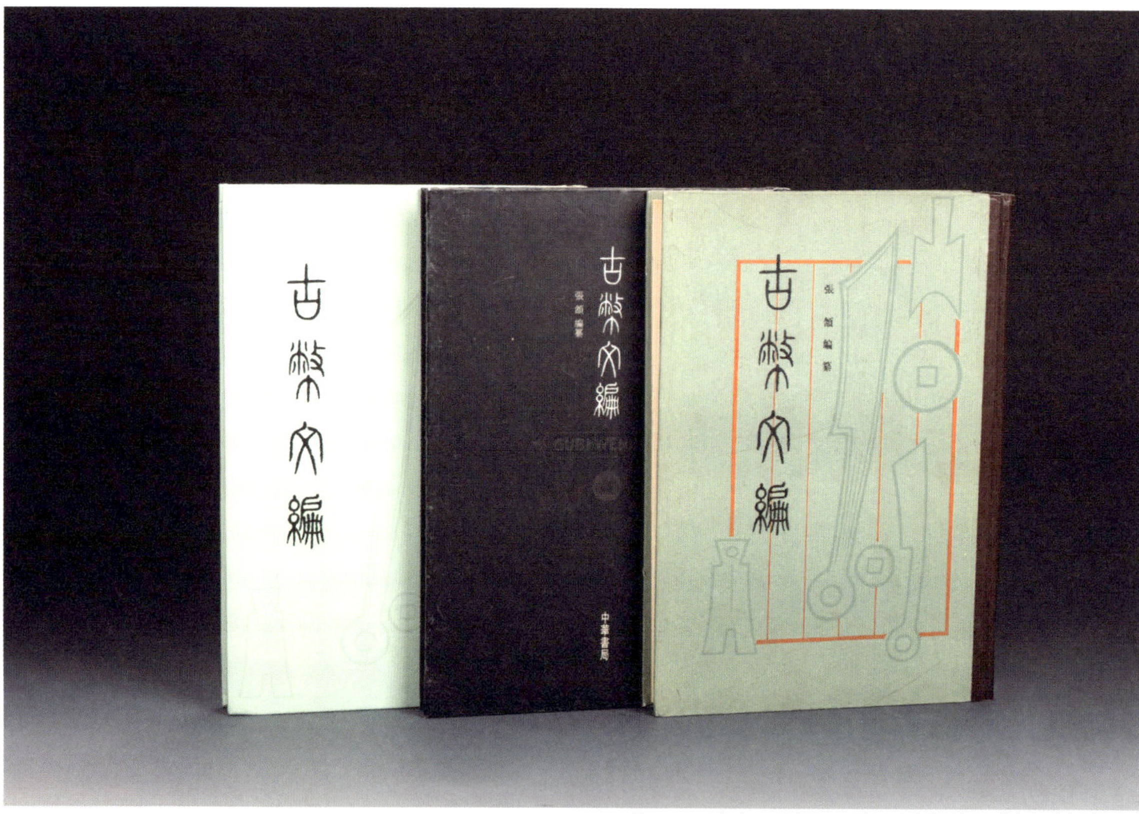

《古币文编》1986 版、2004 版、2010 版

儒学文献大型丛书《儒藏》

2003 年，北京大学编纂的国家哲学社会科学研究重大课题《儒藏》启动。《儒藏》选取《论语》至今的学术经典书目二百种，张颔先生的《侯马盟书》和《古币文编》，亦被收录其中。

勘晋阳古城

古晋阳在历史上很负盛名，遗址在现在太原市西南，原先叫晋阳县，现在叫晋源区，历代有许多英雄人物在这里活动过，有许多可歌可泣的历史事件在这里发生过。

《史记·赵世家》记载，春秋时赵简子的家臣董安于最早在这里筑城，后来智氏、韩氏、魏氏三家联军围攻赵襄子时，曾引水灌过晋阳。在这次战役中，智伯死，于是奠定了韩、赵、魏瓜分晋国的基础。西晋末年刘琨也曾在这里筑过并州城，据以抗拒匈奴，进行过激烈的战争。从史料看，晋阳古城具有三个特点。第一是使用时间长，从春秋时的周敬王二十三年（公元前490年），到北宋太平兴国四年（公元979年）太宗平北汉止，其间一千四百七十余年中未曾间断。历代均为繁华城市。第二是情况复杂，历代都有修建、新建、扩建，大大小小就有七个城郭，虽然位置变动不大，但其中某一些城址不一定历代都全部使用过，有兴有废，情况不一。第三，晋阳城不是逐渐荒废而是遭到战争水火突然毁灭的，因此地下保存的文物资料可能很丰富。

20世纪50年代后期，文物考古机构因全面启动对侯马遗址的勘察，并取得丰硕成果，就决定对山西省范围内，有关东周时期的古城遗址作一个较为系统的勘察。于是从1960年开始，先后对襄汾赵康古晋城、芮城古魏城、夏县古魏都安邑城、万荣古汾阴城、洪洞古羊舌城、闻喜古青原城、太原古晋阳城等十二处遗址，作了全面的勘察。张颔全程参与了对太原古晋阳城遗址的全面勘察，还亲自写了考察报告《晋阳古城勘察记》。

过去对晋阳古城只有历史记载和民间传说，没有做过正式勘察工作。这次对晋阳古城的勘察，是新中国成立以来的第一次，也是有史以来的第一次。当时因山西的勘察力量不足，晋阳古城的勘探，由张颔和国家文物局的谢元璐同志主持，还请了河北文物工作队的马尚柱同志担任钻探工作。这次勘探，时间不长，收获不小，不仅找到了东周时期的古遗址，还较为准确地勘定出晋阳古城的范围，初步复原了古城的轮廓，为后来晋阳古城的正式发掘打下了坚实的基础，确立了晋阳古城在考古史上的地位和价值。

晋阳古城勘察记

谢元璐 张颔

古晋阳是我国历史上負有盛名的一个城市，它的遺址在現在山西太原市西南原晋阳县。历代有許多英雄人物在这里活动过，有許多可歌可泣的事情在这里发生过。据史料記載，它从春秋时赵簡子的家臣董安于筑城开始。后来知、韓、魏三家联軍圍攻赵襄子时，曾引水灌过晋阳（見史記赵世家），在这次战役中知伯死，于是奠定了韓、赵、魏瓜分晋国的基础。西晋末幷州刺史刘琨也曾在这里筑过幷州城，幷据此城抗拒匈奴，进行过激烈的战爭。讀史方輿紀要称："都邑記：太原旧城，晋幷州刺史刘琨筑，高四丈，周二十七里。城中又有三城，一日大明城，古晋阳城也，左氏謂董安于所筑……。高齐于此置大明宮，因名大明城……。晋阳宮西南有小城，內有殿，号大明宮。又一城南面因大明城，西面連仓城，北面因州城，东魏靜帝武定三年于此置晋阳宮，隋又更名新城。又一城，东南連新城，西北面因州城，隋开皇十六年筑，今名仓城，高四丈，周八里……。"唐会要："旧太原都城左汾右晋，潛邱在中，长四千三百二十一步，广二千一百二十二步，周万五千一百五十三步。宮城在都城西北即晋阳宮也。隋大业三年……詔营晋阳宮，高祖起晋阳故宮，仍隋不廢其城，周二千五百二十步。汾东日东城，貞观十三年长史李勣所筑，两城間日中城，武后筑以合东城。崔神庆傳：武后擢神庆为幷州长史，初，州隔汾为东西二城，神庆跨水連堞合而一之……"。現在的"晋祠"在唐代正是太原城的西郊，李白詩："閑来走馬城西曲，晋祠流水如碧玉……"即是证明。直到北宋初，太宗平北汉时，才将整个晋阳城毁掉。从以上这些史料中看，晋阳古城具有三个特点：第一是使用的时間长，从春秋时周敬王二十三年（公元前490多年）到北宋太平兴国四年（公元979年）宋太宗平北汉止，其間一千四百七十余年中未曾間断。历代均为繁华城市。第二是情况复杂，历代都有修建、新建、扩建的措施。从史料上看大大小小就有七个城廓，虽然晋阳城的位置变动不大，但某一些城址不一定历代都全部使用过，有兴有廢。第三，晋阳城不是逐漸荒廢而是遭到战爭水火突然毁灭的，因之地下所保存的文化資料可能很丰富。

过去对晋阳古城只有历史記載和一般傳說，沒有作过正式勘查工作。为了配合侯馬晋国新田古城遺址的发掘与研究工作，必須对山西省范圍內有关东周时期的古城遺址作較系統的勘察，所以我們于1961年6月对晋阳古城遺址作了初步的勘察，幷由河北省文物工作队馬尙柱同志担任鉆探工作。勘察工作虽然时間很短，但是收获不小，不只找到东周时期的古城址，而且找到了这个古城的范圍（图1）。另一方面由于时間的仓促对古城范圍內的一些小城址，未能系統的进行工作，所以对这个古城历代的使用情况，还須作进一步細致的了解。

勘察开始时，我們了解了当地有历史意

晋阳古城勘察记（《文物》5/1962年）

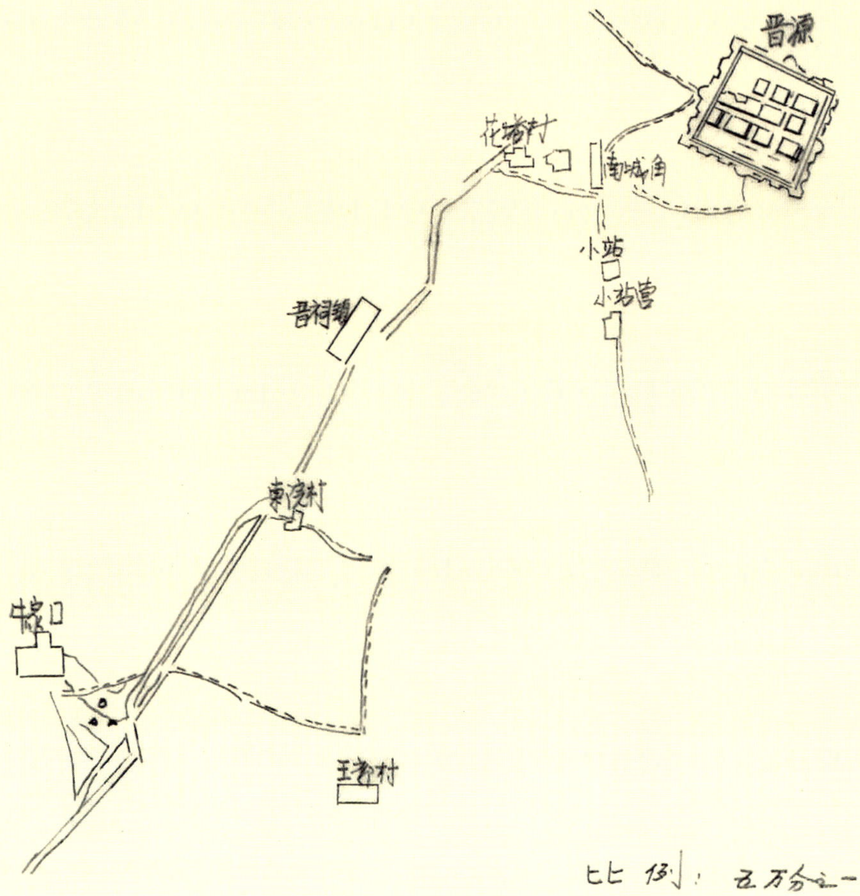

张颔先生手绘勘晋阳古城图

张颔和谢元璐两位先生最先在南城角二郎庙下发现了一段古城遗迹，在此基础上分别向东及向北进行了调查、勘探，探明南城墙残长 626 米，西城墙全长 2700 米。同时根据夯土的质地、色泽和夯法，认为这是一座东周古城。此外，他们还在古城以北发现了“罗城”，根据建筑方式及采集器物，推测其年代为汉晋之间。在古城内中部发现一段东西向城墙，推测其为唐代所建。并对古城营村西民间传说的“大明城”进行调查，从其夯土结构判断其年代晚于汉晋。由此可见，这是一座历史时代“复杂”的城池，两位先生的发现确立了晋阳古城在考古史上的地位和价值。

勘晋阳古城组照

书先秦古篆

张颔从来不以书法骄人，然其书法极具个性特色。他精通古法，通晓文字的渊源，所以他的书法作品深沉博大而朴拙古雅，直逼周秦，形成了自己的独特书风。他是学者型的书法家，把学术研究和书法创作相结合，尤其书写的盟书、简牍类文字，古意盎然。

著名书法家冯其庸先生在给《张颔书法集》写的序中提到：“要谈张颔老的书法，必须首先谈他的学术，因为他不是专业的书法家，而他是真正的学问家。”还说：“正因为他不是专业的书法家，所以他的书法不入时流，也无半点媚俗之气。”“书如其人。张老是古文字专家，古史专家，考古专家，由于他的专业，也使他的书法呈现了与众不同的特色。他的学术传世之作是《侯马盟书》及精研古器物、古史的文章，他写的这一类的古篆文，直接逼近原物，可说下真迹一等。他有一些摹写在原石上的作品，几乎可以乱真。所写的《侯马盟书》的古篆，是最近真迹，他没有为了书法美而改变古人的笔法。他所写的这类古篆，其用笔之圆熟流利，结体之繁复而又端秀，令人越看越爱看，越看越有内涵。”再一个特点就是：书法中蕴含着文化、历史、文采。不会只是依样画葫芦，照帖临摹。总而言之，“学人之书，格高韵古”则是对张颔先生古篆书法特色的高度概括和赞誉！

右页图

临《栾书缶》（纵 69 厘米，横 36 厘米，1964 年作）

释文：正月季春元日己丑，余畜孙书也，择其吉金以作铸缶，以祭我皇祖，虞以祈眉寿，栾书之子孙万世是宝。一九六四年仲秋摹栾书缶文字，张颔。

钤印：张颔

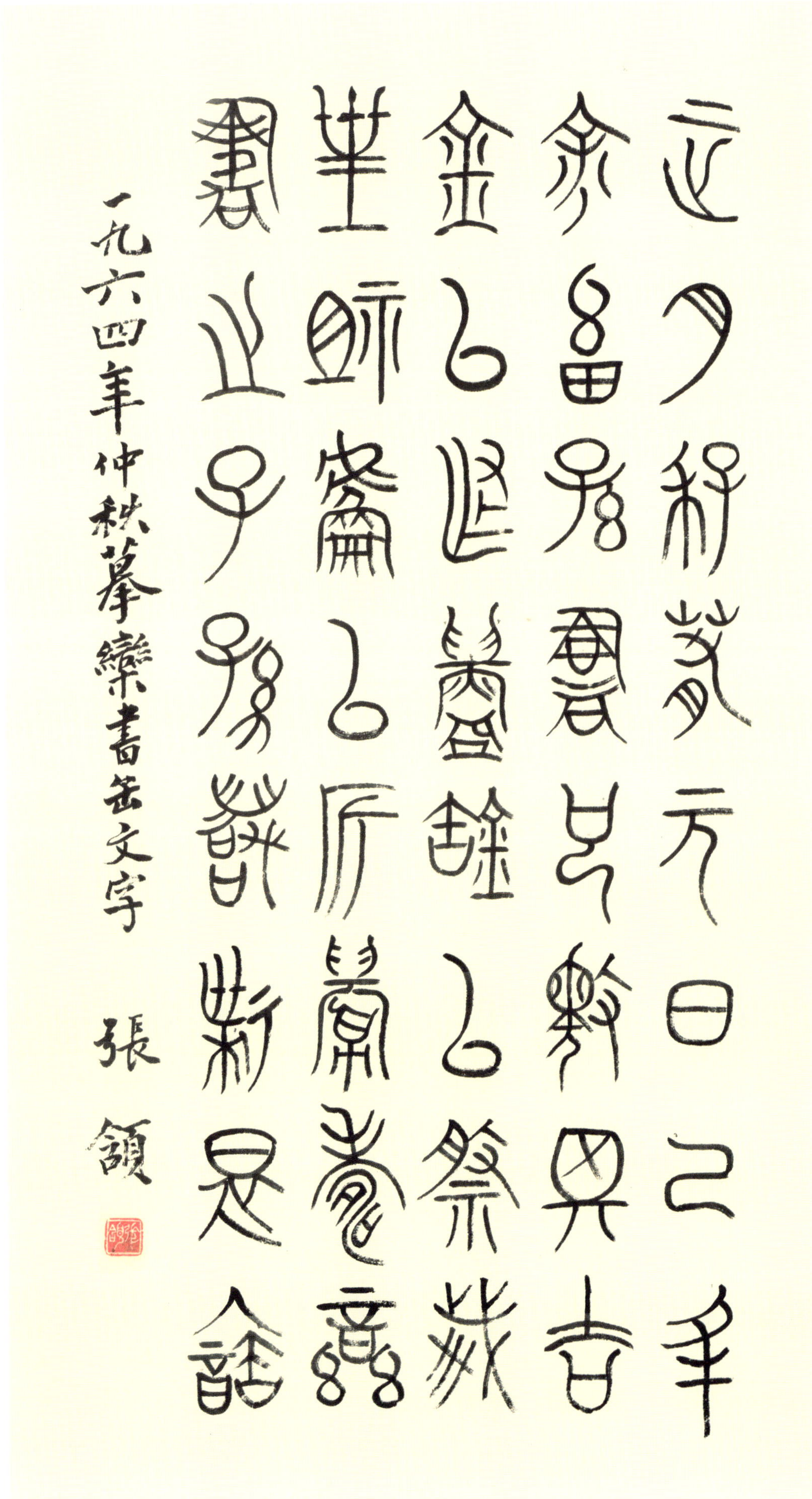
一九六四年仲秋摹欒書缶文字
張頷

惟吾德馨（纵 22 厘米，横 95.5 厘米）

钤印：张颔长寿，作庐老人九十后作，不扫堂二堆老人

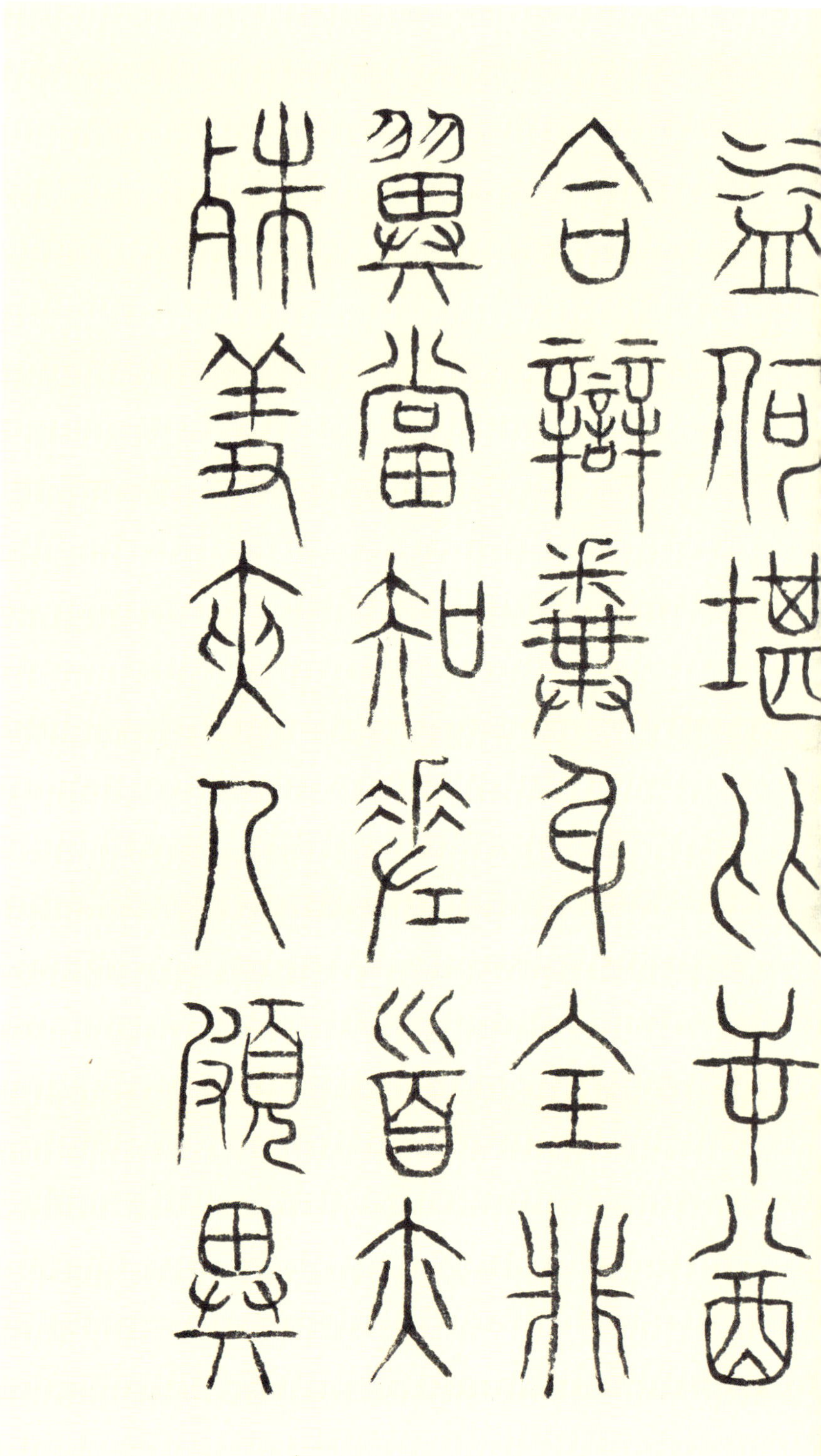

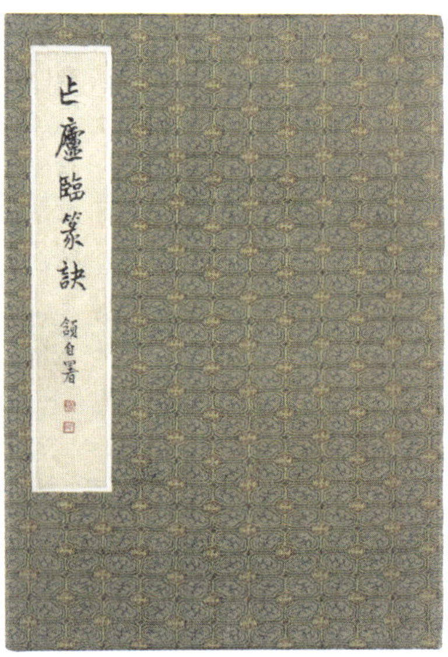

《作庐临篆诀》册页（纵 34.5 厘米，横 24.5 厘米，2011 年作）

須看秦李唐宋
泰隸皆雖同篆
不得文字方音
交形生難形點
畫一般永兼并
既不同與皆美

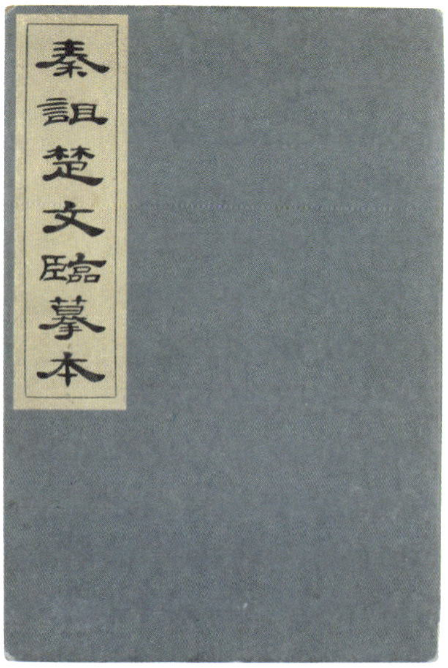

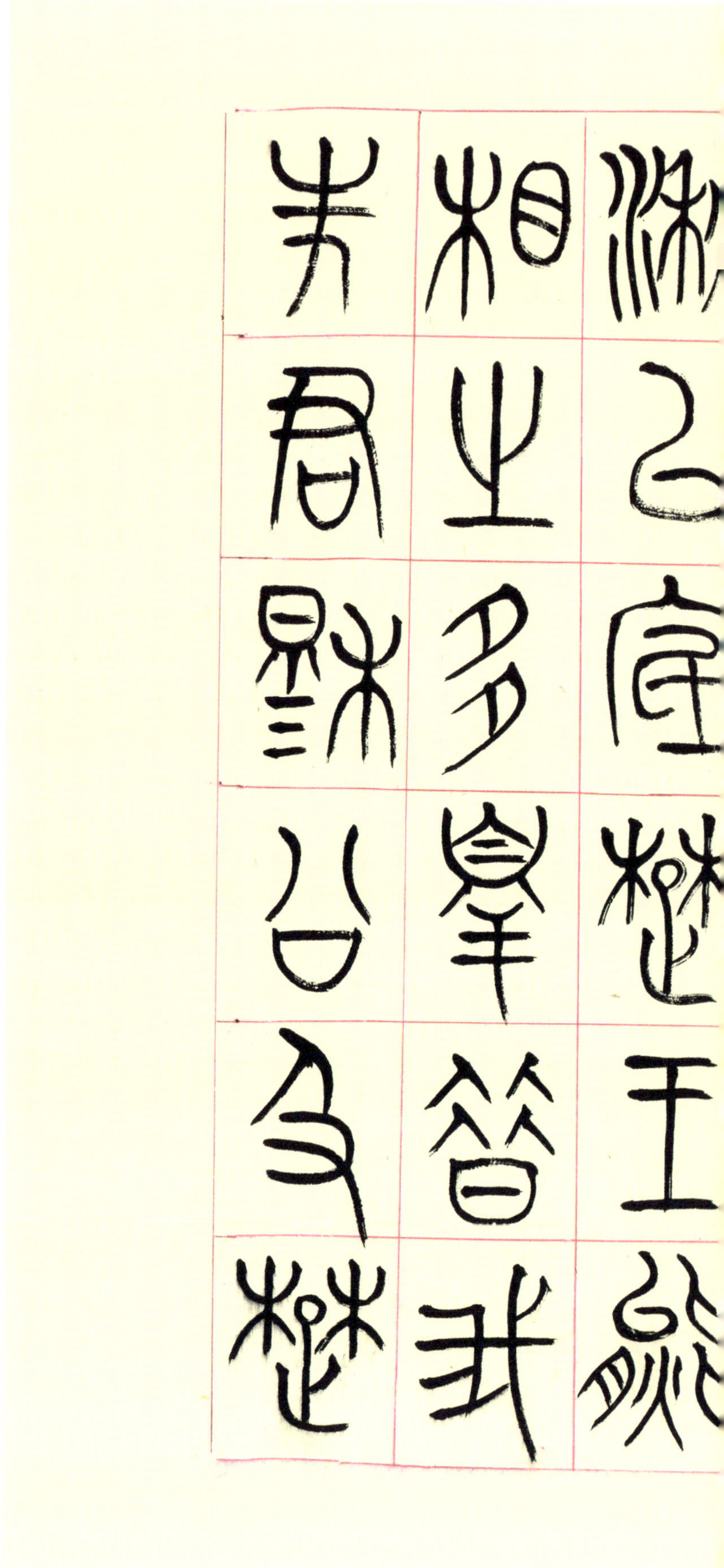

《秦诅楚文摹本》册页（纵 35.5 厘米，横 19.5 厘米，1972 年作）

又秦嗣王敢用
吉玉宣璧使其
宗于不鼛布憝
告祝邵顯大神
巫咸及大沈久

《着墨家山》开幕式暨座谈会与会嘉宾合影

附录

“着墨家山——张颔先生与他的家乡介休”展览开幕式暨纪念张颔先生诞辰 101 周年座谈会纪要

由山西省考古研究院（山西考古博物馆）、介休博物馆联合主办的“着墨家山——张颔先生与他的家乡介休”展览开幕式暨纪念张颔先生诞辰 101 周年座谈会于 2021 年 11 月 16 日上午在山西考古博物馆崇圣祠院内举行。会议邀请了山西省文物局副局长于振龙，山西省考古研究院院长王晓毅，中共介休市委宣传部部长李克虎，省城文化名流及张颔先生的亲友、家乡代表和学生代表一同出席。同时省城有十多家媒体也前来出席并给予了宣传报道。

开幕式由山西省考古研究院副院长郑媛女士主持，会上**山西省文物局博物馆与社会文物处处长张晓强**受副局长于振龙委托，代表山西省文物局进行了讲话：

尊敬的各位来宾、同志们、朋友们，大家上午好！

今天我们相聚在太原文庙，在我省的文博前辈张颔先生曾经工作的地方，举办“着墨家山——张颔先生与他的家乡介休”展览，以此来隆重纪念这位为山西的文博事业奋斗了一生的大家。我受于振龙副局长委托，仅代表山西省文物局向本次展览的开展表示热烈的祝贺，向各位嘉宾的到来表示诚挚的欢迎！张颔先生不仅是我们文物局的老领导，也是我省现代考古学的拓荒者和奠基人之一。在 20 世纪 60 年代，以张颔为代表的考古前辈，克服重重苦难，发掘了侯马晋国遗址，并以发现的侯马盟书为中心开展整理研究的工作，取得了令人瞩目的成果，为晋文化研究提供了重要资料，对研究我国春秋时期的礼制、文字

主持人郑媛女士

等方面做出了极大的贡献。

张颔先生是我省老一辈文博人的优秀典范。他治学严谨，品德高尚。在谈及如何写文章时，他主张在新意上下功夫，既要立论高远，也要为文谨慎，反复检验，不仅示例引用要牢实可靠，一字一句也要妥妥帖帖，所以先生的文章，即使内容深奥，但读起来依旧流畅自然，极具功力。

继去年推出《大家张颔》展览之后，山西省考古研究院在今年又举办《着墨家山——张颔先生与他的家乡介休》这一展览，通过展示张颔先生幼年的成长历程和对故乡的拳拳之情，引导我们学习他不惧苦难、埋头苦干的工作作风；学习他求真务实、勇于创新的治学态度；学习他无私奉献、造福桑梓的高贵品格。正如山西省文物局刘润民局长指出的：张颔先生的工作精神正是莫高精神在山西的集中反映。党的十九大以来，习近平总书记高度重视文物保护事业，多次作出重要批示，为我们工作提出了一系列的期望和要求，特别是在致仰韶文化发现和中国现代考古学诞生100周年的贺信中，总书记指出，考古工作者要增强历史使命感和责任感，发扬严谨求实、艰苦奋斗、敬业奉献的优良传统。张颔先生就是这种优良传统的典范。在省委省政府的领导下，山西省文物局一直注重文物专业人才队伍建设，2020年1月，省委批准设立我省文物系统最高奖——张颔领军人才奖。这既是对张颔先生一生贡献的肯定，更是期望我省的文物工作者能够以他为榜样，续写山西文博事业的新华章，为更好践行文物工作的历史使命，为实现中华民族伟大复兴的中国梦做出更大的贡献而接续奋斗！

最后，预祝展览圆满成功！祝各位朋友身体健康，工作顺利，谢谢大家！

张颔先生家乡的代表，也是主办方之一的**中共介休市委宣传部李克虎部长**，代表介休市委市政府讲话：

尊敬的张处长、王院长、各位领导、各位专家、各位嘉宾，大家上午好！

今天是从我们介休走出去的享誉国内外的文博大家、古文字学家、历史学家张颔先生，诞辰101周年纪念日。我们怀着崇敬的心情，齐聚在山西考古博物馆，共同缅怀张颔先生生平业绩，学习张颔先生高尚情操，这是一次满怀感恩，怀念先贤具有特别意义的纪念活动，在此，我仅代表介休市委市政府向张颔先生表示深切的缅怀和崇高的敬意！向张颔先生的亲属、

山西省文物局博物馆与社会文物处处长张晓强先生

中共介休市委宣传部长李克虎先生

故交、弟子表示诚挚的问候！借此机会，对省文物局、省考古研究院、有关新闻媒体，给予介休长期以来的支持与关注，也表示衷心的感谢！

张颔先生是从介休热土走出去的文化英雄，一直以来都是我们介休的骄傲！张颔先生的一生，研究领域广泛，涉及古文字学、考古学、晋国史及古钱币等，先后出版《侯马盟书》《古币文编》《张颔学术文集》等著作，在中国学术界产生重大影响。1965年主持侯马东周晋国遗址的发掘工作，经过十余年的艰苦专研，于1976年发表巨著《侯马盟书》，被国内外史学界公认为是新中国考古史上的一项重大贡献。2004年，西泠印社特邀张颔先生为社员，这是这家国内历史最久、影响最大的金石书法篆刻学术性团体，成立百年来邀请加入的第一位山西会员。

张颔先生清贫治学，虚怀若谷，更不忘为介休家乡培根铸魂。先生17岁就离开介休，但对介休这片故土充满感激、怀念之情，先后整理家乡的介休宝卷，写成文字呼吁社会重视；他全力促成祆神楼的保护修缮，为介休保住了弥足珍贵的中国祆教第一楼；数次自提“归根”二字；对介子推、介休地名等的考证及对介休文博界后辈的提携都体现了他对家乡的热爱和深情！他早年刻苦求学的故事，青年时期追求进步的宏伟理想，中年奋进治学，终成大家的精神，更是给家乡人民留下了宝贵的精神财富！

这次学习宣传贯彻党的十九届六中全会精神和省十二次党代会精神的关键时期，举办“着墨家山——张颔先生与他的家乡介休”展览，不仅是为了追忆张颔先

介休市政协副主席郝继文先生

山西大学教授李德仁先生

生的光辉一生，更是为了学习、弘扬、传承张颔先生的高尚风范和高尚美德。希望大家牢记先贤的谆谆教诲，继承先贤的无上荣光，与时代同行，与人民同行，凝聚全方位推动高质量发展的强大正能量。

最后，祝各位领导、来宾、同志们工作顺利，身体健康，谢谢大家！

开幕式结束后，紧接着召开了纪念座谈会。座谈会上，与会的嘉宾、学者、亲属等满怀追忆缅怀之情，分别分享了他们与张颔先生的过往、交集。

介休市政协副主席郝继文：今天大家聚在这里，我觉得心中是感到非常温暖的，就是真正对文化人的有所关怀！自己也写点小文章，搞点小研究，也爱好书法，看到张老能够这样受到大家的尊崇，能够看到我们的考古单位对先辈这样的纪念，确实是从内心感到温暖的。我和张老也接触过，在20世纪90年代后期，他（张颔先生）回家（介休），那时是一件很重要的事情，文化人听到信息，都第一时间到宾馆去找他。我第一次见张老，是高智老师陪他回介休，当时只说了几句话，那时我很年轻，完全什么事也不懂。后来去政协文史委工作以后，曾经去三哥（张崇宁）的家里访问、求字，求给我们介休政协的文史资料题名，给《介休报》题名，自己也蹭着求了个“斋号”，说好之后都是写在纸条上，我当时也很忐忑，因为好多“大家”总是答应得好好的，最后就没音了。但是一个月以后，当时我们史志办，我的前辈刘保全，拿了一个信封来，信封皮上写着分别给谁的字、斋号等，里面装着写好的内容。当时真是欣喜若狂！能够拿到这样的一个墨宝，对于我们晚辈、后学来说，确实从心里感到一种无法形容的激动，更反映出张老说话算话，为人诚信的品质。展览中展出的“介休报”的题头，就是当时我和报社的社长一起来求取的。张老对介休所有要求题字的地方，几乎人人满足。这就是对家乡的一份感情，我们都知道，张老的字那么珍贵。

这次展览的名称起得非常好，“着墨家山”，是张老在他的一幅山水画上题的四个字，鲁迅的诗是“只研朱墨作春山”，那么张老给介休写的这个叫做浓墨重彩的一笔！就如晓毅院长刚刚所讲，介休对张老的影响以及张老对介休的反哺，将这两件事集中在一起讲，就是我们今天纪念的意义！另外，最近我在着手研究张老小时候呆过的“行余学社”的一些事情，有些内容很容易表达他的文化传统，就是张老在介休积淀的笔墨、文字、包括他的兴趣和基本的功力，现在不管是从他的传记还是朋友们的相传中，都没有听到他再拜师学习书法、学习画画、学习篆刻，那么他的基本的功夫和见识，就是很小的时候在行余学社凝结的。所以我想下一步再做展览，能不能把张老和行余学社作为一个主题。张老带给介休的点点滴滴，我这些年也一直在关注，比如对张壁、对绵山、对我们的市志、对我们的宝卷研究和我们民间的好多个人、社团等，都有受惠于张老的支持和帮助、鼓励等等各个方面，这些共同汇成了张老和介休一种深深的家乡情结！这一点也促使我们后人努力地学习张老的治学和做人。所以今天利用这个纪念活动，我也特别表达一下对张老的崇敬之心！在此也代表介休政府对将来张老的宣传、纪念和研究等各方面的活动，努力做好我们介休工作。

山西大学教授李德仁：今天是张颔先生诞辰 101 周年纪念日，非常高兴能参加这个活动。我正式跟随张颔先生学习是在 1965 年的秋天，当时正好是有这么个机遇，即我和张颔先生的大儿子张继林是同班同学。因我自小受家庭的影响，喜欢篆刻、书画，也喜欢古代的文物、掌故类等，当继林同学回去和他父亲讲了我的情况时，张颔先生就说：“把他的作品拿来我看看。”后来我去见了张先生，聊了聊之后，先生当即考我，写了几个楷书字体，要我写成小篆，碰巧那几个字我正好会写，写好后，先生说我写的都对，就是在架构及笔画的安排上有些不足。接着他说，年轻人喜欢这个的不多，有点基础的就更少，那以后你就做我的学生吧。我当时非常高兴，从此每周及课余时间都去跟先生学习。后来在“文化大革命”期间，先生住“牛棚”，在文庙西院，我当时因搞大寨展览，也住在文庙西院，见面的机会反而很多。接触多，小故事自然也很多。比如有一次他和我聊起，他说历史上真正搞历史的人的下场都不太好，像司马迁这样的，我就问那是为什么呢，他说，搞历史的人，他要忠于史实，他不可能今天是一个说法，明天换个领导就换另一个说法。搞历史必须是实事求是，即史家的心必须是耿直的，那么就会得罪一些当局的领导官员。我又问，那样的话，搞历史岂不是很有风险？先生说，有风险也得搞，即使遭遇不好也得搞，必须坚持这个正气，必须坚持实事求是。类似这样的谈话有很多，总之从我和先生的接触中，我能感觉到，先生的人品是非常高尚的！先生喜欢鲁迅，深恶痛绝社会上的歪风邪气，这从他的诗文及平日的谈吐中，都可以了解到。先生一生严格遵守纪律，他接触的文物很多，比如研究《古币文编》，要接触大量的古钱币，那时的古币也很便宜，但他从来不收藏，说作为文物工作者，就要严格遵守这个纪律。就类似这样的语言、教导，对我而言，是受益非常大的。

我自己只是初中毕业，考上技校也只上了一年就遇上“文化大革命”，幸运的是有这样的机会和张颔先生学习，学习书画、书法、篆刻，后来陆续出版了好多作品。其中有不少年画，每次发表作品前，连草稿都会请张颔老师看，因为我喜欢画一些历史题材的，他每次看到其中所用的服装、道具等都会为我一一指点。所以，我的作品发表出版以后，国内的同行们就问，为什么你的作品里那些时代的特征就那么准确呢？我就自豪地说：是因为我有个好老师，给我指导，给我把关！张颔先生特别注重关心晚辈、后学，因为历史、文化的治学等都是需要传承下去的，所以培养和支持年轻人就尤为重要。我们在太原，山西有很多张颔先生的学生，受先生的恩惠，我们是永远不会忘记的！

山西省晋宝斋原总经理靳忠：说到张颔先生，有很多的故事，因为我在文化宣传系统工作了二十多年，亲身经历，耳濡目染，对张颔先生是由衷敬佩！谈这么几点。第一点，张颔先生是真正的、流着山西血脉的、具有山西质朴风格的伟大文人！之所以这么讲，大家先听我讲个故事。记得是2013年，当时王绍尊和李炳璜（也是我们山西的一位老学者）在香港有一批东西，我去香港找到收藏家，做了很大工作，拿回了这批东西。拿回来就在晋宝斋搞了一个展览，展览的名字叫“艺苑双清”。展览一出来，就想请王绍尊和李炳璜两位先生的生前好友、同辈们观展，我就一个一个地去通知，可万万没有想到——张颔先生乘坐轮椅，由家人抬着来到画廊，当时他已九十多高龄了，我正好出差不在，后来是员工给我讲这个过程，说张颔先生一点一点仔细地观看了每一幅作品，看完之后还在现场寻借了女士的高跟鞋，用以勾画了一个猫的背影，并题了两字“见背”，这张画现在还保存在晋宝斋。就在这个之前，我曾专门邀约了我省一位著名大家，本来上午约好，未见，下午又等对方午睡醒之后，我亲自上门邀请，却回复“感冒，不去了”，我又告知展览还会持续到什么时间，依然说“我就不去了”。这就是一个鲜明的对比！这就是讲一个文化人，这种胸怀，有包容心及有人文情节的学者。就是因这件事，决定了我要给张颔先生搞展览。我觉得这是真正的文化人，所以在2014年为张颔先生在晋宝斋举办了“作庐风华”张颔学术艺文展览。这个对我触动特别大！“见背”这幅画的寓意，我是非常清楚的，饱含了他对前辈的那种敬仰、怀念之情！就凭这，我给先生做了一个展览、出了一本书。

第二点，就是张颔先生是全国的大家，他的学术影响是全国的，甚至是世界的，这是毫无疑问的。前段时间我去北京，和蒋迎春先生（北大考古系毕业，现在的保利文化集团董事长，和咱们的田建文、吉琨璋先生都相熟）在一起时，聊起了张颔先生，他说，就冲你能给张颔先生做展览，我要满满地喝一大口杯。可以看出他是非常敬佩（张颔先生）的！他就是抱怨，我们山西还

晋宝斋原总经理靳忠先生

是没有把张颔先生放在全国的这个平台上、这个高度上来认识，认识得不够！张颔不仅是山西的“大家”，是全国的“大家”，这一点一定得清楚！所以我想我们后辈，包括我们在座的各位有责任，有义务，要有担当，把张颔先生的学术思想、人文精神发扬光大。

三晋出版社原社长张继红：我就从编书的角度来讲讲吧。刚才看到展览里张颔先生拄拐杖的那张照片，我突然想起，之前张颔先生快去世前的一个交待，就是关于这个“拐杖”，大家应该都熟悉，还有做成全型拓的，只要搞纪念（张颔先生）活动就一定有“拐杖”的照片。有一天，我去到先生的家（万水澜庭）里，说起了这个拐杖的事，我说拐杖有好多好多的名称，尤其是乾隆、康熙时，举办“千叟宴”，赠给老人的拐杖，称为“鸠杖”。我问先生那“鸠杖”到底是什么样的形制？当时，张先生就详细地给我讲了一通，他对此非常清楚。我就说平时看书也看到过好多关于拐杖的资料，是不是可以写成本书呢？张先生您给写写吧。张先生说：我实在精力不济了，要不你来写吧。我当时也年轻，就欣然应下：行，我来写。但过后因为做服务性的工作——编书，也是非常占用时间，所以到现在也没能完成这件事。但是我却一直放在心里，平时看书，凡是有关拐杖的文字都记录下来，现在积累了有几百张相关的卡片，将来有时间一定写成书。说这个“拐杖”，实际上是对老人的一种尊敬，完成这本书，也可以说是完成老先生对我的一道“遗命”。

我虽然是给张先生编书，给他服务，但实际上在这个过程中也学到了不少东西，包括先生的精神、学问、品格，真是越看越佩服有加！慎终追远，我觉得张先生是我们山西文化界的一面旗帜，虽然他已去世，但他的形象却愈显高大，确实是在全国甚至全世界的考古学界、文化界都很有影响的人物。我作为一个编书人，现在虽已退休，但今后有机会（从我自身来讲）一定对张颔先生的精神境界和学问进行进一步挖掘。但实际上张先生主要是在考古学界有着重大贡献，王（晓毅）院长就和我讲过，对张先生，我们一定要把他树起来，每年都要为他做纪念活动，崇敬有加不断地去宣传他。我相信，这是对的，我们在座的都是张先生的弟子、朋友、晚辈，我们一起努力，努力学习好张先生，宣传好张先生！

山西省考古所原副所长海金乐：我简单一点，讲一句话、

三晋出版社原社长张继红先生

山西省考古研究所原副所长海金乐先生

一个小故事，以此来纪念张颔先生。一句话就是：今天是张颔先生诞辰101年的纪念日，考古研究院举办了这个展览，我看了，小而精，非常好！从我内心感谢主办单位，感谢我们山西省考古研究院做的这次活动，包括这次开幕式和座谈会！我觉得宣传张颔先生的这种学术思想和学术素养，就是宣传我们山西省考古研究院，就是宣传我们山西。那么我希望张颔先生的这种学术思想、这种学术素养，让我们考古院的年轻后学者，今后能多出几个像张颔这样的“大家”。

一句话讲完了，第二讲一个故事。背景情况是，大概在1979年，张颔先生安排的一次考古活动。当时正好是山西省文管会和山西省文物局新老交接的时间段，可能还在文管会阶段，我20岁刚出头，身份是文管会的一个合同制工人，搞钻探。这个考古活动的相关情况是我亲自经历过的，如果说现在再让找出个人，把整个的考古活动说清楚的话，可能还很难找到，所以也算是鲜为人知。这个考古活动是张颔先生安排了陶正刚先生组织一支考古队，对现在的晋源区做一次区域的考古调查，如果可以的话，做一次考古发掘。随后我、李全敖以及太原市文管会的王天麻、王德玲，我们几个组成了一个考古队。主要是对晋源区区域，就是以晋祠周围的牛家口区域为中线进行调查。调查的理由，其实（当时）我是不明

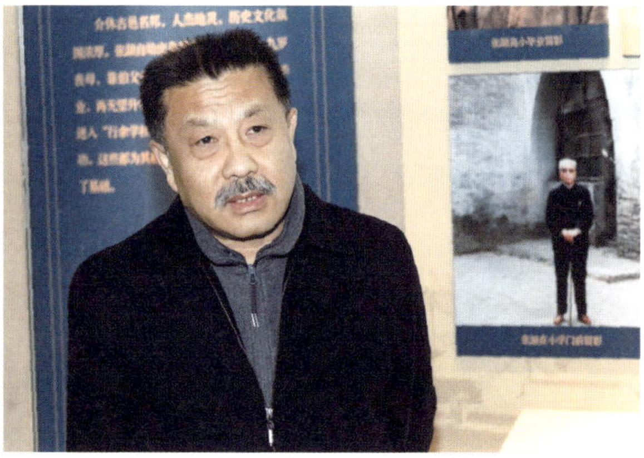

文化学者介子平先生

文化学者郝岳才先生

白的，文献上是如何记载的？考古上有什么要求？想解决什么问题？当时并不太清楚，后来是读了书，跟前辈们学习之后才了解清楚的。张颔先生的本意是，在存世的文献《左传》里提到了，西周成王时期，成王的封地，关于“叔虞与唐”的故事，当时在山西大学历史系的一些老师、学者写了不少文章，也做了不少研究，并一而再再而三地强调，叔虞封唐的“唐”，古唐地就在太原，而且言之凿凿。那么张颔先生当时和北京大学的周文先生在山西的很多区域都做过调查，他所掌握的历史信息和考古信息肯定是比较丰富的。按照考古的要求和历史学研究的要求，张颔先生非常严谨，他对于那些言之凿凿讲“叔虞封唐”中的古唐国就在山西就在太原就在晋祠牛家口附近有些遗迹的说法（我觉得张颔先生是觉得这件事有些丢人），试图通过田野考古的手段（考古调查、考古发掘）来解决这个问题，即使不是古唐国，也是一种考古的成果。于是我们当时花费了一个多月的时间，在这个区域做调查、勘探，结果根本找不到东周以前的陶片和遗存，而且当地有一个坟土堆，即“土冢子”，被当地老百姓认为就是“叔虞墓”。其实在后来我们了解了很多信息后，觉得张颔先生真的不愧是学术“大家”！他不仅对于历史，对于古文献有足够的了解，在考古方面也联合北京大学、国家文物局等，在晋阳古城、吕梁山区及山西相关地方，就这个课题的调查做了大量工作。考古的信息很丰富，历史的信息也很丰富。其实在做这个考古活动之前，张颔先生心里非常明确，晋源区的这个所谓的“叔虞墓”百分百是不存在的。因为根据以往的调查，晋源区根本就没有西周时期的考古遗存。我们通过调查，通过勘探也证实了，的确如此。即使在这种情况下，张颔先生仍决定调查发掘所谓的“叔虞墓”。最后的考古结果是汉代的遗存。我讲这个小故事，主要是想说明张颔先生在学术理念、学术思想方面，就是解决历史的问题，采用考古的方法是非常有效的。有一分材料，说一分话，没有材料，说话要谨慎。

文化学者介子平：和张颔先生交往了多年，记得有一次我正在晋祠附近一个叫康庄的地方，单位正开会的时候，张先生突然给我打来电话，问我有没有事，我说正开会呢，又赶紧说，我没事。先生就说想让我过去聊聊天。我于是赶紧叫了车，去了张先生家。聊的内容呢，因为他专业学术上的事，我是不懂的，所以就聊起了介休的事。说到老爷庙前有个卖糕的摊子，他说那个糕好吃。说到了那里的说书人，七十多年过去了，先生居然还能叫出那人的名字，我当时就觉得真是一种老来思乡的感觉！后来我把和先生的很多交往都写成了文字，发了出来。从开始的交往，到后来的塑像，以及追悼会都有记录，文字虽然不长，但合起来还是有一些体量的。张先生做了两篇“文章”，一个是考古学的“文章”，一个是道德的“文章”，这两篇文章他都做得非常好！另外我每次去到先生家中，看到挂在书房的两个“水牌”上内容都不一样，就说明先生都九十岁的人啦，依然每日还在学习。我就感觉对我是一种鞭策，他那么大的学者，却很谦虚，虚怀若谷，和现实一对比，就感到很不堪很不堪！张先生已经算是往生了，那么我们在座的，能为他做点什么呢？我知道张先生留下许多的遗稿，都有待整理。现在我和小荣兄弟联系也比较多，知道他也在复印出来，不断地请人来整理。我觉得这才是实实在在的做事，包括这个展览，也是实实在在为先生做的事！说到这个展览，刚刚我们都看了，非常好，小而精，名字起得好——“着墨家山”，之前有个“着墨周秦”展，一看就是一个系列的，而且颜色搭配也非常好，谢谢你们！

文化学者郝岳才：我是搞经济的，本来不是搞文化考古的，但是二十来岁时就喜欢，所以这么多年，工作之余，一直就喜欢古的东西。我是平遥人，张先生是介休人，我每次登门的时候，都和先生讲家乡话。要说登先生的门，他已经搬到了万水澜庭，比较晚一些，实际上一直非常景仰张先生，只是一直不敢登门。后来是自己写了两部书，一个是研究易经的，一个是考证平遥文化历史的。这其中我用了一个方法，就是用天文星野考证尧文化。尽管书出了，但是自己还是诚惶诚恐，最后就抱着两本书登门去了张先生家求教。记得当时登门时，还带了一位叫徐忠（现在介休工作）的同乡，是个晚辈，年龄很小，当时张颔先生在《张颔传》这本书上，亲笔题名后，赠与我们。结果到现在为止，徐忠对这本书是不舍得看的，恭恭敬敬放在书橱里，不动，然后再买了一本来看。可见后学年轻人对张先生的敬仰！另外我想说的是，张先生研究科学是严谨的。我喜欢天文，就顺着张先生当年读过的书、他从小的经历，来寻找脉络，其中就说这个“着墨家山”，因为平遥、介休属于一个文化区，我因为我姥爷常年在介休做事，母亲也在介休呆过，所以对介休的历史人文也是了解一些。从张先生后来搞考古，从他对音乐学的研究，对天文学的研究，几乎都能在家乡，就比如展览题版中提到的“四声歌”（讲平上去入的）、“跑报子”（讲祈雨的）、“九九消寒图”（讲天气变化的）等等都能体现出来。张先生跟他的干爹学习，继承了老的学人的东西，他的干妈教他的“建除”歌，实际上也是和天文相关联的，包括他祖父看的一本《玉匣记》（传说读了《玉匣记》，万事不求人），教他识字的“字汇”，这些点点滴滴，对张先生的影响是非常深的，以致对他后面的影响都是非常大的。所以说是介休的文化滋养了张先生。我们再说张先生严谨的治学态度，这个刚刚前面的几位专家也都提到了，比如对介休与介子推的关系、祆神楼和祆教的关系等，先生没有因为自己是介休人就去附会，而是采取了极科学严谨的态度。顺着这个思路，我觉得张先生治学，是走到哪里，就把学问做到哪里——就如他搞“四清”时，在原平张村，他就把张村研究了个底朝天；他去索达干，又把索达干研究了个底朝天；他的家乡就更不用说了。因此我把张先生的一些资料，也是受小荣先生拜托，特别是天文方面的资料做了一些整理。回顾张先生的研究历程，不仅是科学的态度，让人可学，可圈可点的太多了。因此作为后来者，我就想为张先生做点事情，整理他的一些资料，以此来表达怀念和崇敬之情！

山西大学教授高智（张颔先生的关门弟子）：先生离开我们四年了，我每每回忆起来，都觉得是无限的怀念、永远的感恩！大家对张颔先生的贡献、成就以及人格，都谈了很多，而

山西大学教授高智先生

且张先生在世和去世以后，我们都参与了一些工作，为他做了一些事情，我也亲自参加了许多纪念活动、资料整理等工作。其他也不多说了，还是惦念着下一步——既然张先生在我们心目中，有这么崇高的地位，张先生有这么大的贡献，大家人人敬仰，我们怎么能把张先生的精神传承？怎么能把老爷子的学术思想发扬光大？这是我认为我们下一步的重点工作。记得我们去年在介休搞活动时，开会到深夜12点多，一直在谈论这些事情，就是要成立一个“张颔先生研究会”。可到现在又过去一年多了，好像这个工作没有多大的起色，我觉得还是要启动、尽快启动！有了这样一个中心，老爷子的工作就好搞了，大家就有了凝聚力、有了动力、有了方向。现在大家松散地搞的话，会造成大家积极性很大，但出来的成果还是比较分散，而且东一榔头西一锤子，没有很大的阵容和规模，成果不引人注目！我今天早上早到了一会儿，正好碰上王（晓毅）院长，还说了这个事，王院长很支持。可以说考古院为张先生的事，无论是生前的住院、生活各方面，一直到去世，到现在的各种纪念活动，考古院做了很大的工作，给了很大的支持，这个我是亲身经历者。晓毅院长说，还要继续把这个工作做大、做好，要永远地做下去。我说这是非常难得！首先从我个人心里就非常感激！领导们对张先生的这种支持，对张先生学术精神的弘扬和传承，给了我很大的动力，下一步我作为一个学生，我从1984年11月3日拜入先生门下，可以说是先生六十五岁到去世的这段时间里，我是接触最多，受益最大，得到帮助最多的一个学生。所以我非常感激！我虽然没有多大的能力，没有多高的学术水平，但我一定尽我最大的努力，把先生的这种思想、先生的学术、先生的治学精神，传承和弘扬下去。也希望我们在座的一起努力。我曾经在多种纪念活动中，也写过一些小的发言稿，就是去年的侯马活动（张颔先生百年诞辰），也做了主题发言，前几日在香港的一个刊物，即《中

张颔先生的儿子、山西省考古研究院研究员
张崇宁先生

国书学》上，发了篇纪念先生的文章，大约有一万五千多字，很长，就是表达对先生永远崇敬、永远怀念的一种情怀！最后还是希望能把“张颔先生研究会”成立起来，这样大家可以共同整合资源，学习研究，弘扬和传承好先生的精神。

家属代表、山西省考古研究院研究员张崇宁：感谢我的领导，考古研究所（我习惯讲考古研究所，实际已是考古研究院）王院长、郑院长等，在这方面所做的不懈的努力！他们领导的这些职工，在这里费了好长时间，尤其是展厅环境很冷的情况下，布置完成了这个展览，因此也特别感谢为此付出努力的职工们！还要感谢我家乡的人们，为了我父亲所做的贡献！

我呢，表达能力差一些，也不知该说些什么！我是家中几个弟兄里，跟随父亲最多的，接触和陪同父亲出去（搞考古活动）的也多。最早跟随父亲出去是6岁时。另外展览里讲的，晋阳古城勘察的事情，我就跟着一起去过，记得当时去工地，每次是乘一辆吉普车，还有国家文物局的谢元璐先生一起。为什么要勘察晋阳古城？就是因为一九五九、一九六〇年的时候，在侯马搞的一次“考古大会战”，那时，全国的经济状况不好，大多项目都下马（停止）了，但侯马的考古大会战却没有结束，当时算是山西，也是全国的一个重大考古工作。据史书记载，侯马就是晋国晚期的都城，他（父亲）当着考古队队长，参加发掘的有国家文物局的，历史博物馆的，还有全国很多省份的业务人员。之所以重视它，作为一个晋国晚期的古遗址，他就联想到：晋国春秋晚期时，赵简子在那里以及太原的活动，赵简子的家臣董安于在太原建了一个城。所以他在侯马发掘的时候，同时把注意力集中到了太原。不仅是太原，其实山西境内许许多多的古城遗址，他都跑过（调研过），关注点就是春秋晚期时的晋国。当时他办公室就有许多的古城墙的夯土仪标本，“文化大革命”时都散失了。

他在天文方面的一些活动，我也有跟随，就是现在这个院子（文庙），过去后面有一排窑洞，我们在窑洞上面，拿着望远镜观察水星凌日。据说这个天文现象100年能看到13次，即使遇上机会，还得看天气，但那次我们看到了，当时是1973年，可见他也能出来活动了，能从“牛棚”回家了。这些也算是他工作的点滴吧。

后记

原本是在《着墨家山——张颔先生与他的家乡介休》展览推出之后，就该整理出书的，但因为紧接着筹备下一年度的展览，于是一直拖延至去年的纪念展览《文耀金泉——张颔先生的古币文世界》推出之后才着手准备，现经过半年多的筹备，深研资料、编写书稿、反复修订，《着墨家山——张颔先生与他的家乡介休》成稿终将付印。

张颔先生的成就无疑是高远的，他就像一座挖不尽的宝藏，值得我们后学不断地去挖掘、追寻。就目前我们看到的关于张颔先生的书籍、纪念文章等，大都是讲他的学术、他的为人、他的书画作品等，鲜少从他和家乡的关系这方面去探讨，而我们纵观先生一生的发展经历，并在整理先生遗留的资料时，发现家乡介休对他的影响其实是非常大的，先生一生钟情“文字”，研究古天文学，作旧体诗，绘画刻印，等等，不能不说是受家乡文化的熏陶，一生坚韧性格的形成，也不能不说是从小由家乡人文等环境磨砺而出。而先生一生无论是遭受磨难的人生低谷，还是走进“大家”的高光时刻，都荣辱不惊，淡然处之，只以“绵山草木人”自居。同样张颔先生对家乡也是充满着感怀之情，默默地用自己所学、所有，以自己的方式着墨家山，彰显他对故土深深的眷恋。因此了解先生事业发展的文化底蕴、脉络根系，感受他博大精深的家国情怀正是此书出版的意义所在。

在筹备展览及成书的过程中，不仅山西省考古研究院领导给予了极大的重视与支持，同时介休博物馆也给予我们很多的帮助，为我们提供线索和展品，联系采访他们的老馆长——张颔先生的生前好友师延龄先生和郭大顺先生。师馆长已80多高龄，虽身体欠佳，但思维清晰，为我们讲述他和先生交往的经历，并提供了和先生交往的信件、物品等。张颔先生的三儿子张崇宁和四儿子张小荣两位老师，他们全力支持，提供了大量展品及第一手资料。在此编委会对所有为此付出辛劳的同志一并表示衷心的感谢！正因为大家的共同努力，才有了此书的面世，这将是我们对张颔先生最好的纪念与缅怀！

编者

2023 年 7 月

图书在版编目(CIP)数据

着墨家山：张颔先生与他的家乡介休 / 山西省考古研究院编. — 太原：山西人民出版社，2023.11
ISBN 978-7-203-13097-0

Ⅰ. ①着… Ⅱ. ①山… Ⅲ. ①张颔(1920-2017) — 生平事迹 Ⅳ. ①K825.81

中国国家版本馆CIP数据核字(2023)第196984号

着墨家山：张颔先生与他的家乡介休

编　　者：山西省考古研究院
责任编辑：孙　茜
复　　审：贾　娟
终　　审：梁晋华
装帧设计：阎宏睿

出 版 者：山西出版传媒集团·山西人民出版社
地　　址：太原市建设南路21号
邮　　编：030012
发行营销：0351-4922220 4955996 4956039 4922127（传真）
天猫官网：https://sxrmcbs.tmall.com 电话：0351-4922159
E-mail：sxskcb@163.com 发行部
sxskcb@126.com 总编室
网　　址：www.sxskcb.com

经 销 者：山西出版传媒集团·山西人民出版社
承 印 厂：山西出版传媒集团·山西人民印刷有限责任公司

开　　本：880mm×1230mm 1/12
印　　张：16 1/3
字　　数：290千字
版　　次：2023年11月 第1版
印　　次：2023年11月 第1次印刷
书　　号：ISBN 978-7-203-13097-0
定　　价：138.00元

如有印装质量问题请与本社联系调换